서울법대
법학총서
⑧

공동소유에
관한 연구

남효순·이동진·이계정

박영사

머 리 말

본 연구는 2014년 서울대학교 법학연구소로부터 공동연구비의 지원을 받아 수행한 "공동소유에 관한 연구"의 결과물이다. 공동소유에 관한 연구는 민법의 다른 분야들과 달리 깊이 있는 논의가 적은 분야이어서, 물권법정주의가 공동소유·준공동소유에서 어떠한 의미를 갖는지 또 채권의 준공동소유와 수인의 채권자 및 채무자와의 관계가 명확히 규명되고 있지 못하다. 이것이 공동소유에 대한 공동연구를 제안한 계기였다.

머리말을 빌려 공동소유에 대한 개인적인 관점을 밝히면 다음과 같다.

우리 민법은 공동소유의 형태로 공유·합유, 총유를 인정하고 기타 재산권의 준공동소유를 인정하고 있다. 종래 공유에 관한 법률규정이 강행규정이라는 것은 잘 인식되고 있었다. 그러나 합유와 총유의 규정들은 그렇지 못하였다. 이는 합유(제271조 제2항)와 총유(제276조 제2항)에 관한 규정들이 그 규정방식이 임의규정으로 해석되기 쉬운 구조를 취하고 있기 때문이다. 그러나 민법상의 합유가 일반적으로 적용되고 제271조 제2항상의 「법률의 규정」과 「계약」으로 이에 대한 예외를 정할 수 있을 뿐이라는 것을 알게 되었다. 민법상의 규정들이 일반규정으로서의 법적 지위를 갖는 데에 전혀 방해가 되지 않는다. 따라서 총유와 준총유의 경우에도 이러한 해석이 가능하도록 운용되어야 할 것이다. 공동소유와 준공동소유의 경우에도 물권법정

주의가 원칙적으로 적용되는 것이다. 그리고 이를 위해서는 무엇보다
도 공동소유·준공동소유에 관한 규정들이 이들을 충분하게 규율할
수 있도록 개정될 필요가 있다.

　　물권법상의 채권의 준합유와 채권법상의 수인의 채권자 및 채무
자(제408조 이하)의 관계가 문제이다. 현재 학설에 의하여 다양한 견해
가 제시되고 있지만, 제278조상의 "다른 법률에 특별한 규정"이란 수
인의 채권자 및 채무자에 관한 규정이 아니라 채권의 준합유를 규율
하는 법률을 말하는 것이다. 다수당사자의 채권관계는 원칙적으로 하
나의 채권이 수인의 채권자에게 각각 귀속되는 법률관계로서 각자의
행사를 전제로 하고 있다. 그러나 채권의 준합유는 하나의 채권이 조
합원 수인에게 공동으로 귀속되어 조합원들에 의하여 공동으로 행사
되는 법률관계로서 근본적으로 다르다고 할 것이다.

　　공동소유·준공소유는 두 사람 이상의 자연인 또는 법인으로 구
성되는 공동체가 존재하는 것을 전제로 한다. 공동체로서 비법인사단,
조합 그리고 개인적 색체가 강한 공유공동체가 있다. 공동체는 조직,
활동과 그 운영에 대한 규율을 가지고 있다. 우선 공유·준공유의 공
동체에 대해서는 민법은 아무런 규정을 두고 있지 않지만, 특별법으
로 "집합건물의 소유 및 관리에 관한 법률"(이하 집합건물법)과 주택법
이 있다. 관리단과 입주자대표회의가 이들 법률에 의하여 구성된다.
특별법상의 규율이 없는 경우에는 공동체의 규율은 당사자의 약정에
따르는 수밖에 없고, 약정이 없다면 민법상의 대리와 위임의 규정들
이 적용된다. 이에 반하여 민법은 합유·준합유와 총유·준총유의 경
우에는 공동체로서 조합과 비법인사단을 예정하고 있다. 예를 들면.
합유의 경우 민법은 조합계약으로 또 광업법과 신탁법은 공동광업권
자와 공동수탁인들로 구성되는 조합에 대하여 규율하고 있다. 비법인
사단의 경우는 등기를 전제로 하는 규정을 제외하고 그 성질이 허락
하는 범위에서 법인에 관한 규정이 준용된다는 판례가 확립되어 있

다. 그 결과 비법인사단의 경우 원칙적으로 정관이 작성되어야 하고 또 그 활동에 관하여는 법인에 관한 규정이 준용된다. 이상의 공동소유·준공동소유의 공동체에 관한 규율로 민법이 허용하지 않는 한 소유권 기타 재산권에 관하여 규율할 수가 없다. 예를 들면, 조합의 소유권과 재산권의 귀속형태는 물권법과 그 특별법의 규율을 따라야 하고, 조합계약으로는 이를 규율할 수가 없다. 그것이 바로 물권법정주의가 요구하는 바이다. 물권법상의 합유규정과 채권법상의 조합규정의 충돌에 관하여는 다양한 견해가 제기되고 있으나, 이러한 점에서 양자가 충돌하는 문제는 발생하지 않는다고 할 것이다.

아무쪼록 본 연구서를 기초로 하여 추후 이 분야에 대하여 깊이 있는 연구가 촉발되었으면 하는 바람이다.

집필진 대표
남효순 교수

차   례

제 3 장　우리 민법상 합유와 준합유의 강제
—학설과 판례의 문제점 해결을 위한 합유의 새로운 해석—
—물권 및 물권적 청구권개념에 대한 새로운 이해의 단초4—

제 4 장   조합인 공동이행방식의 공동수급체의 채권의 귀속형태 — 준합유

―분할채권은 조합재산인 채권의 귀속형태가 될 수 있는가?―
―대법원 2012. 5. 17. 선고 2009다105406 전원합의체 판결―

제 5 장   총유 규정의 개정 여부와 비법인사단의 규율

제 1 장

연구의 배경과 요약

1. 저명한 역사학자인 유발 하라리(Yuval Noah Harari)는 연약한 존재였던 인간이 세상을 지배하게 된 근본적인 이유를 인간이 다른 사람과 협력하는 시스템을 구축하였다는 점에서 찾았다. 소유권의 영역에서도 인간은 다른 사람과의 협력을 바탕으로 한 공동소유의 형태를 발전시켰다. 우리 법에서도 예외가 아니다. 우리 법은 공동소유의 형태로 공유, 합유, 총유를 규정하여 다른 사람과 더불어 소유권을 행사할 수 있도록 규정하고 있다. 공동소유의 형태가 개인주의의 발달에 의해 쇠퇴할 것이라고 생각하는 것은 큰 오산이다. 오히려 인간이 다른 사람과 협력하는 시스템을 더 정교하게 발전시켜 나가고, 다른 사람과 더불어 소유권을 행사함으로써 얻는 이점이 강조됨에 따라 공동소유의 형태는 이전보다 더 큰 사회적 중요성을 띠게 될 것이다. 인간이 다양한 형태의 인적 결합 내지 단체를 통해 직면한 다양한 인류의 과제를 해결하게 될 것이고, 그 과정에서 그 인적 결합 내지 단체의 소유 형태에 대한 관심이 증대될 것이다.

공동소유의 위와 같은 커다란 함의에도 불구하고 그 동안 이에 대한 종합적 연구가 그다지 활발하게 전개되지 못했다. 공동소유의 연구에 있어서 가장 어려운 점은 공동소유의 법률관계가 물권법과 채권법이 교차하는 영역이라는 점에 있다. 공동소유는 기본적으로 여러 명이 관여한다는 점에서 느슨하건 강력하건 단체적 관계가 개재되는

데, 그 단체적 관계를 어떻게 설명해야 할지 쉽지 않다. 대표적으로 공유물의 관리에 관하여 공유자들 사이에 약정을 한 경우 그 약정이 공유지분을 새롭게 취득한 사람에게 미치는지, 조합을 결성하면서 조합재산의 귀속형태를 합유와 다르게 정할 수 있는 것인지 등이 문제가 된다.

공동소유의 연구에 있어서 무엇보다 중요한 점은 공동소유 규정의 현대화이다. 제레미 벤담(J. Bentham)이 설파하였듯이 "재산권과 법은 함께 태어나고 함께 죽는다."[1] 법은 시대와 사회의 경제적 질서를 반영하여 형성되고 변화하는데 공동소유에 대한 규율도 마찬가지이다. 공동소유의 형태에 관한 민법의 규정은 1958. 2. 22. 제정된 이래 50년이 지나도록 손질을 보지 못하고 있는 상황이다. 그 사이에 우리 사회에 예상하지 못한 많은 변화가 있었다. 이제는 그 변화를 법에 반영할 때이다. 시대에 뒤떨어진 공유 규정의 문제점, 합유 규정이 제2편 물권과 제3편 채권에 분리되어 규정됨으로써 발생하는 문제, 총유 규정이 과연 현실을 반영하고 있는지에 대한 비판 등이 폭넓게 제기되어 왔다. 이제는 공동소유에 관한 규정이 나아가야 할 방향을 제시하고 구체적인 개정안을 도출해야 할 시점이다. 이를 통해 민법 개정의 동력을 회복하는 것이 필요하다.

필자들은 위와 같은 문제의식을 공유하여 공동소유에 관한 연구를 공동으로 추진하였는바, 각 장의 구체적 내용을 요약하면 다음과 같다.

2. 제2장 <민법 중 공유에 관한 규정의 입법론적 고찰>에서는 2004년 및 2014년 두 차례에 걸쳐 공유 규정에 관한 개정안이 나온 바 있고, 그 밖에 개별적으로 개정제안이 행해진 바 있는데, 이를 집

---

1) J. Bentham, Theory of Legislation, (Trübner, R. Hildreth trans. 1871), p. 113.

중적으로 살펴보고 향후 공유 규정을 개정할 때 검토해야 할 사항을 다루었다. 또한, 기존에 축적된 판례·학설, 독일, 프랑스, 일본, 대만의 공유규정을 바탕으로 공유관계에서 문제가 될 수 있는 쟁점을 폭넓게 분석하였다. 공유물 관리에 관한 정함이 특정승계인에게 효력이 미치는지와 관련하여 관리에 관한 정함은 지분권자의 물권적 지위의 제한으로 물권적 결정에 해당하며, 따라서 특정승계인에게 미친다는 점을 논증하였다. 또한, 공유자 1인이 지분을 포기한 경우 다른 공유자에게 귀속한다는 취지의 현행 규정은 다른 공유자의 의사를 묻지 아니하고 그에게 이익과 그에 결부되는 부담을 주는 것이어서 타당하지 않다는 점, 공유물 분할방법을 다양화하기 위한 입법적 노력이 요청된다는 점을 중점적으로 다루었다.

3. 제3장 <우리 민법상 합유와 준합유의 강제>에서는 합유의 규정에 대한 통설의 해석론을 비판하고 새로운 해석론을 제시하고 있다. 통설은 합유에 관한 규정이 임의규정이고, 조합계약으로 조합재산을 합수적 합유 이외에 지분적 합유 또는 공유로도 약정할 수 있다고 주장하고 있다. 또한 통설은 수인의 채권자 및 채무자에 관한 규정이 민법 제278조의 단서가 정하는 다른 법률에 특별한 규정이 있는 경우에 해당하므로, 다수당사자의 채권이 채권의 준합유에 대한 특칙을 구성한다고 주장하고 있다. 이러한 주장은 타당하지 않은바, 그 비판의 요지는 다음과 같다. 우리 민법이 물권편으로 공동소유의 하나로서 합유를 신설한 결과, 통설과 판례가 이를 배제하는 약정을 허용하는 것은 물권법정주의에 반하는 것이 되어 타당하지 않다. 채권계약의 자유를 허용한다고 하더라도 그것은 물권법의 제한을 받는 것이기 때문에, 채권계약의 자유를 이유로 합유의 규정을 배제하는 약정을 할 수는 없는 것이다. 또한, 수인의 채권의 성립을 전제로 하는 다수당사자의 채권은 채권의 공동귀속을 전제로 하는 준합유의 특칙이

될 수 없고, 만약 이를 인정한다면 민법제정자들이 물권의 합유의 규정을 채권의 준합유에 준용하려는 의사를 전면적으로 부인하는 것이 되어 타당하지 않다.

  4. 제4장 <조합인 공동이행방식의 공동수급체의 채권의 귀속형태 — 준합유>는 제3장의 연구성과를 바탕으로 한 판례평석이다. 대법원 2012. 5. 17. 선고 2009다105406 전원합의체 판결은 공동이행방식의 공동수급체의 개별 조합원들은 공동수급체와 도급인이 체결한 공사도급계약에 의하여 발생한 채권에 대하여 각자의 지분비율에 따라 직접 도급인에 대하여 권리를 분할하여 취득한다고 판시하고 있다. 제4장은 위 대상판결의 법리에 대하여 비판적이다. 즉 조합인 공동수급체의 재산의 귀속형태는 합유·준합유(합유·준합유의 강제)라는 점, 설령 준합유를 배제하고 조합재산의 귀속에 관하여 당사자의 약정이 허용된다고 하더라도 이 약정은 조합원 사이의 약정이지 결코 조합과 제3자 사이의 약정이 될 수 없다는 점, 분할채권을 비롯한 다수당사자의 채권관계는 채권의 준합유의 특칙이 될 수 없다는 점에 비추어 위 대상판결은 타당하지 않다. 결국 공동이행방식의 공동수급체는 기본적으로 민법상 조합의 성질을 가지므로, 공동수급체가 도급인에 대하여 갖는 채권은 공동수급체 구성원에게 합유적으로 귀속하게 되는 것이고 따라서 조합원 1인에 대한 채권으로써 그 조합원 개인을 집행채무자로 하는 강제집행은 할 수 없다고 보아야 한다.

  5. 제5장 <총유 규정의 개정 여부와 비법인사단의 규율>은 총유의 개념, 총유 규정의 문제점을 분석하고, 총유 규정의 폐지 여부에 관하여 2014년에 마무리된 민법개정위원회 분과위원회안을 중심으로 검토하고, 총유 규정의 폐지를 골자로 한 민법개정안을 제시하였다. 그 내용을 요약하면 다음과 같다. 첫째, 총유 규정이 법인 아닌 사단

의 실제를 반영하고 있다고 보기 어렵고, 재판규범으로 적정한 기능을 하고 있지 못하며, 총유 규정을 적용하는 경우 부당한 결과가 발생할 수 있으므로 이를 폐지하는 것이 타당하다. 둘째, 총유 규정을 폐지하는 경우 비법인사단이 취득한 재산은 어떤 사람이 소유한 재산 중 일부가 특정한 목적을 위하여 분리되어 독자적인 재산을 이루는 특별재산에 해당한다고 보는 것이 타당하다. 비법인사단의 사원들이 개인의 지위가 아니라 단체의 구성원이라는 특별한 지위에서 그 재산을 취득하고, 재산의 사용·수익·처분·관리 등을 둘러싼 법률관계는 법인의 규정을 준용하는 것으로 이론 구성을 하는 것이 적절하다. 셋째, 총유 규정을 폐지하는 경우에 비법인사단을 규율하고자 분과위원회는 여러 가지 개정안을 제시하였는데, 비법인사단의 부동산에 관한 대표자의 처분권을 부동산등기부에 공시하여 거래의 안전을 도모하려는 안, 비법인사단의 재산 분배를 명시하게 하는 안은 타당하지 않다.

제 2 장

민법 중 공유에 관한 규정의 입법론적 고찰*

이 동 진**

I. 서   론

현행 민법은 제262조부터 제270조까지 공동소유 중 공유(共有)에 관한 규정을 두고 있고, 제278조(이하 법명의 지시 없이 인용하는 조문은 모두 민법의 그것이다)에서 이를 소유권 이외의 재산권에 준용하고 있다. 이들 규정은 ― 일부를 제외하면 ― 입법론적 관심은 별로 받지 못하였다고 보인다. 그러나 공유에서는 공유자 개인의 지분처분 기타 단독행위를 상당한 범위에서 허용하고 있어 합유, 총유보다 법률관계가 복잡하여 질 수 있다. 또한 공유가 공동소유의 기본 형태라는 점에서 보다 넓은 활용가능성을 염두에 둘 필요도 있다. 다소 소략한 우리 공유법이 이러한 필요를 충분히 충족하고 있는지에 대하여는 의문이 있을 수 있다.

공유법에 관하여는 이미 몇몇 문헌이 입법론적 개선방안을 제시하고 있었고,[1] 1999년 구성되어 2004년 활동을 마친 법무부 민법개

* 이 글은 서울대학교 법학연구소 기금의 2015년도 학술연구비 지원을 받아 2016. 11. 11. 서울대학교 근대법학교육 백주년기념관 최종길홀에서 열린 서울대학교 법학연구소 공동연구 학술대회 '공동소유에 관한 연구'에서 발표한 글을 수정·보완한 것으로, 민사법학 제78호(2017. 2)에 게재되었다. 공동연구진 남효순, 이계정 교수와 학술대회에서 지정토론을 맡아 유익한 논평을 해준 권영준 교수에게 감사드린다.
** 서울대학교 법학전문대학원 교수.
 1) 이를 개관한 근래의 문헌으로, 박의근, "공동소유에서의 공유에 관한 해석론적·

정특별분과위원회와[2] 2009년 구성되어 2014년 활동을 마친 법무부 민법개정위원회도[3] 각각 공유법 개정안을 제시한 바 있다(이하 각각 '2004년 개정안',[4] '2014년 개정안'이라[5] 한다). 그 사이 공유법에 관한 판례의 발전도 적지 아니하다.

입법론적 개선 방안", 서울법학 제21권 제3호(2014. 2), 330면 이하.

2) 당시 법무부 민법개정특별분과위원회는 1999. 2. 5. 이영준 변호사(제1소위원장), 김상용 연세대 법대 교수, 이은영 한국외국어대 법대 교수, 백태승 연세대 법대 교수(제1소위 간사), 윤진수 서울대 법대 교수(이상 제1소위: 총칙·물권편), 서민 충남대 법대 교수(제2소위원장), 김용담 당시 대법원 수석재판연구관, 하경효 고려대 법대 교수, 양창수 당시 서울대 법대 교수(위원회 전체 간사), 소재선 경희대 법대 교수(제2소위 간사)(이상 제2소위: 채권편)로 출범하였고, 1999. 9. 이상경 당시 특허법원 수석부장판사와 남효순 서울대 법대 교수가 각각 제1소위, 제2소위에 추가 위촉되었다. 2001. 6. 마련된 민법개정 초안이 개정위원 중 양창수, 백태승, 남효순 세 명의 위원으로 구성된 민법개정실무위원회 회의에 부쳐졌고, 이후 개정위원 전체회의를 거쳐 2001. 11. 개정시안이 나왔다. 시안은 이후 수차례 공청회와 관계기관 의견 조회, 황적인 교수를 중심으로 하는 민법개정안 연구회와의 간담회를 거쳐 개정안으로 확정되었고, 2004년 10월 제17대 국회에 제출되었으나, 실질적 심의가 이루어지지 아니한 채 국회 임기만료로 폐기되었다. 경위에 관하여는, 법무부 민법개정자료발간팀 편, 2004년 법무부 민법 개정안 총칙·물권편(2012), 머리말, 25면 이하(서정민의 해제) 참조.

3) 법무부 민법개정위원회의 구성에는 변동이 있었는데, 공유에 관한 개정안을 작성한 것은 제3기 민법개정위원회 2분과로서, 윤철홍 숭실대 교수(분과위원장), 고원석 법무법인 광장 변호사, 이승한 당시 의정부지방법원 부장판사, 전경운 경희대 교수, 정병호 서울시립대 교수, 제철웅 한양대 교수로 구성되어 있었다. 이 개정안은 제3기 실무위원회의 검토를 거쳐 제4기 위원장단회의에서 전체 회의 상정안이 되었다. 제3기 실무위원회는 윤진수 서울대 교수(실무위원장), 권영준 서울대 교수, 윤용섭 법무법인 율촌 변호사, 이태종 당시 서울고등법원 부장판사로 구성되어 있었고, 제4기 위원장단은 서민 당시 충남대 명예교수, 남효순 서울대 교수, 백태승 연세대 교수, 송덕수 이화여대 교수, 엄동섭 서강대 교수, 윤진수 서울대 교수, 윤철홍 숭실대 교수, 지원림 고려대 교수로 구성되어 있었다. 개정안은 2014. 2. 17. 제4기 제11차 전체회의(민법개정위원회의 마지막 전체회의였다)에서 최종 확정되었으나 아직까지 국회에 제출되지 아니하고 있다. 윤진수, "공동소유에 관한 민법 개정안", 민사법학 제68호(2014. 9), 123-124면.

4) 법무부 민법개정자료발간팀 편(주 2), 354-362면 = 법무부 편 2004년도 민법(재산편) 개정 자료집 Ⅰ(2004), 324-332면(이하 앞의 문헌으로 인용).

5) 윤진수(주 3), 123-136면.

　　이 글에서는 이를 바탕으로 공유법의 입법적 개선방안을 논하고
자 한다. 구체적으로는 현행 공유법의 규정과 그 해석·운용의 모습을
살펴보고 입법적 개선이 가능하거나 필요한 부분 및 이미 제시된 개
정안을 검토하는 순으로 진행한다. 다루어야 할 규정이 9개에 이르므
로 편의상 서로 관련이 있는 몇 개의 조문별로 나누어 본다.

Ⅱ. 제262조 · 제263조

1. 현행규정과 개정논의

(1) 현행규정과 그 제정경위

> 제262조[物件의 共有] ① 物件이 持分에 依하여 數人의 所有로 된
> 때에는 共有로 한다.
> ② 共有者의 持分은 均等한 것으로 推定한다.
> 제263조[共有持分의 處分과 共有物의 使用, 收益] 共有者는 그 持分
> 을 處分할 수 있고 共有物 全部를 持分의 比率로 使用, 收益할 수
> 있다.

　　제262조 제1항은 공유의 개념을, 제262조 제2항은 지분균등의 추
정을 규정하고, 제263조는 공유지분 처분의 자유와 공유물의 사용,
수익을 정한다. 제262조 제2항은 일본민법 제250조에, 제263조 중 사
용, 수익에 관한 부분은 일본민법 제249조에 대응한다. 제262조 제1
항, 제263조 중 공유지분 처분의 자유에 관한 부분은 일본민법에는
없는 규정으로, 민법 제정 당시 독일민법 제741조, 제747조 제1문, 스
위스민법 제646조 제1항 등을 참조하여 입법되었다.[6]

---

6) 민의원 법제사법위원회 편, 민법안심의록(1957), 169－170면.

(2) 2004년 개정안 및 관련 개정논의

제 1 차 가안

제262조[물건의 공유] ① 물건이 지분에 의하여 수인의 소유로 된 때에는 공유로 한다.
② 공유자의 지분은 균등한 것으로 추정한다.
③ 공유자는 공유물 전부를 그 지분의 비율로 사용, 수익할 수 있다.
제263조[공유지분의 처분] ① 공유자는 그 지분을 처분할 수 있다. 그러나 5년내의 기간으로 지분을 처분하지 않을 것을 약정할 수 있다.
② 전항의 계약을 갱신한 때에는 그 기간은 갱신한 날로부터 5년을 넘지 못한다. 전항의 약정에 반하는 공유자의 지분 처분은 다른 공유자들에 대해서 효력이 없고, 이 경우에 다른 공유자들은 상당한 가격으로 그 지분을 매수할 수 있다.

2004년 개정안

제262조[물건의 공유] (현행과 같음)
제263조[공유지분의 처분] ① (현행과 같음)
② 공유자는 5년내의 기간으로 지분을 처분하지 아니할 것을 약정할 수 있다. 그 계약을 갱신한 때에는 그 기간은 갱신한 날로부터 5년을 넘지 못한다.
③ 공유자가 제2항의 계약을 하는 때에도 공유자 상호간의 처분을 허용하는 약정을 할 수 있다.

이에 대하여 2004년 개정안은 먼저 공유지분 처분금지에 관한 규정을 신설하기로 하였다.[7] 본래 이 문제는 합유지분의 상속성과 양도성을 인정할 것인지를 검토하는 과정에서 제기된 것이었다. 개정안은 공유자들 사이에 자유롭게 지분을 처분하는 것을 제한하기 위하여 합유를 이용하는 경우가 있음에 착안하여 공유법에서 처분금지특약을

---

7) 법무부 민법개정자료발간팀 편(주 2), 355-359면.

인정하고 이를 등기할 수 있게 하고자 하였다. 제1차 가안은 공유물 분할금지 특약의 예에 따라 5년 내의 기간으로 공유지분 처분금지 특약을 허용하면서 그에 반하는 지분 처분은 다른 공유자에 대하여 효력이 없고, 그 경우 다른 공유자에게 지분매수청구권이 있다고 규정하였다. 그러나 이후 논의에서 특약에 반하는 지분 처분의 무효는 당연하다는 이유로 삭제되었고, 다른 공유자들의 지분매수청구권도 제외되었으며, 오히려 공유자들 사이의 지분 처분만을 허용하는, 즉 공유자 이외의 제3자에 대한 지분 처분만을 금지하는 것이 가능함을 명시하자는 제안이 받아들여져 그에 관한 규정이 추가되었다. 이후 약간의 자구(字句)수정을 거쳐 최종안인 제5차 가안이 되었다.

　또한 2004년 개정안 제1차 가안은 제263조가 지분 처분이라는 내용과 공유물의 사용, 수익이라는 다소 분리된 내용을 규정하고 있다면서 사용, 수익에 관한 부분을 분리하여 공유의 정의규정인 제262조의 제3항으로 옮겼다. 이러한 제안은 즉각 기각되어 제262조는 현행 규정을 유지하는 것으로 되었으나 학설상으로는 위와 같은 정비가 타당하다는 견해도 있다.[8]

당시 부동산등기법
제44조[등기권리자가 2인 이상인 경우] ① 등기권리자가 2인 이상인 때에는 신청서에 그 지분을 기재하여야 한다.   ② 제1항의 경우에 등기할 권리가 합유인 때에는 신청서에 그 지분을 기재하여야 한다.
부동산등기법 개정안
제44조[등기권리자가 2인 이상인 경우] ① (현행과 같음)   ② 제1항의 경우에 등기할 권리가 합유인 때에는 신청서에 그 지분

---

8) 박의근(주 1), 331면.

을 기재하고, 공유인 경우에 그 지분의 처분금지특약이 있는 경우
에는 그 특약을 기재하여야 한다.

2004년 개정안은 부동산의 경우 지분의 처분금지특약은 등기하
여야 제3자에게 대항할 수 있음을 전제하고 있었고, 이를 위하여 부
동산등기법 제44조 제2항의 개정을 제안하였다.

2. 검   토

(1) 공유지분 처분금지특약의 대항력

공유지분 처분금지특약에 관하여 규정한 2004년 개정안은— 별
다른 논의 없이 — 2014년 개정안에 수용되지 아니하였다. 학설로도
공유는 다른 공동소유의 형태와는 달리 아무런 인적 결합관계도 없으
므로 가능하면 개인의 자유를 최대한 넓게 인정함이 타당하며, 이미
공유물 분할에 관하여 분할을 금지하는 특약의 효력을 인정하고 있으
므로 추가로 지분 처분의 자유를 제한하는 규정을 두는 것은 타당하
지 아니하다는 주장이 있다.[9]

확실히 공유물의 분할을 금지하는 특약과 공유지분의 처분을 금
지하는 특약 사이에는 차이가 있다. 분할을 허용하는 경우 원칙은 현
물분할이므로 공유물의 이용관계의 변경이 불가피해질 수 있다. 반면
공유지분의 처분은 그 자체로는 공유물의 이용관계를 변경시키지 아
니하고 공유자의 대체를 초래할 뿐이다. 공유의 목적인 물건만 본다
면 분할금지특약을 인정할 필요성 내지 이익이 처분금지특약의 그것
보다 더 크다고 보인다.

그럼에도 불구하고 공유지분 처분금지특약이 필요한 경우가 있음
은 부인할 수 없다. 2004년 개정안을 마련할 당시에 논의된 바와 같
이 물건을 단순히 공동으로 보유, 사용, 수익하는 외에 '공동사업'(제

---

9) 박의근(주 1), 332면.

703조)이 없는, 그리하여 민법상 조합은 존재하지 아니하는 관계에서
도[10] 공유자 상호간 처분을 막을 필요가 있을 수 있다. 그 배후의 동
기는 다양할 수 있지만, 단지 잘 모르는 사람을 공유자로 상대하는 것
을 피하기 위함이라 하더라도 그러한 희망 내지 이익은 존중되어야
한다. 공유자들 사이에 공유지분의 처분을 금지하는 특약을 할 수 있
다는 점에 대하여 이론(異論)이 없는 까닭이다.[11] 그런데 이러한 특약
은 공유물 자체와는 무관한, 공유자 개인의 처분권한에 대한 구속이
므로, 공유법에 편입되지 아니한 채 계약법의 영역에 남는다. 따라서
공유자가 특약에 반하여 지분을 제3자에게 처분하여도 원칙적으로 그
공유자가 다른 공유자들에 대하여 채무불이행책임을 질 뿐 처분 자체
는 유효한 것이다.[12] 물론 특약 사실을 알면서도 공유자에게 특약 위
반의 처분을 적극 권하는 등 양수인이 공유자의 배임행위에 적극 가
담하였다면 공서양속(제103조) 위반으로 처분까지 무효가 될 수도 있
겠으나, 공유자로서는 이용관계의 유지를 위하여 보다 확실한 보장책
을 원할 수 있다.

　거래의 실제에서 배후에 조합관계가 없음에도 불구하고 합유등기
를 하는 예를 볼 수 있는 까닭이 여기에 있다. 이것이 허용된다면 공
유관계에 다시 처분금지특약의 등기가능성을 도입하지 아니하고 기존
의 합유제도를 활용하게 하는 것도 하나의 방법이 될 수 있을지 모른
다. 그러나 합유관계의 배후에는 조합이 있으므로, 합유자 1인이 사망
하면 ─ 조합계약에서 달리 정하지 아니하는 한 ─ 그는 조합에서 탈

---

10) 대법원 2004. 4. 9. 선고 2003다60778 판결; 2010. 2. 11. 선고 2009다79729 판결;
　　2012. 8. 30. 선고 2010다39918 판결 등. 대법원 2001. 11. 13. 선고 2001다55574
　　판결과 비교.
11) 곽윤직·김재형, 물권법 제8판(2014), 287면; 김증한·김학동, 물권법 제9판
　　(1996), 308면.
12) 판례도 공유자 중 1인이 자신의 지분 중 일부를 다른 공유자에게 양도하기로 하는
　　공유자 간의 지분의 처분에 관한 약정까지 공유자의 특정승계인에게 당연히 승계
　　되는 것은 아니라고 한다. 대법원 2007. 11. 29. 선고 2007다64167 판결.

퇴하고(제717조 제1호) 그의 상속인들이 잔존 조합원들에 대하여 지분
계산을 구할 권리를 취득하며(제719조),13) 조합은 잔존 조합원들만으
로 계속되므로 조합재산인 합유재산은 잔존 조합원들의 합유로 남고
(따라서 잔존 조합원들의 지분이 증가한다),14) 망인의 상속인들은 합유재
산에 대한 물권적 지위를 취득하지 못한다. 조합법과 합유법은 이를
통하여 조합원이 아닌 자가 합유관계에 개입하여 조합의 공동사업에
관여하는 것을 막는 것이다. 그런데 배후에 조합관계가 없음에도 합
유관계를 창설할 수 있다면 합유자 1인이 사망하였을 때 그 관계를
어떠한 법적 근거에서 어떻게 청산할지 알 수 없다. 이때에 한하여 합
유지분의 상속성을 인정하는 것은15) 해석상 근거가 없어 허용되기 어
렵다. 이러한 경우 배후의 조합관계를 의제한다 하더라도16) 탈퇴 조
합원의 상속인은17) 채권적인 지분계산을 구할 수 있을 뿐 합유지분
자체를 상속하지 못하므로, 당초의 물권적 지위를 상실한다는 점에
차이가 없다. 그들이 원하는 바는 아닐 것이다. 물권적 처분제한을 포
함하는 공유관계를 인정하는 것이 더 나은 까닭이다.

　　나아가 민법상 조합도 합유가 아닌 공유의 형태로 권리를 보유할
수 있고,18) 그 밖의 인적 결합관계도 공유 형식을 이용할 수 있으며,

---

13) 곽윤직 편집대표 민법주해[XVI](1997), 138면(김재형 집필부분).
14) 대법원 1994. 2. 25. 선고 93다39225 판결.
15) 그러한 취지로, 사공영진, "합유지분의 상속성", 대구판례연구회 재판과 판례 제4
　　집(1995), 41－42면.
16) 이러한 해석 가능성을 시사하는 것으로, 사공영진(주 15), 36면(다만 자익권적 성
　　질만 존재하고 공익권적 성질은 존재하지 아니하는 관계라고 한다).
17) 2인 조합일 때 1인이 사망한 경우에도 잔존 조합원이 (공동)사업을 계속하고자 하
　　는 한 청산이 아닌 탈퇴가 이루어진다는 점에 주의. 대법원 2006. 3 9. 선고 2004
　　다49693, 49709 판결.
18) 즉, 조합재산은 조합원의 합유로 한다는 제704조는 임의규정으로 해석하여야 한
　　다. 대법원 2012. 5. 17. 선고 2009다105406 전원합의체 판결 및 그에 대한 평석
　　인, 이동진, "건설공사공동수급체의 법적 성격과 공사대금청구권의 귀속", 민사판
　　례연구[XXXV](2013), 539면 이하 참조. 2014년 민법개정안은 이를 명시하기로 하

또 그럴 필요도 있다는 점도 고려하여야 한다.[19] 즉, 공유는 합유, 총유와 달리 수인(數人)이 하나의 물건에 대하여 권리를 보유하는 기본형식으로서 범용성을 갖는다. 그런 만큼 다양한 수요에 부응할 수 있도록 지분 처분을 제한하거나 금지할 가능성도 확보해주는 것이 바람직한 것이다.

　이를 위해서는 등기 등의 공시방법을 갖추게 하고 그때에는 제3자에 대하여 특약으로 대항할 수 있게, 즉 그에 반하는 처분을 무효로 하여야 한다. 지금도 이론적으로는 공유자들 전부 또는 일부 사이에 처분금지특약을 하고, 그에 반하는 처분을 하는 경우에는 다른 공유자가 그 지분을 상당한 가격 등으로 매수할 수 있도록 약정한 다음 이러한 (정지조건부) 매수청구권을 보전하기 위한 가등기를 하는 방법으로 거의 같은 효과를 거둘 수 있다.[20] 프랑스민법 제815조의14, 15, 16, 제1873조의12는 공유자가 공유지분을 공유자 아닌 제3자에게 유상으로 양도하거나 공유자 아닌 제3자가 그 지분을 경매로 취득하는 경우 다른 공유자에게 선매권과 대체권을 인정하고, 이에 반하는 양도와 경매에 대하여는 5년의 시효에 걸리는 무효소권을 주고 있다.[21] 독일민법에서도 법률행위에 의한 처분금지 자체가 물권적으로 관철되

였다. 윤진수(주 3), 143면 이하.

19) 집합건물의 경우 단독소유와 공유가 결합되어 있으나, 관리단을 구성하여 단체적 성격도 겸유하고 있음도 참조. 집합건물의 소유 및 관리에 관한 법률 제1조, 제1조의2, 제10조 이하, 제23조 이하. 또한 부부재산도 그 귀속이 불분명하면 공유로 추정하는데(제830조 제2항), 그 배후의 혼인에는 계약적 성격뿐 아니라 일정한 범위에서 공동체적 성격도 존재한다.

20) MünchKommBGB/Armbrüster, 6. Aufl.(2012), §137 Rn. 31. 법률행위적 양도금지에 대하여 물적 효력을 부여하기 위한 다른 시도(가령 처분금지가처분 — 잠정성이 없어 허용되지 아니함)는 독일민법상 대부분 좌절된다. 우리 민법에서도 대체로 그러할 것이다.

21) 구체적인 내용은 남효순, "프랑스민법상 공동소유", 서울대 법학 제39권 제1호 (1998), 156‒158면; Vᵒ Indivision (Régime légal), rép.dr.civ.(2015), nᵒ 159‒176 (par Albiges).

는 것은 아니나(주 20 참조) 처분금지특약이 있는 한 매각에 의한 분할은 지분권자 사이에서만 행해지도록 하고 있다(독일민법 제753조 제1항 제2문).[22] 명문 규정은 없으나 오스트리아일반민법 하에서도 처분금지특약은 유효하고, 같은 법 제364조의c의 요건이 갖추어지면 물적 효력을 확보할 수 있다.[23] 독일민법 제753조 제1항 제2문의 예와 같이, 그리고 2004년 개정안과 같이 일반적인 처분금지의 특약은 물론, 공유자 아닌 제3자에 대한 처분만을 금지하는 특약도 허용함이 타당하다. 매수청구권과는 달리 법률행위에 의한 처분금지특약은 가등기 등의 방법으로 제3자에 대한 효력을 확보할 방법이 없으므로 별도의 규정을 둠이 좋을 것이다. 여기에서 더 나아가 제1차 가안처럼 선매권이나 매수청구권을 인정할 필요는 없다. 그와 같이 강력한 권한은 별도의 특약이 있을 때에 한하여 허용함이 타당한데, 그때에는 이미 현행법상 가등기로 제3자에 대한 효력을 확보할 수 있기 때문이다. 2004년 개정안은 전체적으로 적절하였다고 보인다.

　　다만 5년으로 제한되어 있는 처분금지기간이 적절한지는 검토가 필요하다. 이 규정은 분할금지특약의 기간제한을 참조한 것인데, 5년을 넘어 지속되는 공유관계도 있을 수 있고, 이때 5년을 넘는 처분금지특약의 채권적 효력까지 부정할 수 있을지 의문이라는 점에서 합리적이지 아니하다고 보인다. 독일민법에는 기간제한이 없고, 스위스민법 제650조 제2항은 30년으로 정하며, 2009 · 2010년 개정된 대만민법 제823조 제2항, 제3항도 부동산에 관하여는 30년까지 분할금지특약을

---

22) 등기는 필요 없고 특약사실만 증명하면 된다. Armbrüster(주 20), Rn. 11; Standinger/Langhein, Neubearbeitung 2002, §753 Rz. 41.

23) RummelKommABGB/Gamerith, 3. Aufl.(2000), §829 Rz. 2. 한편 오스트리아일반민법 제364조의c는 약정이나 유언에 의한 처분금지는 원칙적으로 최초의 소유자만 구속하고 그 승계인은 구속하지 아니한다는 취지의 규정인데, 부동산에 한하여 등기하면 제3자에 대하여 효력을 갖는다고 해석되고 있다. RummelKommABGB/Spielbüchler, 3. Aufl.(2000), §364c Rz. 6.

할 수 있게 하되, 중대한 사유가 있으면 언제든 분할을 구할 수 있게 한다.[24)]

아울러 앞서의 논의가 거의 전적으로 부동산에 국한되어 있다는 점도 주목할 필요가 있다. 본래 처분금지특약은 물권관계로서 공유와는 무관한 채권적 구속에 불과하므로 이를 물권관계에 편입시켜 당연히 승계되는 것으로 할 근거가 빈약하다. 동산의 경우 처분금지에 널리 물권적 내지 대세적 효력을 인정한다 하더라도 선의취득 가능성(제249조 이하, 제343조)이 있는 한 별 의미가 없으며,[25)] 채권의 경우[26)] 양도(처분)금지특약의 제3자효에 관하여 따로 규정(제449조 제2항)을 두고 있다. 부동산에 대하여만 규정을 두고, 등기하여야 제3자에 대하여 대항할 수 있음을, 부동산등기법이 아닌 민법에서, 명시하는 것이 낫다고 보인다.

(2) 기　　타

그 밖에 규정 문언과 체계에 관한 몇 가지 개정검토사항이 있다. 먼저, 제1차 가안 및 일부 학설의 지적과 같이 공유자의 지분 처

---

24) 분할에 관한 독일민법 제749조 이하 참조. 대신 중대한 사유가 있거나 지분권자 중 1인이 사망하는 등의 사정이 있을 때에는 예외를 인정한다. 양도금지특약에 기간제한이 없음은 당연하다. 오스트리아일반민법 제831조도 비슷하다. 대만민법에 대하여는 김성수, "대만민법전의 물권법개정(2009년, 2010년)과 우리 민법전의 비교법적 시사점", 경상대 법학연구 제22권 제2호(2014. 4), 18면.

25) 동산지분에 대하여도 다른 지분권자와 지분질권자의 공동점유를 창출하는 방법으로 질권을 설정할 수 있다. Standinger/Langhein, Neubearbeitung 2002, §747 Rz. 34. 동산지분소유권자 및 지분질권자가 처분권한이 없음에도 불구하고 공동점유를 이전하는 경우 지분소유권 또는 지분질권의 선의취득이 일어날 수 있다(다만, 공동점유는 지분비율에 관한 외관을 창출하지 못하므로 양도인이 자신의 지분비율보다 더 많은 비율을 갖고 있다고 주장하였다 하더라도 양수인이 취득하는 지분은 문제된 지분의 실제 비율에 제한된다). Langhein, aaO., Rz. 21−24.

26) 통설은 채권 준공유를 인정하면서 공동명의예금을 그 예로 논의하고 있다. 최동렬, "공동예금채권의 귀속 및 공동예금주간 지분양도의 대항요건", 대법원판례해설 제51호(2005), 87면 이하.

분의 자유와 사용, 수익권은 서로 구분되는 문제로서 하나의 조항에
묶어서 규정하기에 부적당하다. 지분 처분금지특약에 관한 규정을 두
는 경우 당해 조항은 사용, 수익과는 무관하고 오직 처분에만 관계한
다는 점에서 이러한 문제가 더 두드러진다. 그러므로 제263조에서 사
용, 수익에 관한 부분을 분리하여 제262조로 옮기고 제263조에는 지
분 처분에 관한 사항만을 남기는 것이 좋겠다. 지분 처분의 자유와 사
용, 수익에 관하여 명문 규정을 두고 있는 독일, 스위스에서도 둘을
별개의 규정으로 한다(독일민법 제743조, 제747조, 스위스민법 제646조,
제648조).

　　다음, 사용, 수익에 관한 규정도 개선할 여지가 있다. 수익은 지
분의 비율로 할 수 있으나 사용은 사실행위로서 '지분의 비율'로 한다
는 것은 어색하다. 비교법적으로도 일본민법을 제외하면 수익에 관하
여는 지분비율에 따르되 사용에 관하여는 '다른 공유자의 사용을 방
해하지 아니하는 한' 자유롭게 할 수 있는 것으로 규정한 예가 많다
(프랑스민법 제815조의9 제1항, 제815조의10 제3항, 독일민법 제743조 제1
항, 제2항 참조). 수익을 수반하지 아니하는 단순한 사용이라면 다른
공유자의 사용을 방해하지 아니하는 한 자유롭게 허용하여도 무방하
다. 이는 '지분의 비율'에 따른 사용과 반드시 같은 뜻은 아니다.27)
사용과 수익을 분리하여 사용에 대하여는 다른 공유자의 사용을 방해
하지 아니하거나 다른 공유자의 사용과 양립할 수 있는 한 공유물 전
부를 사용할 수 있다고 규정함이 바람직하다.

　　한편 제262조 제2항의 지분균등의 추정 규정과 관련하여서도 개
정논의가 있다. 카토 마사노부(加藤雅信) 교수가 이끄는 民法改正研究

---

27) Schnorr, Die Gemeinschaft nach Bruchteilen (§§741–758 BGB) (2004), S. 177
　　ff. 참조. 그럼에도 불구하고 이처럼 입법된 경위에 대하여는 박인환, "일본메이지
　　민법(물권편: 소유권취득·공동소유)의 입법이유", 민사법학 제62호(2013. 3), 475
　　면 참조.

會의 2009년「日本民法改正試案」제164조 제2항은 공유자가 출자에 의하여 공유관계에 들어간 때에는 지분의 비율은 출자의 비율에 의하여 정하고 지분의 비율이 분명하지 아니한 때에는 각 공유자의 지분은 균등한 것으로 추정하게 하고 있는데, 이것이 오히려 타당하다는 지적이 있는 것이다.[28] 그러나 의문이 없지 아니하다. 제262조 제2항이 적용되는 경우는 현실적으로 매우 드물다. 공유물이 법률행위에 의하여 취득된 때에는 지분비율도 당해 법률행위에 의하여 정해지고, 특히 부동산의 경우 그 이행행위로 등기를 하여야 하는데, 공유등기를 함에 있어서는 지분을 함께 기록하여야 하므로(부동산등기법 제67조 제1항 제1문) 이를 통하여 지분비율을 알 수 있다. 법률규정에 의하여 취득된 때에는 지분비율은 원칙적으로 당해 법률규정의 해석에서 도출된다.[29] 어느 작업이나 규범적 평가의 문제가 전면에 나서므로 해석결과가 불명(不明)에 이르는 경우는 흔하지 아니하다.[30] 그러나 그

---

28) 김민중, "일본민법(재산법)개정에서 소유권제도의 개혁에 관한 논의", 동북아법연구 제3권 제2호(2009. 12), 236면 및 그곳의 각주 40 참조.

29) 곽윤직·김재형(주 11), 285면; 곽윤직 편집대표 민법주해[V](1992), 557－558면 (민일영 집필부분).

30) 법률규정의 해석으로부터 지분비율을 도출한 예로 대법원 1971. 9. 28. 선고 71다 1365 판결; 1989. 8. 8. 선고 80다카26871, 26888 판결(합동환지처분으로 공유관계가 성립한 경우 지적뿐 아니라 환지와 종전 토지의 관계, 위치, 지목, 등위, 이용도, 토질, 환경 등 여러 사정을 참작하여야 한다고 한다). 한편, 민일영(주 29), 557면 각주 6은 투자금 비율에 따라 신축건물 지분비율을 산정한 예로 대법원 1981. 12. 22. 선고 80다3188 판결(요집 민 Ⅰ-1, 515)을 들고 있다. 반면 대법원 1983. 2. 22. 선고 80다1280 판결은 공유자 2인 중 1인은 100만 원의 채권이 있었고, 다른 1인은 건물을 축조한 사안에서 일방이 타방보다 더 많은 지분권을 인정할 독립된 사정이 보이지 아니하고 달리 특별한 정함도 없다는 이유로 지분 균등으로 추정한 원심을 유지하였는데, 이는 명시적 약정도, 출자비율 기타 묵시적 약정을 추단할 만한 사정도 분명하지 아니하다는 취지로 이해된다. 같은 취지의 독일민법 제742조도 그와 같이 해석되고 있다. MünchKommBGB/K. Schmidt, 6. Aufl.(2013), §742 Rn. 10 f.(공동의 존재가 증명된 이상 지분에 관하여는 독일민사소송법 제287조를 유추하여 증명도가 경감되어야 하고, 그러한 증명에도 이르지 못한 때에도 곧바로 균등 추정으로 넘어가는 것은 부당하다고 한다).

렇다고 위 시안처럼 지분의 비율을 출자의 비율에 의하여 정하는 것
으로 명시할 필요가 있는지는 의문이다. 이는 물권관계인 공유관계도
(종종 그 배후에 있는 채권관계인) 이용관계도 아닌, 공유물 취득의 원인
행위에 관한 해석준칙(Auslegungsregel)으로서 체계상 공유법에 편입
하기에 적절하지 아니할 뿐 아니라 여러 사정을 고려하여야 하는 의
사표시 해석의 특성을 충분히 배려하지 아니하고 있기 때문이다. 현
행규정을 유지하는 것이 낫다고 보인다.

Ⅲ. 제264조 · 제265조

1. 현행규정과 개정논의

(1) 현행규정과 그 제정경위

제264조[共有物의 處分, 變更] 共有者는 다른 共有者의 同意없이 共
有物을 處分하거나 變更하지 못한다.
제265조[共有物의 管理, 保存] 共有物의 管理에 關한 事項은 共有者
의 持分의 過半數로써 決定한다. 그러나 保存行爲는 各自가 할 수
있다.

제264조는 공유물의 처분, 변경은 공유자 전원의 동의에 의하여
야 함을 규정하고, 제265조 본문은 공유물의 관리에 관한 사항은 공
유자의 지분의 과반수로 정한다고 규정하며, 제265조 단서는 그 예외
로 보존행위는 공유자 각자가 단독으로 한다고 규정한다. 제264조는
일본민법 제251조에, 제265조는 일본민법 제265조에 대응하는데, 제
264조의 경우 일본민법 제251조가 공유물의 '변경'만 언급하고 있는
것과 달리 독일민법 제747조 제2문과 스위스민법 제648조 제2항을

참조하여 공유물의 '처분'을 추가하였고, 제265조는 일본민법 제252조가 그 표제를 '공유물의 관리'로 한 것과 달리 '보존'을 추가하여 '공유물의 관리와 보존'으로 하였다.[31]

한편 일본민법 제254조는 '공유물에 관한 채권'이라는 표제 하에 '공유자의 1인이 공유물에 대하여 다른 공유자에 대하여 갖는 채권은 그 특정승계인에 대하여도 이를 행사할 수 있다'고 규정하고 있었고, 민의원 법제사법위원회의 심의에 부쳐진 민법안도 같은 취지의 제257조를 두고 있었다. 그러나 이 규정은 법제사법위원회 심의과정에서 '본조는 독일민법 제1010조와 같은 등기제도가 있으면 가하지만 그러한 제도없이 본조와 같은 규정을 두는 것은 불가하고 특히 초안이 선취특권제도를 폐지하면서 본조와 같은 담보물권을 인정함은 입법상 불균형할 뿐만 아니라 초안이 현행법 제259조에 대응하는 규정을 설정하지 아니한 태도와는 그 권형을 실'한다는 이유로 대체 없이 삭제되었다.[32] 여기에서 말하는 '현행법 제259조', 즉 일본민법 제259조는 '공유에 관한 채권'이라는 표제 하에 공유자의 1인이 다른 공유자에 대하여 공유에 관한 채권을 가지고 있는 때에는 분할시 채무자에게 돌려질 공유물의 부분으로 변제를 하게 할 수 있고, 이를 위하여 필요한 경우 그 부분의 매각을 구할 수 있다고 규정하고 있었다.

(2) 2004년의 개정논의

2004년 개정안은 제264조, 제265조에 관하여는 별다른 의견을 내지 아니하였다. 다만 1999년 법무부 민법개정특별분과위원회에서 위 규정과 관련하여 김상용 위원이 '공유물관리와 해제의 관계에 관한 규정'을 둘 것을 제안한 점이 눈에 띤다. '공유물의 관리에 있어서는 지분 과반수로 정하게 되어 있는 반면 해제에 관하여는 해제 불가

---

31) 민법안심의록(주 6), 171－172면.
32) 민법안심의록(주 6), 173면.

분의 원칙(제547조 제1항)이 있어 양자가 일치하지 아니하므로, 공유자
가 채권자로서 계약을 해제할 때의 규정 내용을 상호 모순이 없도록
조정하자'는 취지이다. 그러나 이에 대하여는 '해제 불가분의 원칙은
관리행위의 특수한 경우로서 특칙이므로 개정을 검토할 필요가 없다'
는 이은영 위원의 의견이 있었고, 이 의견이 받아들여져 위 규정은 제
8차 회의(1999. 11. 13.)에서 개정 대상에서 제외되었다.[33]

제3기 민법개정위원회 제2분과위원회안	
제264조[공유물의 처분, 변경] ① 공유자는 다른 공유자의 동의없이 공유물을 처분하거나 변경하지 못한다. 공유자 중 일부를 위해서도 공유물에 부담을 설정할 수 있다. ② 제1항에 따른 처분이나 변경은 공유 지분의 특정승계인에게도 효력이 있다. 제265조[공유물의 관리, 보존] ① (현행과 같음) ② 제1항에 따른 결정은 공유지분의 특정승계인에게도 효력이 있다.	
당시 부동산등기법	부동산등기법 개정안
제23조[등기신청인] ① 등기는 법률에 다른 규정이 없는 경우에는 등기권리자(登記權利者)와 등기의무자(登記義務者)가 공동으로 신청한다.	제23조[등기신청인] ① 등기는 법률에 규정이 없는 한 등기권리자와 등기의무자가 공동으로 신청한다. 공유자 중 일부를 위한 지상권, 전세권, 임차권등기를 할 경우 그 일부를 등기권리자로, 공유자 전원을 등기의무자로 하여 신청할 수 있다.

---

33) 법무부 민법개정자료발간팀 편(주 2), 359면.

> **2014년 개정안**
>
> 제264조[공유물의 처분, 변경] ① (현행과 같음)
> ② 일부 공유자는 공유물 전부에 대해서 소유권 이외의 물권을 취득할 수 있다.
> 제265조[공유물의 관리, 보존] ① (현행과 같음)
> ② 제1항에 따른 결정은 공유지분을 취득한 자에게도 효력이 있다. 그러나 그 결정이 그 공유지분권의 본질적 내용을 침해하는 경우에는 그러하지 아니하다.

(3) 2014년 개정안과 관련 개정논의

2014년 개정안의 핵심은 크게 두 가지이다.[34]

첫째, 독일민법 제1009조를 참조하여 공유물에 공유자 1인을 위한 용익물권과 담보물권을 설정할 수 있음을 분명히 하는 규정을 신설할 것을 제안하고 있다. 공유물에 대하여 제3자를 위하여 용익물권이나 담보물권을 설정하는 것이 허용된다는 데는 이론(異論)의 여지가 없다. 단독소유자를 위하여 용익물권과 담보물권을 설정하는 것이 현행법상 허용된다는 점 또한 같다. 문제는 공유자 중 1인을 위하여 용익물권과 담보물권을 설정할 수 있는가 하는 점인데, 현실적으로 이를 허용할 필요가 있음에도 자칫 혼동의 법리(제191조) 때문에 허용되지 아니할 위험이 있으므로 이를 허용하는 취지를 명시하자는 것이다. 다만 제3기 민법개정위원회 제2분과위원회의 안은 '부담'이라는 표현을 쓰고 있고, 공유자 전원이 등기의무자가 됨을 명시하는 부동산등기법 개정을 아울러 제안하고 있으며, 부동산등기법 개정안에 비출 때 이때 '부담'을 제한물권과 등기된 임차권으로 이해하고 있었다. 그러나 실무위원회에서는 임대차는 계약으로 자기 소유의 물건에 대한 임대차도 가능하고 이는 등기된 임대차도 마찬가지이므로 제외함

---

34) 윤진수(주 3), 124-131면.

이 옳은 반면, 담보물권의 경우 오히려 공유물 전부를 경매대상으로 할 수 있다는 장점이 있어 포함하여야 하며, 제한물권을 취득하는 공유자가 아닌 나머지 전원이 등기의무자가 되어 등기를 신청하는 경우에는 제한물권을 취득하는 공유자는 다른 공유자들에게 처분수권(2014년 개정안 제139조의2)을 한 것으로 볼 수 있으므로 부동산등기법의 개정은 필요하지 아니하다는 입장이었다. 확정된 개정안은 이러한 입장을 반영하여 '소유권 이외의 물권'으로 표현을 바꾸고, 부동산등기법은 개정 대상에서 제외하였다.

둘째, 공유물의 관리에 관한 결정의 특정승계인에 대한 효력을 명시하였다. 제3기 민법개정위원회 제2분과위원회는 제264조와 제265조에 각 제2항을 신설하여 공유물의 처분, 변경 및 관리에 관한 결정은 공유 지분의 특정승계인에게 효력이 있다는 취지의 규정을 신설할 것을 제안하고 있다. 그러나 실무위원회는 이미 완성된 처분이나 변경의 효력을 그 이후 공유 지분을 특정승계한 자가 받는 것은 당연하므로 제264조에 관하여는 이와 같은 규정을 둘 필요가 없고, 관리에 관한 결정의 경우 판례의 취지를 좀 더 잘 반영하기 위하여 '공유지분권의 본질적 내용을 침해하는 경우' 결정의 효력이 승계되지 아니한다는 단서를 붙이기로 하였고, 이것이 개정안이 되었다.

한편, 종래 학설상 공유물의 관리에 관한 사항에 관하여 공유자 지분의 과반수에 의한 결정이 있었다 하더라도 독일민법 제1010조 제1항과 같이 그에 따라 등기한 경우에만 대항력을 인정하여야 한다는 입법론이 주장되어왔고,35) 제4기 민법개정위원회 제11차 전체회의에서도 그와 같은 안을 검토할 필요가 있다는 지적이 있었다. 그러나 개정안은 관리에 관한 결정에도 여러 가지가 있을 수 있는데 모두 등기

---

35) 가령 조해근, "과반수지분권자 임의로 체결한 공유물 임대차계약의 효력", 사법연수원 논문집 제14집(2007), 91면; 홍준호, "공유자들 사이의 약정이 공유자의 특정승계인에게 미치는 효과", 민사판례연구[XXX-(상)](2011), 307면.

하게 하여야 하는지 의문이고, 승계인의 이익은 제2항 단서로 보호될
수 있으며, 스위스민법 제649조의a와 같이 등기를 할 수 있으되 승계
는 등기 여부와 무관하게 일어나는 입법례도 있다는 점 등을 들어 이
를 받아들이지 아니하였다.

2. 검 토

(1) 공유자 1인을 위한 공유물에 대한 제한물권 설정

먼저, 민법 제정 당시 공유지분의 처분 이외에 공유물의 처분에
관한 규정을 추가한 것은 적절하였다고 여겨진다. '변경'은 물질적 내
지 사실적 변경, 처분은 권리의 '처분'으로 양자는 구분된다.[36] 다음,
통상은 공유지분의 처분이 각 공유자에게 맡겨져 있고, 공유지분의
처분이 합쳐지면 공유물이 처분된 것과 같게 되지만,[37] 그렇지 아니
한 경우도 있다. 용익물권이 그 대표적인 예이다. 용익물권은 원칙적
으로 물건 자체에 대하여 미치므로 일부 지분에 한하여 용익물권을
설정하는 것만으로는 다른 공유지분권자에 대하여 용익권을 주장하지
못하는데, 그러한 용익권을 인정한다면 결국 특정인에 대하여는 대항

---

36) 민법안심의록(주 6), 171면. 그리하여 심의과정에서 양자를 동일한 조문에 규정한
   데 대하여 약간의 이의가 있을 수 있다는 지적이 있었으나, 원안 그대로 통과되
   었다.
37) 이 점에서 통설이 공유물의 처분의 예로 양도나 담보설정 일반을 드는 것은 의문
   이다. 공유물 자체 내지 전체에 대하여 지분권자 중 일부가 양도 기타 담보설정
   등의 행위를 한 경우 자기 지분의 범위에서는 유효한 자기 지분의 처분이 있는 것
   이고, 다른 지분권자의 지분의 범위에서는 (효력이 없는) 타인 권리의 처분이 있
   을 뿐이기 때문이다. 대법원 1965. 6. 15. 선고 65다301 판결. 그러한 경우를 위해
   서라면 공유물의 처분에 관한 별도의 규정은 필요하지 아니하다[이것이 의사표시
   로서 공유지분의 처분의 총합과 공유물의 처분이 구별될 수 없음을 뜻하는 것은
   아니다. 양자의 구별은 제137조(일부무효)의 적용에서 의미가 있을 수 있다. 그렇
   다 하더라도 공유물의 양도나 담보제공을 위하여 공유물의 '처분'에 관한 규정을
   두어야 할 필요가 없다는 점에는 차이가 없다]. 같은 취지로, 최춘식, "공유 부동
   산의 사용·수익에 관한 연구", 저스티스 통권 제134호(2013. 2), 90–91면.

할 수 있고 다른 사람에게는 대항할 수 없는 물권을 인정하는 셈이
된다.[38] 따라서 용익물권은 물건 자체에 대하여, 즉 그 물건 전체에
지분을 갖고 있는 전 공유자에 대하여 대항할 수 있어야 하고, 결국
공유지분이 아닌 공유물 자체의 처분으로서만 설정될 수 있다.[39] 판
례도 토지공유자 중 한 사람이 다른 공유자의 지분 과반수의 동의를
얻어 단독으로 건물을 신축한 뒤에 토지와 건물의 소유자가 달라진
경우 토지에 관하여 관습법상 법정지상권이 성립한다고 보면 공유자
1인으로 하여금 자신의 지분을 제외한 다른 공유자의 지분에 대하여
서까지 지상권설정의 처분행위를 허용하는 셈이 되어 부당하다면서
관습지상권을 부정하고 있고,[40] 이 법리를 제366조의 법정지상권 및
토지와 건물 모두가 공유인데 토지 공유자 일부의 지분에만 근저당권

---

38) 이에 대하여 법정지상권의 경우 이때에도 일응 법정지상권을 인정하고 다른 공유
   자와 이익을 조정함이 타당하다는 견해로 고상용, 물권법(2001), 683-685면.

39) 등기선례 5-430, 3-575도 이러한 등기를 허용하지 아니한다. 오스트리아일반민
   법도 그와 같이 해석되고 있다. RummelKommABGB/Gamerith, 3. Aufl.(2000),
   §829 Rz. 1[역권(役權)처럼 그 행사가 실제 물건(real Sache)을 요하는 경우]. 그
   러나 김증한·김학동(주 11), 315면은 공유물의 임대가 관리행위에 해당함을 전제
   로, 용익물권의 설정이 처분행위라고 하는 것은 균형이 맞지 아니하므로 이 또한
   관리행위이고, 다수의 찬성으로 족하다고 한다. 나아가 최춘식(주 37), 91면은 지
   분권에 대한 용익물권 설정도 가능하나, 관리에 관한 정함의 구속을 받는다면서,
   가령 과반수 지분권자가 그 지분 위에 용익물권을 설정한 경우에는 소수 지분권자
   에게 용익물권을 주장할 수 있다고 한다. 그러나 물권의 효력을 그때그때 바뀌는
   관리에 관한 결정에 의존하게 하는 것은 부당하다. 독일민법 제1066조는 지분에
   관하여 용익권(Nießbrauch)을 설정하는 것을 인정하나, 독일민법상 용익권은 포
   괄적인 수익권으로서 반드시 물건 자체의 점유 등을 내용으로 하지 아니한다는 점
   에서 우리의 용익물권과 사정이 같지 아니하다. 독일민법에서도 지분권자는 지분
   에 관하여 지역권, 제한적 인역권 및 지상권을 설정할 수 없다고 본다. Langhein
   (주 25), Rz. 13.

40) 대법원 1993. 4. 13. 선고 92다55756 판결. 또한 대법원 1987. 6. 23. 선고 86다카
   2188 판결. 이에 대하여 최문기, "구분소유적 공유관계와 법정지상권", 민법판례
   해설Ⅱ(1990), 151면은 공유토지 위에 지분 과반수의 동의로 건물을 신축하는 것
   은 관리에 준하는 행위이므로 제265조를 준용, 법정지상권을 인정할 수 있다고 한
   다. 김증한·김학동(주 39)과 통하는 점이 있다.

이 설정되었다가 경매로 그 지분을 제3자가 취득한 경우에 대하여도 적용하여[41] 같은 입장을 취하고 있다.

그런데 이와 같이 보는 경우 마침 그 제한물권자가 공유자 중 1인인 때에는 혼동(제191조)의 법리에 의하여, 또는 그 범위에서 자기 소유물에 대한 제한물권이 되어 허용되지 아니하는 것 아닌가 하는 의문이 생길 수 있다. 그러나 용익물권의 설정을 공유물 자체의 처분으로 본 까닭이 용익물권은 물건 자체에 미치므로 전 공유자의 동의가 있어야 비로소 효력을 발휘할 수 있다는 점에 있다면, 제한물권자가 공유자 중 1인인 때에는 그 자신이 그 제한물권을 용인함은 분명한 것이므로 이를 허용하지 아니할 까닭이 없다. 또한 전 지분권자가 제3자 앞으로 용익물권을 설정해준 다음에 그중 한 지분권자가 그 제3자로부터 용익물권을 양수한 경우 이를 이유로 용익물권이 전부 소멸한다고 보기도 어렵다. 그렇다면 처음부터 위와 같은 처분을 허용함이 타당할 것이다. 2014년 개정안은 독일민법 제1009조를 참조하여 이를 명시적으로 규정하고 있다. 종래에도 해석상 도출될 수 있었던 결론이지만, 명문 규정이 없는 이상 특히 약정에 의한 제한물권의 경우 등기실무에서 받아들여지지 아니할 가능성이 높다는 점에서 이를 명문으로 규정할 필요가 있다고 보이고, 이 점에서 2014년 개정안에 찬성한다.

나아가 임대차를 그 적용대상에서 제외한 것 또한 찬성할 만하다. 임대차는 타인 권리에 대하여도 할 수 있는 (채권적) 계약이지 처분행위가 아니고, 이는 등기되었거나(제621조) 기타 대항력 있는 임대차의 경우도 마찬가지이다. 타인 권리를 임대한 경우 '임대권한'이 없었다면 진정한 권리자에게 대항할 수 없고(제213조 단서), 나아가 그의 (특정)승계인에 대하여 대항력을 갖지 아니할 뿐이다.[42] 공유물의 처

---

41) 대법원 2014. 9. 4. 선고 2011다73038, 73045 판결. 또한 대법원 2004. 6. 11. 선고 2004다13533 판결도 참조.

42) 이동진, "매매계약이 해제된 경우 미등기 매수인이 한 임대차의 운명", 민사법학

분에 관한 규정에 이를 함께 규정할 필요는 없다.

그리고 그와 같이 하는 경우 부동산등기법을 개정할 필요도 없다고 보인다. 등기권리자와 등기의무자의 결정은 누가 등기절차에 관여하여 자신의 절차적 지위를 사전적으로 보장받고, 이를 통하여 등기를 실체관계에 가급적 일치시킬 것인지에 관한 문제로써, 등기권리자로서든 등기의무자로서든 공유자 전원이 관여하는 이상 제한물권을 취득하는 공유자에게 등기의무자의 지위도 함께 부여할지 여부는 형식적·기술적 문제에 불과하여 등기절차법, 실체법 어느 쪽에서도 실질적 차이를 가져오지 아니하며, 설사 절차상 흠이 있다 하더라도 어차피 실체관계에 부합하는 등기로 흠이 치유될 것이기 때문이다. 이러한 사안에서 등기권리자·등기의무자를 해석상 또는 등기예규상 정하는데 중대한 어려움이 있는 것도 아니다.

한편 2014년 개정안은 이를 담보물권에 대하여도 확대하고 있다. 용익물권이 논리적으로 공유물 전체에 대하여만 설정될 수 있는 것과 달리, 담보물권은 지분 위에 설정하는데 아무런 문제도 없으므로, 이러한 확장은 실천적 필요, 즉 지분의 경매가 대개는 불리하고 담보권자가 스스로 자기 지분까지 담보권의 목적으로 삼아 공유물 전체를 경매에 붙임으로써 담보목적물의 가치를 극대화하는 것을 굳이 막을 필요가 없다는 점에 근거가 있다. 그러나 용익물권과 달리 담보물권은 지분 단위로 나뉘므로 혼동(제191조)의 예외를 무슨 근거에서, 그리고 어떤 한도에서 인정할 것인지 문제가 된다. 가령 공유물에 대하여 제3자를 위하여 근저당권이 설정된 뒤 그 채권과 근저당권을 공유

제68호(2014. 9), 698면 이하. 대법원 1962. 4. 4. 선고 62다1 판결은 지분 과반수의 결의 없이 소수지분권자와 제3자 사이에 체결된 임대계약은 "다른 지분권자에 대하여 무효"라고 한다. 또한 대법원 2012. 7. 26. 선고 2012다45689 판결은 건물과 그 대지의 공유자 중 1인이 체결한 임대차계약에 다른 공유자가 별다른 이의를 하지 아니하였다면 그 공유자에게 적법한 임대권한이 있다고 봄이 상당하다면서, 이를 전제로 임차인의 우선변제권 행사를 허용한다.

자 1인이 취득하면 그 공유자의 지분 범위에서 근저당권은 이미 소멸
하여 그 지분은 경매의 대상이 안 되는 것인가 아니면 전체에 대하여
경매를 개시할 수 있고, 다만 자기 지분 상당의 매매대금은 배당의 대
상에서 제외되어 그 지분권자에게 교부되는 것인가. 독일에서는 독일
민법 제1009조의 취지상 혼동으로 소멸하지 아니하고 자기 지분에 대
하여는 소유자 담보권, 나머지 지분에 대하여는 타인 담보권이 되어
공동담보가 된다고 하나,[43] 독일민법과 달리 소유자담보권을 인정하
지 아니하는 우리 법에서 이러한 해석이 가능한지는 의문이다. 판례
가 명의신탁을 통하여 사실상 소유자담보권을 인정하고 있기는 하
나,[44] 이를 정면으로 인정하는 것은 우리 물권법의 기본 틀과도 관계
된 문제로 신중한 검토가 필요하다. 이러한 검토 없이 공유법에서만
소유자담보권을 인정하는 것은 부적절하다고 보인다. 현재로서는 공
유자 1인을 위한 제한물권의 설정은 공유자 전원이 설정해주어야만
가능한 용익물권으로 제한함이 좋겠다.

　(2) 공유물의 임대차와 관리행위

　　1999년 법무부 민법개정특별분과위원회에서는 지분 과반수에 의
하는 공유물관리와 수인이 해제권을 가지는 경우 해제 불가분의 원칙
사이에 모순이 있다면서 이를 조정하자는 제안이 있었다. 그러나 위
주장은 해제 불가분의 원칙은 관리행위의 특수한 경우에 해당한다는
반론에 부딪혀 받아들여지지 아니하였다. 위 제안과 그 반론은 모두
임대차계약 자체가 관리행위에 해당함을 전제한다.[45] 판례도 같은 전

43) MünchKommBGB/K. Schmidt, 6. Aufl.(2013), §1010 Rn. 3, 6.
44) 대법원 2001. 3. 15. 선고 99다48948 전원합의체 판결 참조(채권자와 근저당권자
　　는 동일인이어야 하나, 제3자를 근저당권명의인으로 하더라도 그 채권이 그 제3자
　　에게 실질적으로 귀속되었다고 볼 수 있는 특별한 사정이 있는 경우에는 유효하다
　　고 한다. 이러한 '실질적 귀속'은 필요한 경우 상당정도 조작 가능한 개념이다).
45) 곽윤직·김재형(주 11), 572면; 민일영(주 29), 572면. 또한 박영우, "2분의 1 지분
　　을 가진 공유자 1인이 제3자와 자신의 이름으로 주택임대차계약을 체결한 경우

제 위에 있으나, 위 반론과는 달리 제265조 본문의 적용을 긍정한다. 즉, 공유자 전원이 공동으로 공유물을 제3자에게 임대하였는데, 기간이 만료되자 공유자 중 1인이 갱신거절의 통지를 한 사안에서, 이는 "실질적으로 임대차계약의 해지와 같이 공유물의 임대차를 종료시키는 것이므로, 공유물의 관리행위에 해당하고, 따라서 공유자의 지분의 과반수로써 결정하여야 한다"면서 임대차가 유효하게 존속한다고 한다.[46] 이와 같이 해석하는 한 공유물의 관리에 관한 규정과 해제 불가분의 원칙 사이의 모순은 피할 수 없다. 지분 과반수로 임대차의 갱신 또는 갱신거절에 관하여 결의하였다 하더라도 임대인이 그에 반대한 지분권자이거나 임대인 중 그에 반대하는 지분권자가 있는 한[47] 대외적으로 이를 관철할 방법이 없기 때문이다.[48] 그리하여 지분권자 2/3 이상의 다수결로 임대차를 할 수 있는 프랑스민법(제815조의3 제1항 제4호)에서는[49] 위임(프랑스민법 제1998조), 사무관리(프랑스민법에서

다른 공유자가 임대차보증금반환의무를 부담하는지 여부", 인천지방법원 판례와 실무(2004), 111면.

46) 대법원 2010. 9. 9. 선고 2010다37905 판결. 또한 대법원 1964. 9. 22. 선고 64다 288 판결도 참조.

47) 공유관계에서도 임대인이 누구인가 하는 점은 계약 당사자 확정의 법리에 따르고, 공유자 과반수 또는 전원이 동의하였다 하여 당연히 대외적으로 공유자 전원이 임대인이 되지는 아니한다. 박영우(주 45), 112면 이하. 한편 대법원 2012. 7. 26. 선고 2012다45689 판결은 건물과 그 대지의 공유자 중 1인이 체결한 임대차계약에 다른 공유자가 별다른 이의를 하지 아니하였다면 그 공유자에게 적법한 임대권한이 있다고 봄이 상당하다면서, 이를 전제로 임차인의 우선변제권 행사를 허용한다. 그러나 이는 법률에 의한 우선변제권이 다른 공유자의 지분에까지 미친다는 뜻일 뿐, 나아가 임대보증금반환의무도 공동으로 진다는 뜻은 아니라고 보인다.

48) 그리하여 해제 불가분의 원칙이 배제되고 지분 과반수로 관리에 관한 결정이 있었던 이상 보존행위로 각자 해지할 수 있다는 것으로 이희배, "공유물의 관리 및 보존행위", 사법논집 제10집(1979), 128-129면. 반면 여전히 해제 불가분의 원칙이 적용된다는 것으로 민일영(주 29), 574면; 최춘식(주 37), 86면; 홍준호(주 35), 94면. 이들은 대리권이나 협력의무에 대하여는 논의하지 아니하고 있다.

49) 2006년 개정법률. 남효순, "공유물에 대한 관리행위(관리결정)의 승계여부", 저스티스 통권 제144호(2014. 10), 427-428면. 그 전에는 임대차계약의 체결과 갱신

는 대리를 포함한다), 법원 개입 등으로 반대의 의사표시를 한 지분권
자를 다른 지분권자들이 대리할 수 있게 하고 있고,[50] 명문 규정이
없는 독일의 판례·통설도 지분 다수로 임대를 정한 경우 공유자들에
게 그에 반대한 지분권자를 대리할 권한을 해석상 인정한다. 오스트
리아일반민법도 같다.[51] 일본 판례도 공유물의 임대차의 해제에 관하
여는 지분의 다수에 의한 결정이 있는 한 해제 불가분의 원칙의 적용
이 배제되고 각 공유자는 보존행위로 해제의 통지를 할 수 있다는 입
장이다.[52]

　　그러나 구체적 임대차계약은 관리행위에 포함되지 아니한다고 봄
이 타당하다. 공유관계는 물권관계이고, 관리행위도 공유자의 물권적
지위에 관계한다.[53] 소유자(공유자)로서 그 소유물(공유물)을 마음대로
사용, 수익하고, 그 방해를 제거할(제214조 참조) 권능을 일정 범위에
서 제한하는 것이다. 공유자라는 이유만으로 지분의 다수에 의하여
관리를 정하여야 하는 채권적 (단체)관계가 존재한다고 볼 근거가 없
고,[54] 그러한 채권적 관계는 원칙적으로 그러한 구속을 받는 자 전원

등 관리행위도 전원 동의를 요하였다.

50) 가령 임대차계약을 해지시킬 권한을 부여받을 수 있다. Albiges(주 21), n° 329 et s.,
특히 n° 344.

51) BGHZ 56, 47; MünchKommBGB/K. Schmidt, 6. Aufl.(2013), §§744, 745 Rn.
31. 그 밖에 반대한 소수지분권자의 협력의무에 관하여는 Schnorr(주 27), S. 242
ff. 및 그곳의 문헌지시 참조(독일). RummelKommABGB/Gamerith, 3. Aufl.
(2000), §833 Rz. 12. 그러나 대리권은 다수 지분권자만 갖는다고 한다(오스트
리아).

52) 日最判 1993(昭和 39). 2. 25. 民集18卷2号, 329頁. 원심 및 최고재판소는 각 공
유자의 해제통지의 근거를 명시하지는 아니하였으나, 이러한 행위가 보존행위에
해당하지 아니한다는 상고인의 주장을 배척하였다.

53) 통설은 제265조가 임의규정이라고 하나[가령 민일영(주 29), 572면], 이것이 물권
관계에 관한 특칙인 이상 강행규정이라고 봄이 타당하다. 남효순(주 49), 434-
444면; 최춘식(주 37), 85면.

54) 그러나 공유관계의 배후에 지분적 조합이 존재한다는 견해로, 김증한·김학동(주
11), 304면. 독일의 판례·통설도 비슷하다.

의 합의(계약)로 설정될 수 있을 뿐이기 때문이다.[55] 관리에 관한 결정의 대상은 공유자 누구도 공유물을 직접 사용하지 아니하고 이를 제3자에게 임대함으로써 수익한다는 점에 국한되고, 구체적인 임대차계약의 체결과 그 이행은 포함하지 아니한다고 봄이 옳다. 이때 임차인은 관리에 관한 (지분 다수에 의한) 결정에 터 잡아 공유자 전부 또는 그 일부가 제3자와 사이에 체결한 임대차계약으로 — 관리에 관한 결정을 매개로 — 임대인 아닌 지분권자에게 대항할 수 있다. 관리에 관한 결정에 부합하는 임차는 소유(지분)권의 '방해'(제214조)가 되지 아니한다는 것이다.[56] 임대차계약의 체결, 내용, 해지, 갱신거절은 모두 계약법의 문제이고, 그에 동의하지 아니한 지분권자에게 대항할 수 있는지는 계약이 관리에 관한 결정의 범위 내에 있는지 여부, 즉 관리에 관한 결정의 해석의 문제이다. 제265조와 제547조 사이에 모순은 없고, 따라서 그 개정도 필요 없다. 개정대상에서 제외한 결정은 결과적으로 타당하였다.

    (3) 공유물의 처분과 관리에 관한 정함의 특정승계인에 대한 효력

    공유물에 관한 정함의 특정승계인에 대한 효력은 공유법에서 가장 다투어지는 문제 중 하나이다. 제3기 민법개정위원회 제2분과위원회는 처분, 변경과 관리에 관한 정함 모두에 대하여 특정승계인에게 효력이 있다는 취지의 규정을 둘 것을 제안하였다. 그러나 최종 개정안에서는 처분, 변경에 대한 정함의 특정승계인에 대한 효력에 관한 규정이 삭제되었다. 이는 수긍할 만하다. 사실적 변경의 경우 이미 변경이 완성된 이상 특정승계인이 현상대로 인수함이 당연하다. 또한 공유법 특유의 처분은 없고 모든 처분은 물권법정주의(제185조), 인도

---

55) 집합건물 관리단이나 혼인도 내부관계를 창설할 수 있다. 공동상속에 관하여는 아래 V. 참조.

56) Schnorr(주 27), S. 215 ff.(독일의 소수설이다). 또한 남효순(주 49), 440–441, 444–446면.

내지 등기(제186조 이하) 등의 적용을 받으며, 물권법의 일반원칙에 따라 특정승계인에 대하여 효력이 미친다. 즉, 이는 당연한 법리에 불과하여 굳이 규정을 둘 필요가 없는 것이다.

반면, 관리에 관한 정함은 그렇지 아니하다. 이는 공유법 특유의 제도이고, 특히 민법제정시 일본민법 제254조를 받아들이지 아니하는 입법적 결단을 하였으므로, 별도의 규정이 없는 한 관리에 관한 정함이 특정승계인도 구속하는지에 관하여 논란이 있을 수 있다. 실제로 공유물의 관리에 관한 정함은 공유관계와 분리될 수 없고, 공유자는 자기가 가지고 있는 권리 이상의 것을 양도할 수 없으며, 승계를 인정하지 아니하면 지분 처분만으로 관리에 관한 정함을 파기하는 것을 허용하는 결과가 되고, 공유관계에는 느슨하게나마 단체적 관계가 있는데 이러한 관계에서는 구성원의 변동이 있다 하더라도 종전의 정함은 새로운 구성원에게 효력이 있다는 점을 들어 승계를 긍정하는 견해도 있으나,[57] 관리에 관한 정함의 특정승계인에 대한 효력을 인정한다면 사실상 계약인수와 다를 바 없는데 모든 당사자의 합의 없이 이를 인정할 근거가 없다면서 특정승계인에 대한 구속력을 부정하는 견해도 있다.[58]

관리에 관한 정함은 원칙적으로 특정승계인에 대하여 효력이 있다고 봄이 타당하다. 관리에 관한 정함은 지분권자의 물권적 지위(제214조 등)의 제한으로, 그 자체로는 다른 공유자에게 의무를 지우지 아니한다. 따라서 이를 가리켜 사실상 계약인수라고 할 수는 없다. 그리고 이것이 물권적 결정인 이상, 그 효과는 지분권자 개인이 아닌

---

57) 곽윤직·김재형(주 11), 286면; 민일영(주 29), 566면; 최윤성, "공유물의 관리에 관한 공유자 간의 특약이 공유지분의 특정승계인에게 승계되는지 여부", 부산판례연구회 판례연구 제18집(2007), 135–136면; 홍준호(주 35), 306면.

58) 최춘식(주 37), 96면. 이희배(주 48), 129–130면도 과반수 지분권자의 결정에 따른다는 것으로 사실상 특정승계인에 대한 종전 결정의 구속력을 부정하는 입장에 가깝다고 보인다.

지분권 자체에 부착한다. 그 특정승계인이 그 결정의 효력을 받을
수밖에 없는 까닭이다.59) 물론, 관리에 관한 정함은 그 자체 공시되
지 아니하고 정형화되어 있지 아니하므로 이에 물권적 내지 대세적
효력을 인정한다면 물권법정주의(제185조) 내지 물권법상 유형강제
(Typenzwang)와 일정한 긴장관계에 놓일 수 있다. 그러나 단독물권도
그 변경(邊境)에서는, 가령 수인한도 등을 매개로, 일률적으로 법정되
지 아니한 내용을 가질 수 있다. 공유의 경우 하나의 물건 위에 복수
의 권리자가 경합함에 따라 부득이 그 핵심영역에서까지 이러한 상황
이 발생할 뿐이다. 다만, 같은 취지를 정한60) 일본민법 제254조를 우
리 민법 제정 당시 수용하지 아니하여 논란의 소지가 생긴 이상61) 이
점을 명문으로 규정하는 것이 좋겠다. 독일민법 제746조도 이러한 명
문 규정을 두고 있다.

　　그런데 판례는 관리에 관한 정함의 특정승계인에 대한 구속력을
인정하면서도,62) 관리에 관한 정함이 지분권자로서 사용·수익권을
사실상 포기하는 등으로 지분권의 본질적 부분을 침해한다고 볼 수
있는 경우에는 특정승계인이 그러한 사실을 알고도 지분권을 취득하
였다는 등의 특별한 사정이 없는 한 특정승계인에게 승계되지 아니하

---

59) Schnorr(주 27), S. 300 ff. 남효순(주 49), 447-448면도 같은 취지이다.

60) 박인환(주 27), 482-483면. 본래는 "채권"이 아닌 "계약"으로 되어 있었는데, "채
　　권"으로 바뀌었다. 그러나 그 바뀐 경위는 분명하지 아니하다고 한다.

61) 심의과정에 비추어보면, 입법자에게는 일본민법 제254조가 관리비용상환청구권
　　등의 채권의 승계를 명하는 규정이라는 이해가 전제되어 있었다고 보인다. 이는
　　일본민법 제254조가 관리비용의 부담 등에 관한 일본민법 제253조 뒤에 배치되어
　　있고, "채권"이라고 하고 있는 것과 관계되어 있고, 그러한 한 선취특권을 폐지한
　　우리 민법에서 이를 받아들이기 곤란하다는 주장에도 일리가 있다. 프랑스민법(제
　　815조의17, 제1873조의12, 15)의 경우 공유물의 관리비용 등에 한하여 공유물에
　　대하여 우선변제권을 인정하는데, 우리 법에는 이러한 규정이 없는 것이다. 그러
　　나 이 규정의 본래의 의미와 이후의 실제 적용은 이러한 경우에 국한되지 아니하
　　였다.

62) 대법원 2005. 5. 12. 선고 2005다1827 판결; 2013. 3. 14. 선고 2011다58701 판결.

며,[63] 이때 특정승계인의 악의 여부는 공유물의 사용·수익·관리현황, 그에 이른 경위, 공유자들의 의사, 현황대로 사용·수익된 기간, 지분권의 취득 경위 등을 종합하여 판단하여야 한다고 하여,[64] 일정한 예외를 인정한다. 이에 따라 2014년 개정안 제265조 제2항 단서도 지분권의 본질적 내용을 침해하는 결정에 대하여는 구속력을 부정하는 규정을 둘 것을 제안하고 있다.

그러나 판례와 2014년 개정안 중 위 단서 부분에 대하여는 의문이 있다. 첫째, 판례의 경우 물권관계, 특히 부동산물권관계에서 특정승계인의 선·악의가 문제되는 이론적 근거가 어디에 있는지 분명하지 아니하다. 둘째, 그 때문인지 2014년 개정안은 본질적 내용을 침해하는 결정에 대하여는 특정승계인에 대한 구속력을 부정하면서도 선의·악의를 언급하지 아니하는데, 이는 판례와 다른 태도를 입법하려는 것인지 아니면 같은 태도인지 혼란스럽게 한다.

그렇다면 어떻게 해결하여야 하는가. 그리고 판례는 부당한 것인가.

먼저 지분권의 본질적 내용을 침해하는 결정이 가능한지를 따져볼 필요가 있다. 지분권자는 다른 지분권자의 이용과 충돌하지 아니하는 한 공유물을 마음대로 사용할 수 있고, 지분비율에 따라 수익할 수 있다. 그런데 각 지분권자가 택한 사용방법이 다른 지분권자의 사용방법과 충돌하는 경우 누가 양보하여야 할지 문제된다. 합의에 의하는 경우 둘 다 양보하지 아니하면 누구도 사용할 수 없는 교착상태가 너무 쉽게 생긴다. 지분 과반수에 의하여 관리에 관하여 정할 수 있게 한 것은 이러한 사용의 교착상태를 해소하기 위한 타협이다.[65]

---

63) 대법원 2009. 12. 10. 선고 2009다54294 판결; 2012. 5. 24. 선고 2010다108210 판결; 2013. 3. 14. 선고 2011다58701 판결.
64) 대법원 2013. 3. 14. 선고 2011다58701 판결.
65) 남효순(주 49), 432면; Schnorr(주 27), S. 239.

그러한 결정의 내용이 지분권자 1인의 단독점유나 제3자에의 임대일 수도 있는데, 이때에도 지분권의 본질적 내용의 침해라고 할 수는 없다.[66] 그리고 이 경우에도 지분권의 본질적 침해라고 할 수 없는 이상 '사용'에 관한 결정에서 본질적 침해란 생각하기 어렵다. 반면 그때에도 지분비율에 따른 수익권까지 제한되는 것은 아니다. 지분비율에 의한 수익은 서로 충돌할 여지가 없으며, 이를 지분 과반수에 의한 결정으로 제한할 수도 없다. 즉, 그러한 결정은 — 승계되지 아니하는 것이 아니라 — 관리에 관한 결정으로는 아예 허용되지 아니한다고 봄이 옳다.[67] 이는 관리에 관한 결정의 대상문제로 그 해석상 당연한 것이므로 굳이 명문화할 필요가 없다.[68]

그러나 전 공유자가 합의하여 그중 일부의 수익권을 (채권)계약상 제한 내지 포기하는 것은 사적 자치의 원칙상 당연히 가능하다. 실제로 판례가 지분권의 본질적 내용을 침해하는 관리에 관한 결정이라고 한 사안은 예외 없이 공유자 전원이 한 공유자에게 배타적 무상 사용권을 인정하거나 한 공유자가 나머지 공유자 전원을 위하여 자신의 사용수익권을 무상으로 포기한 경우로서 이러한 유형에 해당한다. 이러한 약정은 물권법에 속하는 관리에 관한 정함이 아닌 채권법적 계약이므로, 단순히 지분권을 승계하였다 하여 관리에 관한 계약까지 인수하였다고 할 수 없다. 판례가 지분양수인의 악의를 요구하는 까닭을 이러한 관점에서 이해할 수 있다. 이는 (묵시적) 계약인수를 읽어내는 하나의 단서(Indiz)인 셈이다.

---

66) 일본에서는 이러한 경우를 처분행위로 보는 소수설이 있었으나 통설은 반대의 입장을 취하였다. 이희배(주 48), 126면 이하. 만일 이를 지분권의 본질적 침해라고 보면, 지분권자 1인과 사이에 임대차계약을 체결한 임차인은 대항력을 취득할 가능성이 없게 된다.

67) 남효순(주 49), 432–433면도 같은 취지로 보인다.

68) 비교법적으로도 이러한 규정을 두는 예는 찾아보기 어렵다. 스위스민법 제647조 제2항은 각 공유자에 속하는 보존행위를 수행할 자격 등은 관리에 관한 정함으로도 제한할 수 없다고 규정하는데, 이 또한 사용·수익권의 제한과는 무관하다.

　그렇다면 본질적 침해도 특정승계인의 악의도 따로 규정할 사항
이 아니라 할 것이다.

　끝으로 부동산의 경우에는 관리에 관한 정함의 대항요건으로 등
기를 요구함이 바람직하다고 보인다. 비교법적으로는 등기를 대항요
건으로 하는 예(독일민법 제1010조, 2009·2010년 개정 대만민법 제826조
의1 제1항)와 그렇지 아니한 예(스위스민법 제649조의a)가 모두 존재한
다. 그러나 공유관계에서는 다른 물권관계와 달리 관리에 관한 정함
으로 인하여 그 핵심부분에서 비정형성이 발생한다. 이러한 비정형성
이 거래안전에 해가 되고 물권법의 기본원칙과 잘 조화되지 아니하는
측면이 있다는 점은 부정하기 어렵다. 특히 공유와 관리에 관한 정함
이 흔히 문제되는 부동산의 경우 이미 등기부가 존재하므로 등기를
대항요건으로 하는데 무리가 없다. 지분권의 본질적 침해를 앞서 본
바와 같이 좁게 이해하는 한, 이 개념을 통하여 거래안전을 도모하는
것도 용이하지 아니할 수 있다. 등기가 더 나은 방법이다. 등기가 번
잡할 수 있다고 하나, 지분변동으로 다수 지분권자가 바뀌는 예외적
인 상황이 아닌 한 다수 지분권자는 어떻든 자신의 관리에 관한 정함
을 관철할 수 있으므로, 등기로 법률관계가 달라져 등기할 실익이 있
는, 그리하여 실제로 등기가 이루어지는 경우도 생각보다 많지 아니
할 수 있다.

　결국 제3기 민법개정위원회 제2분과위원회 안 중 제265조 제2항
개정안이 타당하고, 이에 부동산의 경우 등기를 대항요건으로 규정하
는 수정을 가함이 바람직하다고 본다.

　(4) 기　　타

　그 밖에 검토할 만한 사항으로는 다음의 것이 있다.

　첫째, 제264조와 제265조는 "변경"과 "관리"를 구분한다. 그러나
문언이 주는 인상과 달리 단순한 관리만 제265조의 규율대상이 되는

것도, 모든 변경이 제264조의 규율대상이 되는 것도 아니다. 대부분의 관리행위에는 다소나마 변경적 요소가 있다. 사용·수익도 마찬가지이다. 판례도 사용·수익의 내용이 공유물의 기본의 모습에 본질적 변화를 일으켜 '관리' 아닌 '처분'이나 '변경'의 정도에 이르는 것이어서는 안 된다고 한다.[69] 이 점에서 관리와 변경으로 구분하지 아니하고 통상적 사용과 그렇지 아니한 행위를 구분하는 프랑스민법(제815조의3 제3항)이나 목적물의 성질에 상응하는 정상적인 관리 및 이용과 본질적 변경으로 구분하는 독일민법(제745조 제1항, 제3항), 관리, 이용과 중대한 변경을 구분하는 오스트리아일반민법(제833조, 제834조)의 구분이 더 우수하다고 보인다. 자구(字句)수정을 검토할 만하다.

　　둘째, 제265조는 표제를 '공유물의 관리, 보존'이라고 한다. 그러나 법문상으로도 분명하듯 보존행위는 관리행위에 해당하나 지분권자가 단독으로 할 수 있는 것이다. 이 점에서 표제를 '공유물의 관리'로 함이 더 정확하다고 보인다. 일본민법 제252조, 독일민법 제744조도 보존행위를 함께 규정함에도 불구하고 표제에서는 '관리'라고만 하고 있다.

　　셋째, 판례는 공유물의 불법점유자를 상대로 인도를 구하거나, 공유물에 대하여 불실등기가 마쳐진 경우 그 말소를 구하거나,[70] 다수 지분권자도 아니고 관리에 관한 결정도 없었음에도 공유물의 전부 또는 일부를 배타적으로 점유·사용하는 공유자 1인에 대하여 그 인도를 구하는 것을[71] 모두 보존행위로 본다.

　　그러나 본래 보존행위는 공유물의 멸실·훼손을 방지하고 현상을

---

69) 대법원 2001. 11. 27. 선고 2000다33638, 33645 판결. 그리하여 나대지에 새로운 건물을 신축하는 것은 관리의 범위를 벗어난다고 한다. 반면 이미 현존하는 건물을 소유하기 위한 경우는 달리 평가될 수 있다. 대법원 2002. 5. 14. 선고 2002다9378 판결. 그러나 이와 달리 변경을 수반하는 관리행위는 관리행위가 아닌 변경이라는 견해로, 이희배(주 48), 124면.
70) 대법원 1993. 5. 11. 선고 92다52870 판결.
71) 대법원 1994. 3. 22. 선고 93다9392, 9408 전원합의체 판결.

유지하기 위하여 하는 사실적·법률적 행위를 말하는 것으로, 각 공유자가 단독으로 이를 할 수 있도록 한 취지는 그것이 긴급을 요하는 경우가 많고 다른 공유자에게도 이익이 되는 것이 보통이기 때문이다. 판례는 이로부터 어느 공유자가 보존권을 행사하는 경우에 그 행사의 결과가 다른 공유자의 이해와 충돌될 때에는 그 행사는 보존행위로 될 수 없다는 결론을 도출한다.72) 그러므로 공유자 사이의 공유물 인도청구 및 말소등기청구는 공유자들 사이에 이해가 충돌하여 보존행위가 아니고 소유권의 일종으로서 지분권에 터 잡은 인도, 방해배제이다(제213조, 제214조).73)

좀 더 중요한 것은 지분권자의 제3자에 대한 공유물 인도 및 말소등기청구도 보존행위가 될 수 없다는 점이다.74) 이 경우에는 반드시 이해가 충돌하지는 아니하나, 청구가 모두 보존목적을 넘기 때문이다. 인도청구(제213조)의 경우 본래 공유자 전원이 공동으로 점유하여야 하는데 제3의 불법점유자를 상대로 공유자들 사이에서와 같은

---

72) 대법원 1995. 4. 7. 선고 93다5473 판결(당해 사안은 공동상속인 중 한 사람이 제3자 앞으로 된 불실등기의 전부말소를 구하였는데 다른 공동상속인이 재판 중 증인으로 출석하여 그 제3자 앞 등기가 유효하다는 증언을 한 경우였다). 학설로는 윤재식, "공유자 사이의 공유물의 보존행위", 민사재판의 제문제 제8권(1994), 159면.

73) 그러므로 관리에 관한 정함에 의하여 배타적 점유권을 취득한 지분권자가 아닌 한 인도청구는 허용되지 아니한다. 관리에 관한 정함이 없을 때 지분권자의 사용권은 다른 지분권자의 사용과 충돌하지 아니하는 범위에서 자유로운 사용으로 제한되므로 배타적 점유 및 자기의 사용의 방해를 중지할 것을 구할 수 있을 뿐이다. 이러한 관점에서 대법원 1994. 3. 22. 선고 93다9392, 9408 전원합의체 판결이 대법원 1995. 4. 7. 선고 93다54763 판결로 변경되어야 했다는 지적으로 김재형, "공유물에 대한 보존행위의 범위", 판례월보 제305호(1996. 2) = 민법론 I (2004), 216-217면. 오스트리아일반민법상으로도 공유자 상호간 인도청구는 허용되지 아니한다고 본다. RummelKommABGB/Gamerith, 3. Aufl.(2000), §§828, 829 Rz. 6. 물론 단순한 방해배제는 간접강제의 방법으로 집행되는 것이 보통이어서 직접 물건에 영향을 미치지 못하나, 인도는 직접집행할 수 있다는 점에서 실천적 관점에서는 다수의견의 해결을 전혀 이해하지 못할 바 아니다.

74) 김재형(주 73), 229면.

공동점유의 창출을 요구하는 것을 생각하기 어려워 그와 기능적으로
동일한 단독점유이전을 청구한다고 보면75) 학설과 같이 이를 불가분
채권(제409조) 유사관계로 구성할 여지가 있을지 모른다. 그러나 말소
등기청구의 경우 지분범위 내의 말소(경정)등기가 가능한 이상 공유자
1인이 제3자 명의 불실등기 전부의 말소를 구하는 것은 지분권으로
도76) 보존행위로도 불가분채권관계로도 정당화하기 어렵다. 이것이 결
국 다른 공유자의 지분권을 대신 행사하는 셈이라는 점은77) 제3자가
불실등기를 한 경우 공유자 중 1인이 자신과 나머지 공유자들 전원을
위하여 진정명의회복을 위한 이전등기청구를 할 수도 있다는 판례에78)

---

75) 이 점은 대법원 1994. 3. 22. 선고 93다9392, 9408 전원합의체 판결에서 다수의견
   에 대한 대법관 천경송의 보충의견이 "공유물의 "명도"가 공유물에 대한 종전의
   점유자의 점유를 배제하는 반면 명도 받는 사람이 공유물을 사실상 지배하게 되는
   것을 의미하는 것이기는 하지만, 사용·수익과는 별개의 문제라고 할 것이고, 따
   라서 공유물을 명도 받아 사실상 지배는 하되, 공유자들을 위하여 보관만 하는 경
   우와 같이, 사용·수익은 하지 아니하는 경우도 있을 수 있다고 보아야 할 것"이
   며 "보존행위로서의 명도청구는 공유물의 현상유지의 필요가 있는 때에 그 목적
   범위 내에서만 허용되는 것이라 할 것이므로, 소수지분권자가 공유물보존행위로
   서 제기한 공유물명도소송이 이러한 공유물의 보존을 위한 목적이 아니라 그 소수
   지분권자가 공유물을 배타적으로 독점 사용하기 위한 것으로 밝혀지면, 이는 더
   이상 공유물의 보존행위로서 하는 소송으로 볼 수 없어 그 점에서 받아들여질 수
   없는 것"이라 하여 이때 명도청구에 다른 공유자들을 위한 부분이 포함되어 있음
   을 시사함에서도 확인된다.
76) 그러나 지분권설을 지지하는 것으로 김재형(주 73), 231–232면.
77) 김재형(주 73), 221면은 이를 공유자 1인이 다른 공유자의 지분 범위에서 그의 지
   분권을 대위 행사하는 것으로 볼 수 있다고 한다. 그러나 문제는 그러한 대위권한
   의 법적 근거가 전혀 분명하지 아니하다는 것이다. 독일과 우리나라의 통설은 이
   를 소송법상으로는 제3자의 소송담당으로 보는데[호문혁, 민사소송법, 제10판
   (2012), 237면; MünchKommBGB/K. Schmidt, 6. Aufl.(2013), §1011 Rn. 7 ff.(소
   송수행에 동의하거나 참여하지 아니한 다른 지분권자에 대하여는 기각판결의 기
   판력은 미치지 아니한다고 한다)], 법률규정 없이 제3자의 소송담당이 가능한지
   의문이 없지 아니하다.
78) 대법원 2005. 9. 29. 선고 2003다40651 판결; 2010. 1. 14. 선고 2009다67429 판
   결. 비판적 평석으로 김제완, "공유물에 대한 보존행위와 진정명의회복을 위한 소
   유권이전등기", 민사법학 제41호(2008. 6), 321면 이하(말소등기와 진정명의회복

비추어도 분명하다.79) 독일의 경우 독일민법 제1011조에서 각 공유자
는 소유권에 기한 청구권을 제3자에게 공유물 전부에 관하여 주장할
수 있되, 반환청구권은 제432조(불가분채권 규정)에 따라서만 주장할
수 있다고 규정하여 입법적으로 이러한 청구를 허용한다. 이러한 판
례를 유지하고자 한다면 같은 취지의 특칙을 신설함이 바람직하다.80)

Ⅳ. 제266조 · 제267조

1. 제266조

(1) 현행규정과 그 제정경위 및 개정논의

제266조[共有物의 負擔] ① 共有者는 그 持分의 比率로 共有物의 管
理費用 其他 義務를 負擔한다.
② 共有者가 1年 以上 前項의 義務履行을 遲滯한 때에는 다른 共
有者는 相當한 價額으로 持分을 買受할 수 있다.

을 위한 이전등기가 적어도 조세부담상 차이가 있음에 비추어 볼 때 일반적으로
진정명의회복을 위한 이전등기가 보존행위라고 볼 수는 없다는 취지).
79) 반면 수인의 공유자 중 1인이 불실등기를 한 경우 나머지 공유자 중 1인은 그 자
신의 지분 상당의 경정등기만 청구할 수 있다(이는 그의 지분권의 행사로 당연하
다). 대법원 1988. 2. 23. 선고 87다카91 판결. 결과적으로 대법원 1995. 4. 7. 선
고 93다5473 판결. 위 판례는 그 근거를 "공유자가 다른 공유자의 지분권을 대외
적으로 주장하는 것을 공유물의 멸실·훼손을 방지하고 공유물의 현상을 유지하
는 사실적·법률적 행위인 공유물의 보존행위에 속한다고 할 수 없"다는 점에서
찾는다. 그런데 이러한 근거는 제3자가 불실등기를 마친 경우에도 그대로 적용될
수 있는 것이다.
80) 불가분채권에서 각 채권자가 채무자에게 전 채권자를 위한 공탁 또는 법원선임보
관인에의 인도를 구할 수 있다는 독일민법 제432조 제1항 제2문을 도입하자는 것
으로, 김재형(주 73), 228면 각주 45. 그러나 이 견해는 독일민법 제1011조의 특
칙성 내지 의의에는 그다지 주목하지 아니하고 있다.

제266조는 일본민법 제253조에 대응하는 규정으로, '관리비용의 부담'에서 '공유물의 부담'으로 그 표제를 바꾼 외에 별 변화가 없다. 민의원 법제사법위원회에서의 심의과정에서 공조, 공과 등 비용을 제외한 의무를 상정하기 어려움에도 '기타 의무'라고 규정한데 대하여 이의가 있었으나 수정은 이루어지지 아니하였다.[81] 2004년 및 2014년 개정안은 이 규정에 관하여 별다른 제안을 하지 아니하였다.

(2) 검   토

제266조에 관하여는 다음 세 가지 점을 검토할 필요가 있다.

첫째, 제266조의 표제를 '공유물의 부담'에서 '관리비용과 부담'으로 수정하는 것이 좋겠다. 물건 자체의 부담은 물적 부담(Reallasten)을 뜻하는 것으로 읽히기 쉽고, 그 자체 관리비용을 뜻한다고 읽기 어렵다. 일본민법 제253조의 표제는 '관리비용의 부담'이고 독일민법 제748조는 단지 '부담 및 비용'이라고 할 뿐이다. 그리고 제1항 중 '기타 의무'는 문언이 너무 넓게 규정되어 있고, 공유물에 관하여 의무를 지는 경우 그 의무가 당연히 공유자 전원의 의무가 된다는 뜻으로 오해될 소지가 있어[82] 적당하지 아니하다. '공유물에 관한 부담'으로 수정함이 좋겠다. 일본민법 제253조 제1항, 독일민법 제748조도 그렇게 되어 있다.

둘째, 제2항은 삭제함이 좋겠다. 제2항은 관리비용 등을 1년 이상 지체하였다는 이유만으로 다른 공유자에게 지분매수청구권을 인정

---

81) 민법안심의록(주 6), 172-173면.
82) 판례는 공유자가 공유물의 관리에 관하여 제3자와 계약을 체결한 경우에 그 계약에 기하여 제3자가 지출한 관리비용의 상환의무를 누가 어떠한 내용으로 부담하는가는 일차적으로 당해 계약의 해석으로 정하여지고, 제266조 제1항은 공유자들 사이의 내부적인 부담관계에 관한 규정일 뿐이라고 한다. 대법원 1985. 4. 9. 선고 83다카1775 판결; 2009. 11. 12. 선고 2009다54034, 54041 판결(이 법리는 집합건물의 소유 및 관리에 관한 법률 제10조, 제12조 및 제17조에도 불구하고 집합건물에 대하여도 타당하다고 한다).

한다. 학설상 각 공유자가 매수를 청구할 수 있는지 대위변제를 한 공유자만 매수를 청구할 수 있는지, 1년의 기간의 기산점은 대납한 자의 상환최고시인지 아니면 관리비용 등의 이행기인지에 대하여 다툼이 있으나83) 형성권이라는 점에 대하여는 다툼이 없다.84) 그 결과 관리비용인지 여부 및 그 금액에 대하여 다툼이 있는 상황에서 사후적으로 지분을 박탈당한 것으로 밝혀지는 경우가 있을 수 있다. 이는 비례의 원칙(헌법 제37조 제2항)에 반하는 과도한 제재이다.85) 비교법적으로도 일본민법을 제외하면 이러한 예를 보기 어렵다.86) 독일민법 제756조는 분할시 채권 만족을 구하는 것을 허용할 뿐이고, 프랑스민법 제815조의17 제1항은 일반원칙에 따라 상환을 구할 수 있다고 하며, 스위스민법 제649조의b 제1항은 중대한 의무위반을 요구한다. 제도의 현실적 활용도도 매우 낮다.

마지막으로 관리비용의 부담의 특정승계인에 대한 효력 문제가 있다. 집합건물의 소유 및 관리에 관한 법률 제18조는 "공유자인 구분건물소유자가 공유부분에 관하여 다른 공유자에 대하여 가지는 채권은 그 특별승계인에 대하여도 행사할 수 있다"고 규정하고 있고, 판례는 이를 관리비용채무의 중첩적 인수를 정한 것으로 본다.87) 그러나 일반적으로 공유법에 이러한 — 일본민법 제254조로 소급하는 — 규정을 도입하는 것은 적절하지 아니하다고 보인다. 관리에 관한 결정이 물권적 성격을 갖는 것과 달리 이는 순수한 채권적 의무의 성격

83) 최춘식(주 37), 86-87면.
84) 다만 매매대금을 제공하거나 지급하여야 한다. 대법원 1992. 10. 9. 선고 92다25656 판결.
85) 최춘식(주 37), 86-87면도 매수청구권이 가혹하다면서 그 제한해석을 제안하고 있다.
86) 일본민법의 입법자는 취리히민법 제111조와 그라우뷘덴민법 제210조의 비슷한 규정을 보고 이 규정이 합리적이라고 여겨 이와 같은 규정을 두었다고 한다. 박인환(주 27), 481면.
87) 대법원 2008. 12. 11. 선고 2006다50420 판결; 2010. 1. 14.자 2009그196 결정.

을 가지므로, 지분양수인이 이를 인수할 까닭이 없기 때문이다.[88] 이
점에서는 현행법을 유지함이 좋겠다.

2. 제267조

(1) 현행규정과 그 제정경위

> 제267조[持分抛棄 等의 境遇의 歸屬] 共有者가 그 持分을 抛棄하거
> 나 相續人없이 死亡한 때에는 그 持分은 다른 共有者에게 각 持分
> 의 比率로 歸屬한다.

제267조는 일본민법 제255조를 따른 것으로,[89] 2004년 및 2014
년 개정안은 이 규정에 관하여 별다른 제안을 하지 아니하였다. 그
러나 이에 대하여는 "공유자가 그 지분을 포기하거나 상속인 또는
특별 연고자 없이 사망한 때에는 그 지분은 다른 공유자에게 각 지
분의 비율로 귀속한다"고 개정하여야 한다는 견해가 있다.[90] 카토
마사노부(加藤雅信) 교수가 이끄는 民法改正硏究會의 「日本民法改
正試案」 제167조 제2항도 위 규정에 대응하는 일본민법 제255조에
가정법원이 특별연고자가 있는 경우 그에게 지분의 전부 또는 일부
를 분여할 수 있다는 취지의 단서를 추가하는 개정을 할 것을 제안
한다.[91]

(2) 검   토

먼저 공유자 중 1인이 상속인없이 사망한 경우를 본다. 위 제안

---

88) 결론에 있어 박의근(주 1), 334면도 같은 취지이다.
89) 민법안심의록(주 6), 173면.
90) 김진우, "공유자의 1인이 상속인없이 사망한 경우의 지분귀속에 관하여", 법조 통
    권 제614호(2007. 11), 67면.
91) 김민중(주 28), 237면 각주 43은 이를 소개하면서 우리 민법에 참고할 필요가 있
    다고 한다.

은 같은 취지의 일본 판례를 입법화한 것으로,[92] 일본민법과 마찬가지로 제1057조의2로 특별연고자에 대한 재산분여제도를 규정하고 있는 우리나라에서도 제267조와 제1057조의2 중 어느 쪽이 우선하는지에 관하여 다툼이 있다.[93] 이 문제는 본래 입법적으로 해결되었어야 할 것이었는데 입법자가 간과하여 제1057조의2를 신설하면서도 제267조에서 어느 쪽으로도 정리하지 아니한 결과 해석상 논란이 생겼고, 명확히 하고자 한다면 공유법을 정비하는 것이 타당하므로, 개정함이 좋겠다. 개정에 있어서는 특별연고자에 대한 재산분여제도를 우선하되, 그것이 없거나 받아들여지지 아니하면 국고에 귀속하는 대신 다른 공유자에게 귀속하는 방안과, 본조에서 상속인 없이 사망한 경우를 제외하는 방안, 공유법 우선을 명시하는 방안을 생각할 수 있다. 특별연고자에 대한 재산분여 제도를 유지하는 한 공유물에 한하여 적용하지 아니할 근거는 없다고 보인다. 이 점을 고려할 때 특별연고자에 대한 재산분여를 우선하되, 보충적으로 공유자 귀속을 인정함이 좋을 것이다.[94] 그러나 이러한 제도가 일본민법을 제외하면 비교법적으로 찾아보기 어려운 것이고, 그 기초가 되는 이른바 공유지분의 탄력성도 전혀 절대적인 법리가 아니라는 점을 고려하여 아예 제267조의 특례를 폐지하고 상속법에 맡기는 안도 생각할 수 있다. 아래에서 보는 지분포기의 경우에 비추어볼 때 그러한 방안이 더 간명하다고

---

92) 日最判 1989(平成 1). 11. 24, 民集43卷10号, 1220頁.

93) 김진우(주 90), 56면 이하 및 그곳의 문헌지시 참조.

94) 이에 대한 유일한 반론은 규율이 번잡하다는 점인데[독일민법의 경우 공유자에게 선점권을 부여하는 안이 받아들여지지 아니한 까닭이 그 점에 있었다. 김진우(주 90), 61－62면], 판례는 국가귀속의 경우에도 관리의 이전 등 요건이 갖추어져야 권리변동이 일어나고 상속인부존재(와 특별연고자에의 분여의 배제)로 당연히 권리변동이 일어나는 것은 아니라는 입장에 가까운바(대법원 1997. 4. 25. 선고 96다53420 판결; 1997. 5. 23. 선고 95다46654, 46661 판결; 1997. 11. 28. 선고 97다23860 판결; 1999. 2. 23. 선고 98다59132 판결) 지분의 관리를 어떻게 이전하여야 하는지 논란의 소지가 있어(소수 지분권자는 점유가 없을 수 있다) 어차피 규율이 단순하지 아니하다.

여겨진다.

　다음 공유자 1인이 지분을 포기한 경우를 본다. 이 맥락에서 본
조는 지분을 포기하는 경우 포기된 지분이 무주(無主)의 권리가 되는
지 아니면 다른 공유자의 지분이 증가하는지에 관한 논란을 ― 후자의
방향으로 ― 입법적으로 정리하였다는 점에 의의가 있다.95) 그러나 그
타당성에 관하여는 의문이 있다. 지분을 포기함으로써 다른 공유자들
의 지분이 자동으로 는다면 이는 다른 공유자들의 의사를 묻지 아니
하고 그에게 이익(과 그에 결부되는 부담)을 주는 것이 되는데,96) 이것
이 사적 자치의 원칙과 이해관계 없는 제3자의 변제를 제한하고(제469
조) 순수하게 이익이 되는 상속이나 유증도 포기할 수 있게 하는(제
1041조 이하, 제1076조) 우리 법체계에 부합하는가 하는 점이다. 독일
판례는 그러한 점을 고려하여 아예 지분포기를 부정한다.97) 우리의

---

95) 독일민법의 경우 입법과정에서 지분포기에 관한 규정을 두는 것이 논의되었으나
　　결국 입법에 이르지 못하였는데, 이는 지분의 본질(다른 지분권에 의하여 상호 제
　　약되어 있는 완전한 소유권인지, 아니면 양적으로 분할된 소유권인지)에 관한 입
　　장 차이 등으로 인하여 그 효과, 즉 다른 공유자의 지분증가를 인정할지 아니면
　　무주(無主)의 권리가 된다고 볼지 의견의 일치를 보지 못했기 때문이라고 한다.
　　Schnorr(주 27), S. 284, 290 f. 지분의 본질에 관하여는 일본민법에서도 다툼이
　　있으나[우선 민일영(주 29), 546－547면], 어느 입장을 따르더라도 제267조를 공
　　유관계에 제3자가 개입하는 것을 막기 위한 정책적 규정으로 설명할 수 있다는 점
　　에서 결론에 큰 영향을 주는 것은 아니라고 이해되고 있다.
96) 대법원 2016. 10. 27. 선고 2015다52978 판결은 공유자 중 1인이 지분을 포기한
　　경우 그 의사표시가 '다른 공유자에게 도달하더라도 이로써 공유지분 포기에 따른
　　물권변동의 효력이 발생하는 것은 아니고, 다른 공유자는 자신에게 귀속될 공유지
　　분에 관하여 소유권이전등기청구권을 취득하며, 이후 민법 제186조에 의하여 등
　　기를 하여야 공유지분 포기에 따른 물권변동의 효력이 발생한다'고 한다(위 판결
　　은 그 선례로 대법원 1965. 6. 15. 선고 65다301 판결을 인용한다). 그러나 위 판
　　결의 사실관계에서도 드러나듯, 이러한 경우 지분을 포기한 자는 다른 공유자를
　　상대로 등기인수청구를 할 수 있어 사실상 지분취득을 강제할 수 있다. 종래의 통
　　설은 나아가 지분포기를 상대방 없는 단독행위로 보고, 그 취득은 원시취득이며,
　　따라서 등기 없이도 물권변동이 발생한다고 보았다. 관련 문헌의 소개와 그에 대
　　한 비판으로, 민일영(주 29), 581－583면.
97) BGHZ 115, 1. 독일의 통설도 같다. 이에 대한 비판으로 Schnorr(주 27), S. 285 ff.

경우 지분포기를 부정할 필요까지는 없겠지만, 지분을 포기하면 무주의 권리가 되고 다른 지분권자가 선점하거나(제252조 제1항, 그의 소유의 의사와 지배가 개입한다) 국고에 귀속되며(제252조 제2항),[98] 그 밖에 다른 지분권자들에게 포기 대신 무상양도를 할 수 있다고 보는 것이 낫다고 여겨진다.[99] 입법론적으로는 이 부분이야말로 삭제함이 좋겠다.

    한편 집합건물의 소유 및 관리에 관한 법률 제22조는 "제20조제2항 본문의 경우 대지사용권에 대하여는 「민법」 제267조(같은 법 제278조에서 준용하는 경우를 포함한다)를 적용하지 아니한다"고 규정하고, 같은 법 제20조 제2항 본문은 "구분소유자는 그가 가지는 전유부분과 분리하여 대지사용권을 처분할 수 없다"고 규정한다. 구분소유자가 전유부분과 대지사용권을 일체로 포기하거나 (그 중 하나만 포기하는 것은 무효이다), 구분소유자가 사망하였고 상속인이 존재하지 아니하면 전유부분은 제252조 제2항(포기) 또는 제1058조(상속인부존재)가 적용되어 국유가 되는 반면 공용부분 및 대지사용권에 대하여는 제267조가 적용되어 잔존 공유자들에게 귀속되어 전유부분·공용부분·대지사용권의 일체성(같은 법 제13조, 제22조)이 깨진다. 위 규정은 국가귀속으로 통일하여 이를 막으려는 것이다. 그러므로 제267조에서 특별연고자에 대한 분여를 고려하는 개정을 할지 여부는 위 규정과는 무관하다. 다만, 제267조를 삭제하는 개정을 하는 경우에는 집합건물의 소유 및 관리에 관한 법률 제22조의 특칙은 더는 필요치 아니하게 된다.

---

98) Schnorr(주 27), S. 290 f. 그러므로 부동산의 경우 다른 공유자에게 선점을 인정하려면 특별규정을 두어야 할 것이라고 한다. 경청할 만한 주장이라고 여겨진다.

99) 대법원 1994. 12. 9. 선고 94다36629 판결은 지분포기와 지분의 무상양도가 둘 다 가능함을 전제로 당사자가 어느 것을 주장하는지 분명하지 아니할 때에는 이를 석명한 뒤 판단하여야 한다고 한다.

V. 제268조 · 제269조 · 제270조

1. 현행규정과 개정논의

(1) 현행규정과 그 제정경위

제268조[共有物의 分割請求] ① 共有者는 共有物의 分割을 請求할 수 있다. 그러나 5年內의 期間으로 分割하지 아니할 것을 約定할 수 있다.

② 前項의 契約을 更新한 때에는 그 期間은 更新한 날로부터 5年을 넘지 못한다.

③ 前2項의 規定은 第215條, 第239條의 共有物에는 適用하지 아니한다.

제269조[分割의 方法] ① 分割의 方法에 關하여 協議가 成立되지 아니한 때에는 共有者는 法院에 그 分割을 請求할 수 있다.

② 現物로 分割할 수 없거나 分割로 因하여 顯著히 그 價額이 減損될 念慮가 있는 때에는 法院은 物件의 競賣를 命할 수 있다.

제270조[分割로 인한 擔保責任] 共有者는 다른 共有者가 分割로 因하여 取得한 物件에 對하여 그 持分의 比率로 賣渡人과 同一한 擔保責任이 있다.

제268조는 공유물 분할의 자유와 분할금지특약 및 분할의 제한을, 제269조는 분할의 방법으로서 현물분할과 대금분할(경매분할)을, 제270조는 현물분할에 있어서 담보책임을 규정하고 있다. 이들은 각각 일본민법 제256조, 제257조, 제258조, 제261조에 대응한다. 반면 일본민법 제259조, 제260조, 제262조는 대체 없이 삭제되었다. 제259조는 각각 공유자의 1인이 다른 공유자에 대하여 공유에 관한 채권을 가지고 있는 경우 분할시 채무자에게 돌려질 공유물의 부분으로 변제하게 할 수 있고 이를 위하여 매각을 구할 수 있다는 규정으로써, '제

257조를 소위원회에서 삭제한 이유와 동일한 이유로 삭제'하였고, 제
260조는 공유물에 대하여 권리를 갖는 자 및 각 공유자의 채권자는
자기의 비용으로 분할에 참가할 수 있고 참가청구에도 불구하고 참가
를 기다리지 아니하고 분할을 한 때에는 분할로 참가를 청구한 자에
게 대항하지 못한다는 취지의 규정으로써 '의견진술의 기회를 가지는
것밖에는 하등의 실익이 없'다며 삭제되었으며, 제260조는 분할이 마
쳐진 경우에는 각 분할자는 그 받을 물건에 관한 증서를 보존하여야
한다는 취지였는데 '그러한 사항은 규정할 필요없'다는 이유로 삭제
되었다.100)

(2) 2004년의 개정논의

1999년 구성된 법무부 민법개정특별분과위원회는 공유물 분할에
관하여는 별다른 제안을 하지 아니하였다. 그러나 관계기관 의견을
조회하는 과정에서 법원행정처가 '공유물 분할에도 불구하고 각 지분
위에 존재하던 제한물권 등은 분할된 후의 각 부동산에 그대로 존속
하게 되는바, 분할과 동시에 당사자의 합의로 그 권리를 분할된 부동
산 중 일부에 집중할 수 있도록 하는 규정을 신설하면 공유물분할로
인한 복잡한 법률관계를 간명하게 정리할 수 있고 공유자의 소유권행
사에도 유용할 것'이라는 의견을 제출하였다. 법원행정처는 위 의견
과 관련하여 공유토지분할에관한특례법 제34조 제1항을 인용하였다.

이에 대하여 법무부 민법개정특별분과위원회 제50차 전체회의
(2003. 9. 19.)에서는 다음과 같은 논의가 이루어졌다. 먼저, 김상용 위
원은 규정이 없더라도 위와 같은 결론이 당연한 것이지만 규정 신설
을 검토할 필요가 있다고 하였다. 그러나 남효순 위원은 분할되더라
도 토지 전체에 미친다고 하였고, 서민 위원은 지분에만 저당권을 설
정한 경우는 [분할 후의] 목적물에 한정되나 공유물 전체에 담보를 설

---

100) 민법안심의록(주 6), 175면.

정한 경우에는 모든 목적물에 저당권이 미친다고 봄이 타당하다고 하
였다. 또한 김상용 위원은 특히 용익물권을 지분위에 설정한 경우 분
할했을 때 용익물권이 분할된 부분에만 미친다는 것은 문제가 있다고
주장하였으나, 양창수 위원은 용익물권을 지분위에 설정하는 것은 부
정함이 타당하다고 하였다. 이후 제61차 전체회의(2004. 4. 3.)에서 김
상용 위원이 현물분할의 경우 분할하여도 지분 비율대로 제한물권이
존속한다고 하면 저당권을 설정한 공유자는 자기 소유물의 일부에 저
당권을 설정한 셈이 되어 문제가 있으나 언제나 분할 후의 목적물에
제한물권이 집중된다는 취지의 입법은 좀 더 검토를 요한다면서, 다
음 민법개정시 다시 검토할 것을 제안하였다. 이에 따라 2004년 개정
안에서는 특례규정을 신설하지 아니하기로 하였다.[101]

    (3) 2014년 개정안

제3기 민법개정위원회 제2분과위원회안
제269조[분할의 방법] ① (현행과 같음)   ② 법원은 공유물을 현물로 분할하거나 적절하고 합리적인 방법으로 분할할 수 있다. 다른 방법이 없을 때에는 법원은 물건의 경매를 명할 수 있다.
실무위원회안

제269조[분할의 방법] ① (현행과 같음)
  ② 공유물을 현물로 분할하는 경우에는 법원은 일부 공유자가 다른 공유자에게 금전을 아울러 지급할 것을 명할 수 있다.
  ③ 공유물을 현물로 분할할 수 없거나 분할로 인하여 현저히 그 가액이 감손될 우려가 있는 때에는 법원은 공유물을 경매하여 그 대금을 분배할 것을 명할 수 있다.
  ④ 법원은 상당한 이유가 있는 경우에는 일부 공유자가 공유물을

---

101) 법무부 민법개정자료발간팀 편(주 2), 359-362면.

전부 취득하고, 나머지 공유자에게 금전을 지급할 것을 명할 수 있다.
개정안
제269조[분할의 방법] ① (현행과 같음) 　② 법원은 공유물을 현물로 분할하거나, 경매, 가액보상, 그 밖의 적절한 방법으로 분할할 수 있다.

　　제269조는 공유물 분할의 방법으로 현물분할과 대금분할(경매분할)만을 규정하고 있는데, 판례는 이미 그 밖에 다양한 분할방법을 인정해왔다. 2014년 개정안은 공유물 분할의 방법의 방법을 보다 다양하게 규정하고자 하였다. 제3기 민법개정위원회 제2분과위원회안은 이를 통틀어 현물분할 이외에 '적절하고 합리적인 방법'으로 분할할 수 있다고 규정하고, 다른 방법이 없을 때에는 경매를 명할 수 있음을 밝히는 것으로 하였다. 실무위원회는 이러한 분과위원회안이 현물분할이 원칙임을 제대로 표현하고 있지 아니하고 지나치게 모호하며 분할방법 사이의 순위를 전혀 정하고 있지 아니하여 문제라고 보고, 판례를 반영하여 구체적으로 규정하되, 판례가 제시한 이른바 전면적 가액보상의 방식에 의한 분할을 허용하는 기준은 법문에 담기에는 지나치게 길고 복잡하므로 '상당한 이유가 있는 경우'로 하였다. 이후 위원장단회의와 전체회의에서 두 안을 놓고 의견이 갈렸다. 실무위원회안에 대하여 분할의 방법을 일일이 열거, 한정하고 그 순위를 정하는 것이 반드시 옳은지에 대하여 의문이 제기되었기 때문이다. 표결결과 결국 수정된 분과위원회안이 채택되었다.[102]

　　(4) 기타 개정논의

　　그 밖에 학설상으로는 제269조 제2항에서 '경매를 명할 수 있다' 부분은 법원이 사인(私人)인 당사자에게 경매신청을 명한다는 의미이

---

102) 윤진수(주 3), 131-136면.

므로 '경매신청을 명하여야 한다'로 바꾸어야 한다는 입법론이 있다.[103] 또한 공유물에 대하여 권리를 가진 자와 각 공유자의 채권자는 자기의 비용으로 분할에 참가할 수 있고, 참가 청구가 있음에도 불구하고 참가를 기다리지 아니하고 한 분할은 참가를 청구한 자에 대하여 대항할 수 없다고 한 일본민법 규정을 받아들이지 아니한데 대하여, 보조참가는 별론, 독립당사자참가의 경우에는 의견진술의 기회를 가지는 것이 아니라 적극적으로 자신의 권리를 주장할 수 있어 실익이 없다고 할 수 없다면서 이들 규정을 도입함이 옳다는 주장이 있다.[104]

2. 검   토

(1) 재판상 분할방법의 다양화

2014년 개정안은 재판상 분할방법을 다양화한다. 이는 기본적으로 판례의 발전을 반영한 것이다. 판례는 현물분할이 원칙이므로, 공유물의 성질, 위치나 면적, 이용상황, 분할 후 사용가치 등에 비추어 현물분할이 곤란하거나 부적당한 경우 및 공유자의 한 사람이라도 현물분할에 의하여 단독으로 소유하게 될 부분의 가액이 분할 전의 지분의 가액보다 현저하게 감손될 염려가 있는 경우가 아닌 한 현물분할을 하여야 하고,[105] 이때에는 지분에 따른 가액의 비율을 기준으로 하되, 목적물의 형상이나 위치, 이용상황,[106] 경제적 가치가 균등하지

---

103) 박의근(주 1), 335면.
104) 박의근(주 1), 335-336면.
105) 대법원 2001. 3. 9. 선고 98다51169 판결 등. 그리하여 단지 공유자들 사이에 분할방법에 관하여 의사가 합치하지 아니한다는 등의 주관적, 추상적 사정만으로 대금분할을 명할 수는 없다고 한다. 대법원 2009. 9. 10. 선고 2009다40219, 40226 판결.
106) 공유재산의 면적, 위치, 사용가치, 가격, 공유자의 실제 점유 위치 등을 제대로 고려하지 않고 심히 불공평하게 분할방법을 결정하는 것은 위법하다. 대법원 1969. 12. 29. 선고 68다2425 판결.

아니하면 경제적 가치가 지분비율에 상응하도록 조정하여 분할을 명하여야 하고, 현물분할이 가능하고 그럴 필요도 있음에도 공유자 상호간에 지분가액에 상응하는 합리적인 현물분할방법이 없는 등의 사유가 있을 때에는 금전으로 경제적 가치의 과부족을 조정하게 하는 방법도 가능하다고 하여 이른바 부분적 가액보상과 결합된 현물분할을 허용한다.[107) 또한 대법원 2004. 10. 14. 선고 2004다30583 판결은 공유관계의 발생원인과 공유지분의 비율 및 분할된 경우의 경제적 가치, 분할방법에 관한 공유자의 희망 등 사정을 종합적으로 고려하여 당해 공유물을 특정한 자에게 취득시키는 것이 상당하다고 인정되고, 다른 공유자에게는 그 지분의 가격을 취득시키는 것이 공유자간 실질적 공평을 해치지 않는다고 인정되는 특별한 사정이 있다면 공유물을 공유자 중 1인의 단독소유 또는 수인의 공유로 하되 현물을 소유하게 되는 공유자로 하여금 다른 공유자에 대하여 그 지분의 적정하고도 합리적인 가격을 배상시키는 방법에 의한 분할도 현물분할의 하나로 허용된다고 하여 이른바 전면적 가액보상에 의한 현물분할을 인정한다.[108) 이를 반영하여 제3기 민법개정위원회 제2분과위원회는 제269조 제2항에 현물분할 외에 '적절하고 합리적인 방법'에 의한 분할을 규정하고, 다른 방법이 없을 때에 한하여 경매에 붙이는 것으로 하였다. 그러나 이러한 안은 부분적 가액보상은 포섭할 수 있어도 가장 논란이 되었던 전면적 가액보상의 허부는 오히려 분명히 하지 아니하고 있을 뿐 아니라,[109) 전면적 가액보상을 '기타의 방법'에 포섭

---

107) 대법원 1990. 8. 28. 선고 90다카7620 판결; 1991. 11. 12. 선고 91다27228 판결; 1992. 11. 10. 선고 92다39105 판결.

108) 그 구체적 전개과정에 관하여는 무엇보다도 위 2004년 대법원 판결에 대한 평석인 진현민, "재판상 공유물분할에 있어서 전면적 가액보상의 허부", 민사판례연구[XXⅧ](2006), 79면 이하 참조. 기본적으로 우리와 같은 규정을 두고 있는 일본 판례의 전개과정과 일치한다.

109) 종래의 통설은 공유자는 지분의 비율에 따라 동등한 권리를 가지는 데 누구에게 현물을 분할해주고 누구에게 가액보상을 해줄지 판단할 기준이 없다는 등의 이유

한다면 전면적 가액보상이 경매분할(대금분할)보다 우선하는 것처럼 읽힌다는 점에서 문제가 있다.110) 한편 실무위원회안은 제269조 제2항으로 현물분할과 부분적 가액보상을 규정하고, 제3항에서 경매분할(대금분할)을, 제4항에서 전면적 가액보상에 의한 분할을 규정하였다. 이는 현재의 판례를 충실히 반영한다. 또 확정된 2014년 개정안은 현물로 분할하거나 경매, 가액보상, 그 밖의 적절한 방법으로 분할하는 것을 허용함으로써 — 그 순위는 명시하지 아니하나 — 해석에 의하여 같은 결론을 도출할 수 있게 한다. 어느 쪽이든 무방하고, 적어도 '분할'의 일상적 의미와도 맞지 아니하는 전면적 가액보상을 무리하여 현물분할에 포섭함으로써 생기는 해석상 문제를111) 피할 가능성을 열

로 전면적 가액보상에 소극적이었다. 박일환, "공유물의 분할방법", 대법원판례해설 제14호(1991), 92면. 그 밖의 문헌에 대하여는 진현민(주 108), 98면 이하의 문헌지시 및 소개 참조.

110) 진현민(주 108), 123면은 전면적 가액보상에 의한 분할도 현물분할인 이상 경매분할(대금분할)보다 우선하고, 좁은 의미의 현물분할 > 부분적 가액보상 > 전면적 가액보상 > 경매분할(대금분할)의 순위가 성립하며, 일본 판례도 같은 취지라고 한다. 논리적으로는 틀린 이야기가 아니지만 이렇게 하는 경우 전면적 가액보상이 광범위하게 허용되고 경매분할(대금분할)의 여지는 거의 없는 것처럼 오도될 수 있다. 특히 전면적 가액보상의 요건이 매우 불확정적이어서 넓게도, 좁게도 해석할 여지가 있다는 점, 전면적 가액분할에 대하여는 경매분할(대금분할)에 의할 수밖에 없는 사유, 즉 현물분할의 불능 또는 가격의 현저한 감소(제269조 제2항)가 있을 수 없다는 점에 비추어 그러하다. 규정체계상으로는 경매보다 가액보상을 뒤에 두는 안이 낫다고 보인다.

111) 판례·통설은 재판상 분할을 제187조의 '판결'의 예로 보므로[대법원 2013. 11. 21. 선고 2011두1917 전원합의체 판결. 반대 : 김황식, "공유물분할의 소는 형성의 소인가? — 공유물분할판결의 효력과 그 등기방법을 중심으로", 민사재판의 제문제 제8권(1994), 661면 이하], 전면적 가액보상에 의한 분할이 이루어지면 현물을 분할 받는 공유자는 판결확정과 동시에 공유물 전부를 취득하는 반면 가액보상을 받는 공유자는 금전채권을 취득할 뿐이라는 문제가 생긴다. 이에 대하여는 양창수, "전면적 가액보상에 의한 공유물분할판결과 등기문제", 법률신문 제3384호(2005. 8. 8.) = 민법연구 제9권(2009), 127면 이하 참조(소유권취득을 가액보상과 동시이행에 걸리게 하여야 한다고 한다); 진현민(주 108), 132면 이하(다양한 일본의 학설을 검토한 뒤 위 동시이행판결 안에 찬성한다).

어준다는 점에서 찬성할 만하다. 이들 안은 모두 경매할 수 있다고 하고, 경매를 명한다고 하지 아니하므로 일부 학설이 제기한 문언의 문제도 존재하지 아니한다.112) 그러나 입법기술로는 간명하고 해석, 발전의 여지를 열어두는 2014년 개정안 쪽이 낫다고 보인다. 아직까지 전면적 가액보상에 의한 분할이 어떤 경우 어느 범위에서 허용되는지 별로 분명하지 아니하다는 점에 비추더라도 지나치게 구체적인 입법은 오히려 불편을 초래할 가능성이 있다. 나아가 그러한 방법의 하나로 공유자들 사이에서 경매하는 것을 허용하는 안을 검토할 필요가 있다. 스위스민법 제651조 제2항은 일반 경매 이외에 공유자들로 참가를 제한한 경매를 허용하고 있고,113) 독일민법 제753조 제1항도 제3자에 대한 지분 처분이 금지된 경우에는 분할시 공유자들 사이에서 경매하여야 한다고 정한다. 전면적 가액보상에 의한 분할과 사실상 같은 효과를 거두면서 — 즉 경매분할(대금분할)보다 공유자들의 물권적 이익을 존중하면서 — 법원이 그중 누구에게 현물을 주어야 할지 정하는 부담을 피할 수 있다는 장점이 있다. 이를 위해서는 법원의 결정으로 경매의 인적 범위를 제한할 수 있게 하는 민사집행법 개정이 필요할 것이다.

한편 2004년 및 2014년 개정안에는 반영되지 아니하였으나, 판례는 여러 사람이 공유하는 물건을 현물분할함에 있어 분할청구자의 지분 한도에서 현물분할을 하고 분할을 원하지 않는 나머지 공유자는 공유자로 남는 이른바 이탈형 일부분할도 허용하고 있고,114) 나아가

---

112) 다만, 경매신청을 명하는 것으로 규정하여야 한다는 주장에는 찬성하기 어렵다. 공유물분할을 위한 경매는 직권으로 진행하고, 당사자의 경매신청을 기다리지 아니하기 때문이다.

113) 경매를 일반 경매로 할지 공유자들로 제한할지는 법관의 재량에 맡겨져 있으나, 일반적으로 공유물이 공유자들 사이에 남겨질 이익이 있으면 제3자 참여 없는 경매를 명하여야 하고 대금분할이 목적인 때에는 일반 경매를 명하는 경향이 있다고 한다. BaslerKommZGB/Brunner/Wichtermann, 2. Aufl.(2003), Art. 651 N 14.

114) 대법원 1991. 11. 12. 선고 91다27228 판결; 1993. 12. 7. 선고 93다27819 판결;

대법원 1976. 5. 25. 선고 76다77 판결은 공유자들이 여러 필지를 공유하면서 그 위에 각기 건물을 소유하고 토지를 사실상 분할점유하고 있는 사안에서 그 전부를 점유부분에 따라 분할하는 것이 합리적이라고 하여 이른바 일괄분할도 인정한 바 있다. 먼저, 이탈형 일부분할은 허용함이 합리적이라고 보이고, 프랑스민법 제815조 제3항처럼 이를 명문으로 허용하는 법제도 있으나, 법 개정 없이 현행법 해석으로도 이를 인정하는데 별 무리가 없다고 보인다. 이를 반영하기 위하여 법 개정을 할 필요는 없다. 반면 일괄분할의 경우는 그렇지 아니하다. 공유물분할은 물권관계로서 공유관계의 작용인데, 물권관계는 하나의 물건을 단위로 성립하므로(일물일권주의, 특정성의 원칙), 복수의 물건을 하나의 물건처럼 일괄분할하는 것은 원칙이 아니다.[115] 그러나 예외가 있다. 복수의 물건이 경제적으로, 즉 거래관념상 단일체이거나,[116] 공유자들 사이에 물권관계를 넘는 인적 결합 내지 관계가 존재하는 경우[117] 공유자들은 그의 복수의 물건에 대한 지분권자의 지위를 하나의 단위로 여기게 마련이므로 일괄분할이 오히려 적절할 수 있다. 문제는 이처럼 복수의 물건의 공유관계를 하나로 묶는 것은 물

1997. 9. 9. 선고 97다18219 판결; 2002. 12. 27. 선고 2001다46464 판결.

115) Schnorr(주 27), S. 110 ff., 372 ff.

116) 일본에서 일괄분할을 인정한 리딩케이스(leading case)인 日最判 1970(昭和 45). 11. 6. 民集24卷12号, 1803頁은 1필지의 토지와 그 지상의 3동의 건물을 삼형제가 공유하고 있던 사안이었다. 독일에서도 경제적으로 분할할 수 없는 경우를 다수의 물건을 한 번에 분할할 수 있는 예외로 인정한다. MünchKommBGB/K. Schmidt, 6. Aufl.(2013), §752 Rn. 13. 그러나 다수의 물건을 한 번에 분할할 수 있는 경우가 이에 국한되지는 아니한다.

117) 상속재산분할에 관하여 일괄경매가 원칙으로 되어 있는 것을 이러한 관점에서 이해할 수 있다. 즉, 공동상속의 법적 성질은 공유이지만(제1006조), 그들은 공동상속인으로서 상호 일정한 인적 관계에 놓이고, 바로 그 때문에 전체 상속재산에 대하여 공유관계에 들어간 것이고, 그러한 상속들 사이의 관계가 각각의 상속재산을 넘어서 전체 상속재산에 대하여 일정한 법률관계를 창설하고 일괄분할을 가능하게 한다는 것이다.

권관계 밖에 있는 공유자들의 공통의 관념, 지위 내지 인적 관계이므로 공유물분할에서 이를 고려하기 위해서는 근거규정을 둘 필요가 있다는 점이다. 프랑스민법 제815조 제2항, 독일민법 제752조 제1항, 2009·2010년 개정된 대만민법 제824조 제5항도 일정 경우 복수의 물건이 분할의 대상이 될 수 있음을 명시적으로 정한다. '상당한 사정이 있는 경우' 일괄분할을 허용한다는 취지를 명시함이 바람직하다.

(2) 분할의 지분 위의 담보물권에 대한 효과

지분 위에 담보물권이 설정되어 있거나 (가)압류·가처분이 되어 있었는데 전면적 가격보상에 의한 분할이 이루어지는 경우 당초의 지분의 비율에 따라 ─ 이제는 단독소유가 된 ─ 그 물건 위에 위 담보물권 또는 (가)압류·가처분상의 권리가 존속하고,118) 본래의 의미의 현물분할이 이루어지는 경우 당초의 지분의 비율에 따라 분할된 각 물건 위에 담보물권 또는 (가)압류·가처분상 권리가 존속한다는 것이119) 판례·통설이다.120) 경매분할(대금분할)의 경우 원칙적으로 목적물 위의 부담을 소멸시키는 것을 법정매각조건(소멸주의)으로 하여 실시되므로121) 지분의 부담도 경매절차에서 청산될 것이지만, 예외적으로 부담을 인수하는 것으로 매각조건을 변경(인수주의)하여 경매하는 경우에는(주 121의 판례) 지분의 비율에 따라 ─ 이제는 단독소유가 된 ─ 그 물건 위에 위 담보물권 또는 (가)압류·가처분상의 권리가 존속하게 된다.122) 명문의 규정이 없는 일본민법에서도 그와 같이 해석

118) 대법원 1993. 1. 19. 선고 92다30603 판결.
119) 대법원 2012. 3. 29. 선고 2011다4932 판결.
120) 그러나 과거 담보물권 또는 (가)압류·가처분상의 권리가 그 지분권자가 분할 받은 부분에 집중된다는 견해도 있었다. 김상용, 물권법(2009), 410면.
121) 대법원 2009. 10. 29. 선고 2006다37908 판결.
122) 제3자 또는 다른 공유자가 공유물의 소유권을 취득하면 담보권자는 물상대위(제370조, 제342조)의 규정에 따라 지분권자가 취득하는 대금에 대하여 권리를 행사할 수 있다는 견해가 있으나[곽윤직·김재형(주 11), 297면], 현물분할의 경우 물건 자체를 분할할 뿐 그 위의 부담을 청산하지 아니하므로 담보물권 또는 (가)압

되고 있고, 오스트리아일반민법 제847조는 이를 명문으로 규정하고 있기까지 하다. 그 결과 두 문제가 발생한다. 첫째, 단독소유권 위에 잠재적으로 지분이 존속하게 된다. 이는 분할로 청산하고자 했던 공유관계를 잠재적으로 남겨놓는 결과를 낳는다. 둘째, 당초의 담보물권설정자나 (가)압류·가처분상의 채무자가 아닌 제3자가 부담을 지므로 특히 분할관련 법률관계가 복잡해진다(가령 지분 위 공동저당관계). 대법원 1993. 1. 19. 선고 92다30603 판결도 이 점을 들어 현물분할 및 가액보상에 의한 분할이 부적당하다면서 경매분할(대금분할)을 명하여 이러한 문제를 부분적으로 해결하고 있으나, 그것으로 충분하다고 할 수 없다. 이렇게 하는 경우 지분 처분금지 가처분권자의 이익은 배려하기 어렵고, 경매분할(대금분할)이 사실상 강제될 가능성이 있다.

입법론적으로는 재판상 분할의 경우 담보물권 또는 (가)압류·가처분상 권리자를 분할절차에 참여시키는 대신 분할 후 그 설정자, 채무자가 분할 받은 부분에 그 권리를 집중시킬 가능성을 부여하는 방안을 검토할 필요가 있다. 독일민법 제1066조 제2항, 제3항은 지분에 용익권을 설정한 경우 분할은 공유자와 용익권자가 공동으로 하여서만 청구할 수 있고, 분할 후 용익권은 지분권자가 취득하는 부분에 대하여 존속한다고 하고, 제1258조 제2항, 제3항은 공유물에 동산질권을 설정한 경우 분할은, 매각권한 발생 전에는, 공유자와 질권자가 공동으로만 구할 수 있고, 분할시 질권자는 지분에 갈음하는 목적물에 대하여 질권을 취득한다고 한다. 근래의 학설은 이를 물상대위(dingliche Surrogation)로 이해하여, 당초의 순위가 그대로 보전된다고 보고, 명문의 규정이 없는 경우에도 이러한 해결이 가능한지를 모색

류·가처분상의 권리는 당초의 목적물에 추급하여 존속하고 물상대위는 발생하지 아니하며, 경매분할(대금분할)의 경우 소멸주의 하에서는 물상대위가 아닌 직접 만족을 얻고 인수주의 하에서는 당초의 담보물권 또는 (가)압류·가처분상의 권리가 목적물에 추급하여 존속하므로 타당하다고 할 수 없다. 김상용(주 120), 357면; 민일영(주 29), 600면.

하고 있다.[123] 명문 규정이 없는 프랑스민법에서도 분할의 선언적 효력(제883조)에 터 잡아 대체로 같은 결론을 도출하고 있다.[124] 우리 법에 대하여도 위 두 규정과 비슷한 규정을 두는 안을 생각할 수 있다. 적어도 분할절차에서 이해관계인들 전원이 동의한 경우 이러한 집중을 허용하지 아니할 실질적인 이유는 존재하지 아니할 것이다.

(3) 공유물에 대하여 권리를 가진 자와 공유자의 채권자의 분할절차 참가

앞서 본 바와 같이 공유물분할절차에 공유물에 대하여 권리를 갖는 자와 공유자의 채권자가 분할에 참가할 수 있음을 규정하는 일본민법 제260조는 민법 제정시 의견진술의 기회를 주는 것에 불과하여 아무런 실익이 없다는 이유로 우리 법에 수용되지 아니하였는바, 보조참가는 별론 독립당사자참가는 실익이 있다는 이유로 위 규정을 재수용하여야 한다는 견해가 있다.

공유물에 대하여 물권적 지위를 갖는 자, (가)압류 및 가처분채권자의 경우 적어도 현재의 판례·통설상으로는 분할절차에 참가하지 아니한다 하여 그의 지위가 해해지는 일이 생길 수 없다.[125] 위 (2)에서 언급한 개정과 관련하여 검토할 필요가 남아 있을 뿐이다.

---

123) MünchKommBGB/K. Schmidt, 6. Aufl.(2013), §749 Rn. 3, 38.
124) 프랑스민법 제883조는 상속재산분할의 선언적 효력(effet declaratif)을 규정하나, 공유물분할 일반에 적용될 수 있다고 보고 있다. 그리고 선언적 효력 및 그 일부인 소급효에 의하여 지분에 관하여 설정된 저당권은 분할 후 설정자가 분할 받은 물건에 대하여는 존속하고, 지분에 국한되지 아니한 채 전체에 대하여 확장되나, 다른 지분권자가 취득한 물건 위에서는 무효가 된다고 한다. Vᵒ Partage (2ᵒ droit commun), rép.dr.civ.(2016), nᵒ 336 et s. (par Brenner). 또한 남효순, "프랑스민법상 상속재산 분할의 효력", 민사법학 제59호(2012. 6), 558면 이하. 우리 민법상으로도 상속재산분할은 소급효를 가지나(제1015조 본문 : 이 규정은 프랑스민법 제883조에서 유래한 것이다) 제3자의 권리를 해하지 못하고(제1015조 단서), 따라서 위와 같은 해석도 행해지지 아니한다.
125) 일본민법에서는 명문의 규정이 없어 제260조의 참가규정에도 불구하고 지분 위의 저당권은 분할 후에도 각 분할된 부분 중 지분 위에 그대로 존속한다고 해석되고 있다. 日大判 1942(昭和 17). 4. 24. 民集21卷, 447頁.

그러나 공유자의 일반채권자의 경우 분할이 불공평하게 이루어지면 책임재산이 감소하는 불이익을 입을 수 있다. 협의분할이라면 사해행위취소(제406조)에 의하여 구제될 수 있겠지만, 재판상 분할은 '법률행위'에 해당하지 아니하여 취소할 수 없다. 독립당사자참가(민사소송법 제79조)는 참가사유가 없어 허용되기 어려울 것이나, 보조참가(민사소송법 제71조)는 생각할 수 있고, 또 실익도 있을 것이다. 문제는 현행법상으로 무자력이 될 위험이 있다는 등의 사정만으로 일반채권자가 '소송결과에 이해관계가 있'어 보조참가가 인정될지 매우 의문스럽다는 점이다. 명문의 규정을 둔다면 이러한 참가를 인정하여 재판상 분할의 방법으로 권리자를 해하는 것을 막을 수 있을 것이다.126) 이때의 참가는 공동소송적 보조참가(민사소송법 제78조)로 보아야 한다. 이를 명시하는 규정을 둘 수 있을 것이다.

(4) 기   타

그 밖에 제268조 제1항 단서, 제2항은 분할금지의 특약에 관하여 규정하면서 그 기간을 5년으로 제한한다. 그러나 앞서 본 바와 같이 현실적으로 분할금지의 기간을 더 길게 할 필요가 있을 수 있다. 좀 더 기간을 연장하거나 독일민법과 같이 영구적 분할금지의 특약도 허용하되 중대한 사유가 있는 경우에는 분할금지특약에도 불구하고 분할을 구할 수 있게 하는 개정을 검토해볼 만하다. 또한 민법은 분할금지특약에 관하여만 규정하고 있고, 부동산의 경우 등기가 제3자에 대한 대항요건이라고 하면서도 그 근거규정은 부동산등기법 제89조에 두고 있을 뿐이다. 그러나 이러한 규율은 실체법적 성격을 가지므로 부동산등기법에 두는 것은 적절하지 아니하다. 민법에 부동산공유의 경우 제3자에 대하여 대항하려면 분할금지특약을 등기하여야 함을 명

---

126) 이 규정이 이러한 경우에 적용된다는 점에 대하여는, 川島武宜・川井 健 編集 注釋民法(7), 新版(2007), 484−485頁(川井 健 執筆). 이 규정이 비교법적으로 유례가 없는 일본민법의 독창적 창안이라는 점에 대하여는 박인환(주 27), 489면.

시하는 규정을 신설함이 좋겠다.

VI. 결   론

민법 중 공유법은 상대적으로 입법적 개선의 필요가 강하게 제기
되어온 분야라고 할 수는 없다. 상당수의 쟁점은 판례의 발전에 의하
여 해결되거나 그럭저럭 대응되어왔고, 현행법상 피할 수 없으나 그
결과가 매우 불만족스러운 것으로 지적되어온 문제도 잘 보이지 아니
한다. 그간 우리 학계의 공유법에 대한 관심과 연구 성과도 충분하다
고 할 수 없다. 적어도 두 차례에 걸쳐 공유법 개정안을 마련하였음에
도 불구하고 그것이 실제 법 개정으로 이루어지리라고 선뜻 확신하기
어려운 까닭이다. 이 글에서는 이 점을 의식하여 우리 공유법을 그
간 제기되어온 쟁점과 외국의 입법례에 비추어 포괄적으로 감정
(Gutachten)하고, 가능한 입법적 대안을 가급적 두루 살펴보고자 하였
다. 한편으로는 공유법의 개선을 위하여 필요한 이론적 연구를 조금
이나마 심화시키고, 다른 한편으로는 공유법 개정을 논의할 때 검토
할 수 있는 대상 전부를 논의의 장으로 끌어들이기 위함이다. 그러므
로 이 글은 목전의 법 개정을 염두에 두었다기보다는 좀 더 장기간에
걸친, 심도 있는 법 개정의 기초 작업, 또는 비교적 짧은 기간 일본법
을 참조하여 충분히 이해하지 못한 규정과 제도도 '수입'하여 만들어
진 우리 민법의 자기화를 촉발하기 위한 것이다. 실제 법 개정에서는
실천적 의의의 유무를 떠나 투명성, 체계성, 포괄성을 증진시키기 위
해 필요하다면 대개정도 감수할 것인지 아니면 실천적 의의가 있는
부분에 한하여 최소한의 개정을 할 것인지, 또 변화가 필요하다고 생
각되면 가급적 법 개정으로 이를 도모할 것인지, 아니면 확립된 판례
가 있는 한 가급적 판례를 존중할 것인지 등 여러 기본적인 입장이
전제되고, 그에 따라 가능하거나 적절한 개정의 대상과 범위가 달라

질 것이다. 그에 부응하는 개정논의는 이 글에서는 굳이 추구하지 아니하였다. 가장 최근의 개정안이 마련된 지 2년 반이 지났으나 그 입법 여부가 불투명한 상황이다. 만일 개정이 현실화된다면 또 다른 논의가 필요해질 수 있다.

추기(追記)

대법원 2020. 5. 21. 선고 2018다287522 전원합의체 판결은 주 73), 75)에 소개된 대법원 1994. 3. 22. 선고 93다9392, 9408 전원합의체 판결의 다수의견을 변경하여 공유물의 소수지분권자가 공유물을 독점적으로 점유하는 다른 소수지분권자를 상대로 공유물의 인도를 청구할 수 없고 방해배제만 청구할 수 있다고 하였다. 이 판결에는 대법관 박상옥, 민유숙, 이동원, 김상환, 노태악의 판례변경에 대한 반대의견(인도청구가 가능하다는 취지)과 대법관 이기택의 방해배제청구에 관한 반대의견(방해배제청구도 허용되지 아니한다는 취지)이 있었다.

■ 참 고 문 헌

고상용, 물권법(2001)

곽윤직·김재형, 물권법 제8판(2014)

곽윤직 편집대표 민법주해[V](1992)(민일영 집필부분)

―――――――― 민법주해[XVI](1997)(김재형 집필부분)

김민중, "일본민법(재산법)개정에서 소유권제도의 개혁에 관한 논의", 동북아법연구 제3권 제2호(2009. 12)

김상용, 물권법(2009)

김성수, "대만민법전의 물권법개정(2009년, 2010년)과 우리 민법전의 비교법적 시사점", 경상대 법학연구 제22권 제2호(2014. 4)

김재형, "공유물에 대한 보존행위의 범위", 판례월보 제305호(1996. 2) = 민법론 I(2004)

김제완, "공유물에 대한 보존행위와 진정명의회복을 위한 소유권이전등기", 민사법학 제41호(2008. 6)

김증한·김학동, 물권법 제9판(1996)

김진우, "공유자의 1인이 상속인없이 사망한 경우의 지분귀속에 관하여", 법조 통권 제614호(2007. 11)

김황식, "공유물분할의 소는 형성의 소인가? ― 공유물분할판결의 효력과 그 등기방법을 중심으로", 민사재판의 제문제 제8권(1994)

남효순, "공유물에 대한 관리행위(관리결정)의 승계여부", 저스티스 통권 제144호(2014. 10)

―――, "프랑스민법상 공동소유", 서울대 법학 제39권 제1호(1998)

―――, "프랑스민법상 상속재산 분할의 효력", 민사법학 제59호(2012. 6)

민의원 법제사법위원회 편, 민법안심의록(1957)

박영우, "2분의 1 지분을 가진 공유자 1인이 제3자와 자신의 이름으로 주택임대차계약을 체결한 경우 다른 공유자가 임대차보증금반환의무를 부담하는지 여부", 인천지방법원 판례와 실무(2004)

박의근, "공동소유에서의 공유에 관한 해석론적·입법론적 개선 방안", 서
    울법학 제21권 제3호(2014. 2)
박인환, "일본메이지민법(물권편:소유권취득·공동소유)의 입법이유", 민사
    법학 제62호(2013. 3)
박일환, "공유물의 분할방법", 대법원판례해설 제14호(1991)
법무부 민법개정자료발간팀 편, 2004년 법무부 민법 개정안 총칙·물권편
    (2012)
사공영진, "합유지분의 상속성", 대구판례연구회 재판과 판례 제4집(1995)
양창수, "전면적 가액보상에 의한 공유물분할판결과 등기문제", 법률신문
    제3384호(2005. 8. 8.) = 민법연구 제9권(2009)
윤재식, "공유자 사이의 공유물의 보존행위", 민사재판의 제문제 제8권
    (1994)
윤진수, "공동소유에 관한 민법 개정안", 민사법학 제68호(2014. 9)
이동진, "건설공사공동수급체의 법적 성격과 공사대금청구권의 귀속", 민
    사판례연구[XXXV](2013)
_____, "매매계약이 해제된 경우 미등기 매수인이 한 임대차의 운명", 민
    사법학 제68호(2014. 9)
이희배, "공유물의 관리 및 보존행위", 사법논집 제10집(1979)
조해근, "과반수지분권자 임의로 체결한 공유물 임대차계약의 효력", 사법
    연수원 논문집 제14집(2007)
진현민, "재판상 공유물분할에 있어서 전면적 가액보상의 허부", 민사판례
    연구[XXVIII](2006)
최동렬, "공동예금채권의 귀속 및 공동예금주간 지분양도의 대항요건", 대
    법원판례해설 제51호(2005)
최문기, "구분소유적 공유관계와 법정지상권", 민법판례해설 II(1990)
최윤성, "공유물의 관리에 관한 공유자 간의 특약이 공유지분의 특정승계
    인에게 승계되는지 여부", 부산판례연구회 판례연구 제18집(2007)
최춘식, "공유 부동산의 사용·수익에 관한 연구", 저스티스 통권 제134호
    (2013. 2)

호문혁, 민사소송법, 제10판(2012)

홍준호, "공유자들 사이의 약정이 공유자의 특정승계인에게 미치는 효과", 민사판례연구[XXX-(상)](2011)

BaslerKommZGB, 2. Aufl.(2003)

MünchKommBGB, 6. Aufl.(2012/2013)

RummelKommABGB, 3. Aufl.(2000)

Schnorr, Die Gemeinschaft nach Bruchteilen (§§741-758 BGB) (2004)

StandingerKommBGB, Neubearbeitung 2002

Répertoire de droit civil (2015/2016)

川島武宜·川井 健 編集 注釋民法(7), 新版(2007)

제 3 장

우리 민법상 합유와 준합유의 강제*

— 학설과 판례의 문제점 해결을 위한 합유의 새로운 해석 —
— 물권 및 물권적 청구권개념에 대한 새로운 이해의 단초4 —

남 효 순**

Ⅰ. 서   론

우리 민법은 공동소유의 형태로 공유, 합유와 총유를 두고 있다. 이미 많은 학자들이 지적하는 바와 같이 이는 전례가 없는 입법례이다. 의용민법에는 공유에 대한 규정만 있었을 뿐이다. 그런데 현행 민법을 제정하면서 물권편에 공동소유로 합유(제271조－제274조)와 총유(제275조－제277조)를 신설하였다. 그리고 의용민법 제668조가 "조합재산은 공유에 속한다."고 규정하던 것을 수정하여, "조합원의 출자 기타 조합재산은 조합원의 합유로 한다."는 민법 제704조를 두게 되었다. 우리 민법은 채권편에는 조합재산의 귀속형태에 대한 규정이 없다는 면만을 놓고 본다면, 스위스와 대만의 입법례와 같은 것이라

---

* 이 글은 2016. 11. 11.에 서울대학교 법학연구소가 주최한 ＜서울대학교 법학연구소 공동연구 학술대회 — 공동소유법 개정에 관한 연구＞에서 발표된 것으로, 같은 제목으로 저스티스 제159호(2017)에 게재되었다. 당시 소중한 토론을 하여 주신 성균관대학교 김천수 교수님께 깊은 감사의 말씀을 전한다.
** 서울대학교 법학전문대학원 교수.

고 볼 수 있다. 그러나 우리 민법은 이들 민법과 달리 물권법정주의에 따라 엄격하게 합유를 물권편에 규율하고 있다. 이러한 특징은 아직 제대로 평가받고 있지 못하고 있다.

현재 통설은 제271조‒제274조에 대하여 다음과 같은 해석을 하고 있다. 첫째, 통설은 제271조 제2항을 근거로 제272조‒제274조를 임의규정으로 본다. 따라서 조합재산을 합유로 정하고 있는 채권편 제704조도 마찬가지로 본다. 통설은 제272조‒제274조의 적용에 앞서 다른 법률의 규정 또는 조합계약이 우선적으로 적용된다고 한다. 그러나 이러한 해석은 광업법 등의 규율의 실제에 부합하지 않는다는 문제점이 있다. 무엇보다도 우리 민법이 알고 있는 물권법정주의(제185조)에 반하는 것이다. 또 당사자가 민법과 다른 합유를 정한다고 하더라도 민법이 정하는 물권을 기재하도록 하고 있는 부동산등기법상 등기가 가능한지가 의문이다. 따라서 제271조 제2항에 대하여는 우리 민법상의 물권법정주의에 부합하는 새로운 해석이 필요하다고 할 것이다. 둘째, 통설은 조합계약은 채권계약이기 때문에 계약자유의 원칙에 따라 조합의 소유형태를 민법의 합유 이외의 것으로 약정할 수 있다고 한다. 합유에 대하여 물권법의 규정을 두고 있음에도 불구하고 채권계약의 자유라는 이름으로 배제할 수 있는가 하는 커다란 의문이 제기된다. 채권계약의 자유라도 물권법에 의한 제한이 있다는 사실에 부합하지 않는다. 셋째, 통설은 물권법의 합유규정과 채권법의 조합규정이 충돌하는 경우 후자가 우선하여 적용된다고 한다. 물권법 제272조 본문은 합유물에 대한 처분·변경에는 전원의 동의가 있어야 한다고 규정하고 있는 반면에, 채권법 제706조 제2항은 조합업무는 조합원 또는 업무집행조합원의 과반수의 동의에 따르게 하고 있다. 또 제272조 단서는 합유물에 대한 보존행위를 합유자 단독으로 할 수 있다고 규정하고 있지만, 채권법 제706조 제3항은 다른 조합원은 어느 조합원의 통상사무에 대하여 이의를 제기할 수 있다고 규정하고 있다. 통설은 조합의 업무라는 이유로 제706조(제2항·제3항)가 제272조 본문에 우선하여 적용된다고 한다. 이에 대하여는 조합의 업무라는 이유로 조합재산의 합유에 관한 물권법의 적용마저도 배제할 수 있는가 하는 근본적인 의문이 제기된다. 넷째, 통설과 판례는 "수인의 채권자 및 채무자(제3편 제3절)"의 규정이 채권의 준합유(준공동소유)의 특칙을 이룬다고 한다. 제278조의 단서는 "다른 법률에 특별한 규정이 있으면 그에 의한다."고 하는데, 수인의 채권자 및 채무자에 관한 규정이 바로 다른 법률의 규정에 해당한다고 한다. 그러나 제278조상의 다른 법률이 민법내의 규정을 말하는지는 의문이다. 판례도 "공동이행방식의 공동수급체"에 대하여 조합의 소유로서 준합유 대신 채권의 분할적 귀속을 허용하는 것은 분할적 귀속이 준합유의 특칙이 된다는 것을 전제로 하는 것이다. 이러한 통설과 판례는 우리 민법제정자들이 물권의 합유(공동소유)의 규정을 채권의 준합유(준공동소유)에 준용하여 규율하려는 의도를 전면적으로 부인하는 것이 된다. 수개의 채권의 성립과 어느 채권자에 의한 채권의 행사를 예정하는 "수인의 채권자 및 채무자"의 법률관계가 하나의 채권의 성립과 그 채권의 공동행사를 전제로 하는 "채권의 준합유(준공동소유)"의 법률관계의 특칙이 될 수 있는가 하는 근본적인 의문이 제기된다.

　이상의 문제들을 해결하기 위하여 2004년과 2014년 두 차례에 걸쳐 합유의 개정이 시도되었다. 2004년에 설치된 법무부개정위원회는 자구수정만으로 끝나고 실질적인 개정을 이루지 못하였다.[1] 이에 반하여 2014년 민법개정위원회는 합유에 관한 개정안을 마련하였다.[2] 2013년 설치된 제4기 분과위원회(이하 분과위)는 물권법정주의에

---

[1] 2004년 법무부 민법개정안, 총칙·물권편, 법무부, 2012, 362면.
[2] 2014년 민법개정위원회의 전체회의가 채택한 개정안의 내용과 해설은 윤진수, "공동소유에 관한 민법개정안", 민사법학 제68호, 한국민사법학회(2014), 123－167면 참조.

따르는 개정시안을 마련하였고,3) 2014년 전체회의(제11차)는 물권법
정주의를 부정하는 개정안을 마련하였다는 점에서 문제가 있다고 하
겠다.

　이상의 문제들을 해결하기 위해서 먼저 조합재산의 소유형태에
관한 입법례(Ⅱ)를 살펴본 후 민법 제271조 제2항과 물권법정주의
(Ⅲ), 조합재산의 소유형태와 조합계약의 자유(Ⅳ)와 물권법의 합유규
정과 채권법의 조합규정의 충돌(Ⅴ)을 살펴보고 마지막으로 채권(채
무)의 준합유(Ⅵ)에 대하여 살펴보기로 한다.

Ⅱ. 조합재산의 소유형태에 관한 입법례

　조합재산을 어떤 법체계로 규율할 것인지에 대한 입법태도는 각
나라마다 상이하다.4) 우선 조합재산에 대하여 명시적인 규정이 없는
나라도 있다. 일본민법이 그러하다. 그러나 학설상으로는 조합재산의
합유가 인정되고 있다. 또 조합재산을 채권편의 조합(조합계약)에서만
규율하는 나라가 있다. 독일민법의 경우가 그러하다. 이에 반하여 조
합재산의 귀속형태를 물권편으로만 규율하는 나라도 있다. 스위스민
법·채무법과 대만민법이 그러하다. 우리 민법도 이에 속한다. 그런데
우리 민법은 스위스민법·채무법과 대만민법과 또 다른 특징을 드러
내고 있다. 이하에서 외국의 입법례를 통하여 우리 민법의 특징에 대
하여 살펴보고자 한다.

---

　3) 필자가 분과위원장으로 참여하여 마련한 2013년 민법개정위원회의 분과위원회의
　　 개정시안은 전체회의에서 채택되지 못하였다. 2013년 민법개정위원회의 분과위원
　　 회가 마련한 개정시안의 내용과 해설은 최수정, "조합재산에 관한 민법개정 방향
　　 — 합유와 조합의 사무집행 방법을 중심으로 —", 민사법학 제62호, 한국민사법학
　　 회(2013), 2–36면 참조.
　4) 합수적 공동체와 합유제도의 기원에 대하여는 윤철홍, "합유제도에 관한 법사적
　　 고찰", 법사학연구 18호, 한국사법학회(1997), 115–124면 참조.

1. 독일민법

독일민법은 조합재산을 채권편에서 규율하고 있다. 독일민법 제 718조는 조합원의 출자 및 업무집행에 의하여 조합을 위해 취득한 재산을 조합원의 공동재산(조합재산)이라고 규정하고 있다. 이처럼 독일민법도 조합원의 개별재산과 구별되는 특별재산인 조합재산을 인정한다. 독일민법은 합수적 물권(합유)에 대한 물권편의 규정을 두지 않고 있지만, 실제로는 물권에 대한 합수적 공동소유도 성립하여, 채권편의 조합에 의하여 규율이 되고 있다.[5] 그리고 조합에 독자적인 법인격이 인정되지 않으므로, 개개의 물권적 재산은 조합원에게 합수적으로 귀속하며, 각 조합원은 개별 재산에 대하여 물권적 지분(Anteil)을 갖는데. 이는 부동산등기법의 규율을 받는다.[6] 다만, 조합원이 갖는 합수적 지분은 공유와 달리 각 조합원에 계산상의 비율(Bruchteil)이 존재하지 않는 지분으로 인정된다.[7] 또 제719조는 조합원은 조합재산에 대한 지분 및 조합재산에 속하는 개별 목적물에 대한 지분을 처분하거나 분할을 청구할 수 없고(제1항), 조합재산에 속하는 채권에 대하여 채무자는 조합원에 대하여 가지는 개인적인 채권으로 상계할 수 없다(제2항)고 규정하고 있다. 그 밖의 합유에 필요한 사항에 대하여는 규정이 존재하지 않는다.

한편 제709조(제1항)는 조합의 업무집행은 조합원들의 공동으로 하여 조합원 전원의 동의를 요할 것을 규정하고 있다. 조합재산에 필요한 그 밖의 사항은 조합의 업무에 관한 사항으로 보아서, 조합계약으로 정할 수밖에 없다. 한편 조합계약은 채권계약으로 사적자치가

---

5) 이춘원, "공동수급체의 법적 성격에 관한 일 고찰", 비교사법 제21권 3호, 한국비교사법학회(2014), 1204면.
6) 이춘원, 앞의 논문(주 5), 1204면.
7) 이춘원, 앞의 논문(주 5), 1205면.

인정된다. 이러한 점에서 조합재산에 대한 지분의 처분 등을 규율하는 제709조(제1항)도 임의규정에 지나지 않는 것으로 해석되고 있다.[8] 그 결과 전부 또는 일부 조합원이 지분에 의한 공동관계로서 보유하는 물건을 조합목적을 위해 채권적으로 투입하는 것도 가능하다고 한다.[9]

2. 일본민법

일본민법 물권편은 공동소유로 공유만 인정하고 있다(제249조-제264조). 그런데 물권편과 다른 곳에서 특수한 공유를 규율하고 있는데 이것이 합유에 해당한다고 하는 것이 일반적 견해이다. 또 입회권의 소유관계를 총유로 본다.[10] 총유는 사단의 재산과 같이 구성원의 소유권으로부터 독립된 재산의 소유형태이다.

일본민법 물권편은 지분에 따른 공유물의 사용(제249조), 공유자 전원의 동의에 의한 공유물의 변경(제251조), 공유자지분의 과반수에 의한 관리(제252조), 공유물의 분할청구(제256-제263조)를 규정하고 있다. 또 그 밖에 공유물에 대한 채권(제254조)과 공유에 관한 채권의 변제(제259조)도 함께 규정하고 있다. 일본민법은 지분의 처분의 자유에 대하여는 아무런 규정을 두고 있지 않지만, 이는 소유권의 내용을 정하는 제206조가 공유의 기초에 해당하는 것으로 당연히 인정된다고 보고 있다.[11]

한편 일본민법은 채권편에서 물권편의 공유와는 다른 특수한 형태의 공유를 규정하고 있다. 합유는 단지 공유의 특칙인지 아니면 공유와 별개의 소유형태인지에 대하여는 학설이 일치하고 있지 않다.

---

8) 최수정, 앞의 논문(주 3), 19면.
9) 최수정, 앞의 논문(주 3), 20면.
10) 內田貴, 民法 I 總則·物權總則, 東京大學出版會, 2007, 389; 中川善之助·遠藤浩·泉久雄, 民法事典, 靑林書院新社, 1982, 203면.
11) 注釈民法(6), 物權(1), 有斐閣, 434면.

일본민법은 채권편 조합편의 제668조에서 "각 조합원의 출자 기타의 조합재산은 총조합원의 공유에 속한다."고 규정하고 있지만, 제676조에서 처분자유의 금지(제1항)와 분할청구의 금지(제2항)를 규정하고 있는데, 이러한 조합재산의 공유는 물권법의 공유와 구별되는 합유라고 보는 것이 일반적이다.12) 그런데 채권편의 조합은 합유자의 법률관계의 중요한 사항인 합유물의 관리·변경·처분에 관하여는 규정을 두고 있지 않다. 이 경우 물권편의 공유에 관한 제251조·제252조가 적용되는지가 문제이다. 이에 대하여는 견해가 나뉘어져 있다. 우선 제667조 이하의 특칙이 없는 한 원칙적으로 물권편의 제251조·제252조가 적용되어야 한다는 견해가 있다.13) 이에 반하여 조합재산은 공동사업을 위하여 제공된 것이므로 관리·이용·처분은 조합업무의 집행에 포함되므로 조합계약으로 정하지 않은 경우에는 업무집행에 관한 제670조에 의한다는 견해가 있다.14) 이 견해는 독일민법의 해석론과 유사하다고 할 수 있다. 또 일본민법 제898조는 상속재산의 공유를 인정하고 있는데, 이 역시 합유로 보는 것이 일반적이다.15)

3. 스위스민법

스위스민법은 물권편으로 공동소유(propriété collective)의 형태로 공유(제646조 – 제651조)와 합유(제652조-제654조a)를 규율하고 있다. 공유(copropriété)는 공유자 사이에 사전인적관계(liens personnels antéreieurs)가 존재하지 않고 또 공유자(copropriétarie)의 권리인 지분은 개별적으로 행사된다. 이에 반하여 합유(propriété commune)는 합유자(propriétaires communs) 사이에 사전관계가 존재하고 또 합유자들

---

12) 注釈民法(7), 物権(2), 有斐閣, 430면.
13) 末弘嚴太郎, 債權各論, 有斐閣, 1996, 825면.
14) 注釈民法(17), 債権(8), 有斐閣, 76면.
15) 注釈民法(7), 物権(2), 430면.

은 그들의 권리를 공동으로 행사한다. 공동소유자 사이에 공유 또는 합유 중 어느 것이 성립하는지 분명하지 않은 때에는 공유가 추정된다.16) 공유와 합유는 공동소유로서 법적 성질은 동일하지만, 권리의 구성과 행사의 태양이 다르다.17) 공유는 로마법적 전통에 따라 공유지분이 인정되고 공유자 개인의 권리행사가 인정되지만, 합유는 게르만법적 전통에 따라 합유지분(part communautaire)이 인정되지 않고 권리는 집단적으로 행사되어야 한다.18)

    스위스민법의 물권편 제652조에 의하면, 법률 또는 계약에 의하여 합유체(communauté)를 구성하는 수인이 물건을 소유하는 경우 각자의 권리는 물건 전체에 미친다고 한다. 여기서 합유체란 스위스민법상의 부부재산합유체(communauté de bien entre époux, 스위스민법 제221조 이하)와 상속합유체(communauté hérédiraire, 스위스민법 제602조 이하) 그리고 스위스채무법상의 단순조합(société simple, 제530조 이하), 합명회사(société en nom collectifs, 제552조 이하), 유한회사(société en commandite, 제594조 이하)를 말한다. 스위스민법 물권편 제653조 제1항에 의하면 합유자(communiste)의 권리와 의무는 그들을 결합하는 법정 또는 약정의 합유체의 규정으로 정한다. 제653조 제1항의 합유체규정에는 법정합유체규정(règles de la comunauté légale)과 약정합유체규정(règles de la communauté conventionnelle)이 있는바, 후자가 바로 조합계약에 해당하는 것으로 본다. 또 제653조 제2항은 다른 정함이 없으면 합유자의 권리, 특히 물건을 처분하는 권리는 전원의 합의로만 할 수 있다고 규정하고 있다. 한편 제653조 제3항에 의하면, 합유물의 분할과 지분권의 처분은 합유체가 존속하는 한 배제된다.

---

16) P.－H. Steinauer, *Les roits réels, Tome* I, *Précis de droit*, Stämpfli Editions SA Berne, 2012, n° 1109, p. 388; G. Scyboz et P.－R. Gilliron, Code civil suisse et code des obligations annotées, itions Payot Lausanne, 1993, p. 334.

17) P.－H. Steinauer, *op. cit.*, n° 1112, p. 389.

18) P.－H. Steinauer, *ibid.*

또 제654조 제1항에 의하면, 합유는 물건의 양도와 합유체의 종료로 소멸한다. 그리고 제654조 제2항에 의하면 반대의 규정이 없는 한 분할은 공유에 준하여 실행된다. 이상의 규정을 종합하면, 합유물의 분할과 지분권의 처분(제654조 제3항)과 합유물의 양도와 합유체의 종료(제654조 제1항)에 관한 사항을 제외하고 합유의 내용 또는 합유자의 권리·의무는 조합계약으로 정할 수 있다. 이러한 합유의 본질은 합유재산은 합유자 전원에게 귀속되고 합유자 전원이 이 권리를 공동으로 행사한다는 데에 있다고 한다.19) 이러한 의미에서 합유체는 법인은 아니지만 일정한 독자성(certaine unité)이 인정되고 또한 조합재산 또한 인정된다고 본다.20)

  한편 스위스채무법 제2권 제23편이 단순조합(제530조 – 제551조, société simple)에 대하여 규정하고 있고, 제3권은 합명회사(société en nom collectif), 유한회사(société en commandite)에 대하여 규율하고 있다. 스위스채무법(제530조 – 제551조)이 규율하고 있는 단순조합(De la société simple)이 조합에 해당한다. 스위스채무법 제544조 제1항에 의하면, 조합에 이전되거나 취득된 물건, 채권과 물권은 조합계약이 정하는 바에 따라 조합원에게 합유로(en commun) 귀속된다. 또 제544조 제2항은 조합원의 채권자는 채무자의 청산시의 지분에 대하여만 행사할 수 있고, 제544조 제3항은 조합원은 제3자에 대하여 부담하는 채무에 대하여 연대하여 책임을 지고, 조합계약의 정함이 있으면 이에 따른다고 규정하고 있다. 조합에 관한 규정은 특별한 약정이 없으면 합명회사(société en nom collectifs)(제557조 제2항)와 유한회사(société en commandite)(제591조 제2항)에도 준용된다.

---

19) 스위스의 경우에도 합유의 본질이 무엇인지에 대하여는 학설이 대립하고 있다. 합유자의 권리는 합유체 자체가 행사하는 것인지 아니면 합유체는 법인이 아니므로 행사할 수 없는 것인지에 대하여 학설이 대립하고 있다.
20) P. – H. Steinauer, *op. cit.*, n° 1371, p. 483.

4. 대만민법

대만민법 채권편 제668조는 조합재산은 조합원 전원의 합유[公同 共有]로 한다고 규정하고 있다.[21] 그런데 이 합유를 물권편 제827조− 제831조에서 규율하고 있다. 물권법 제827조 제1항은 법률규정, 관습 또는 법률행위에 의하여 합유가 성립함을 규정하고 있다. 관습에 의 한 합유의 성립을 인정하는 것이 특이한 점이다. 또 제827조 제2항에 의하면 합유자의 권리는 합유물 전부에 미친다. 또 제828조 제1항은 합유자의 권리·의무는 공동관계에 의하여 성립된 법률, 법률행위 또 는 계약에 의하여 이를 정한다고 규정하고 있다. 이 규정은 스위스민 법 제653조 제1항과 동일한 규정이다. 합유자의 권리·의무가 무엇인 지가 문제지만, 민법이 규정하지 않은 사항에 대하여 당사자의 약정 을 허용하는 것으로 볼 수 있다.

우선 제828조 제2항은 합유에 대하여 공유물의 관리에 관한 제 820조, 공유자의 대외관계에 관한 제821조 및 부동산의 공유물의 사 용, 관리, 분할 또는 분할금지의 약정은 등기 후에 지분의 양수인이나 물권을 취득한 자에 대하여도 대항할 수 있다는 제826조의1의 규정을 준용하고 있다. 제820조가 준용되는 결과 합유물의 관리는 합유자의 과반수에 따르게 된다. 또 제828조 제3항에 의하면, 합유물의 처분과 기타 권리행사는 법률에 다른 규정이 있는 경우를 제외하고는 합유자 전원의 동의를 얻어야 한다. 또 제829조는 합유의 존속 중에는 합유 물의 분할을 청구할 수 없음을 규정하고 있다. 이는 우리 민법 제273 조 제2항과 동일한 취지의 규정이다. 그리고 제830조 제1항은 합유물 의 양도와 조합의 종료로 소멸함을 규정하고, 제2항은 합유물의 분할 에는 공유물의 분할에 관한 규정을 준용하고 있다. 그런데 대만민법

---

21) 대만민법의 합유와 조합에 대하여는 법무부, 대만민법전, 2012 참조.

에는 합유자의 지분의 처분금지에 대한 규정이 존재하지 않는다.

5. 프랑스민법

프랑스민법은 공동소유(propriété collective)로 공유(indivision)만 규율하고 합유를 인정하지 않는다. 1804년에 제정된 프랑스민법전은 공유에 대하여 단편적인 규정만을 두었을 뿐, 일반규정은 두지 않았다.[22] 그러던 중 1976. 12. 31자 법률로 프랑스민법전에 공유 일반을 규율하기에 이르렀다. 프랑스민법전 제3권(소유권취득의 여러 방법)의 제1편이 상속편인데 제7장이 법정공유(제815조, 제815 - 1조 내지 제815조의18)를 규정하고 있다. 그리고 제3권의 제14편의乙(회사편 다음의 편)(제1873조의1 - 제1873조의18)이 약정공유를 규정하고 있다. 상속재산에서 법정공유를 규정하고 다른 곳에서 약정공유를 규정하고 있는 것이다. 약정공유란 당사자의 약정으로 공유가 성립하는 경우이다.

한편 프랑스민법전에는 조합에 대한 규정이 없다. 그 대신 절약의 도모(profiter de l'économie)를 위해서도 법인을 설립할 수 있는데,[23] 이 경우 실질적으로 공동사업의 경영을 목적으로 하는 법인이 조합의 역할을 수행할 수 있다고 할 수 있다.[24] 공동사업을 영위하는 단체에는 단체성을 중시하여 법인격을 원칙적으로 인정하는 것이라고

---

22) 프랑스민법상 공유에 대하여는, 남효순, "프랑스민법상의 공동소유 — 공유를 중심으로 —", 법학 제39권 1호, 서울대학교 법학연구소(1998), 134 - 163면 참조.

23) 프랑스민법상 법인의 존재목적(제1832조 제1항)에는 이익의 분배(partager le bénéfice)와 절약의 도모(profiter de l'économie)가 있다.

24) 1804년에 제정된 프랑스민법전은 법인에 대하여도 규율하지 않았다. 1978. 1. 4. 프랑스민법전을 개정하여 법인(société)으로 민사회사(société civile)와 상사회사(société commerciale)를 두게 되었다. 이에 반하여 비영리사단법인(association)과 직업조합(syndicat professionnel)과 같은 비법인사단에 관한 법률로 1901. 7. 1. 법률이 제정되어 있다(자세한 내용은 남효순, "프랑스법에서의 법인의 역사 — 법인론 및 법인에 관한 판례와 입법의 발달사 —", 서울대학교 법학 제40권 3호(1999), 154 - 190면 참조).

볼 수 있다.[25]

6. 결   어

우리 민법은 합유를 규율함에 있어 독일민법과는 다른 입법태도를 보이고 있지만, 이러한 차이가 잘 인식되지 못한 채 우리 민법은 독일민법을 모델로 하여 그 영향을 받았다고 잘못 평가되고 있다.[26] 필자의 생각으로는 우리 민법은 합유를 물권편에 규율한다는 점에서 오히려 스위스민법과 대만민법에 가깝다고 볼 수 있다. 그런데 우리 민법의 조합재산에 대한 입법태도는 스위스민법과 대만민법과도 또 다른 특징을 보여주고 있다. 첫째, 우리 민법은 합유에 대하여 물권편에 비교적 통일적인 규정을 마련하고 있다는 점이다. 스위스민법에는 물권편에 합유물의 보존과 변경에 대한 규정이 존재하지 않는다. 또 대만민법에는 물권편에 합유물의 보존에 관한 규정이 존재하지 않는다. 따라서 이들 나라에서는 법이 정하지 않은 사항은 물권법의 규정(스위스민법 제653조 제1항과 대만민법 제828조 제1항)에 따르면 당사자의 약정으로 정할 수밖에 없다. 그러나 우리 민법의 경우 제272조 본문은 합유물의 변경에 대하여 또 제272조 단서는 합유물의 보존행위에 대하여 규율하고 있다.[27] 그런데 우리 민법이 합유에 대하여 통일적 규율을 하고 있는 것에 대하여는 입법기술적으로 적절치 못하다거나,[28] 또는 물권법의 합유규정은 실익이 전혀 없는 규정으로 법의 통

---

25) 注釈民法(17), 債權(8), 60면.

26) 윤철홍, 앞의 논문(주 4), 125면; 이호정, "우리 민법상의 공동소유제도에 대한 약간의 의문", 서울대학교 법학 제24권 제2호, 서울대학교 법학연구소(1983), 104면.

27) 물론 우리 민법의 합유에 대한 규정도 역시 완벽하지 못한 측면이 있다. 예를 들면, 우리 민법은 대만민법(제828조 제2항)과 달리 합유물의 관리와 합유물의 승계에 관한 규정을 두고 있지 않다(승계규정을 두지 않는 것은 공유의 경우에도 마찬가지이다). 또 독일민법이 공유의 경우에는 관리, 이용에 관한 처분이 승계된다는 규정(제1010조)을 두고 있는 것과 다른 점이다.

28) 김종기, "합유자 중 1인이 사망한 경우의 소유권 귀속관계", 판례연구 8집, 부산판

일적 운영에 오히려 역작용을 하는 유해한 규정이고 또 실익이 없는 입법으로 볼 수밖에 없다는 비판이 제기된 바도 있다.[29] 그러나 필자는 물권편으로 합유를 통일적으로 규율하려는 것은 입법적으로 가장 앞선 태도라고 본다. 물론 이를 위해서는 이에 따른 합유에 대한 상세한 입법이 뒷받침되어야 함은 물론이다. 둘째, 우리 민법에는 합유자의 권리·의무를 당사자의 약정으로 정하는 스위스민법 제653조 제1항과 대만민법 제828조 제1항과 같은 규정이 존재하지 않는다. 대만민법은 물권편에서 비교적 자세한 사항을 규정하고 있기 때문에 그렇지 않은 스위스민법의 경우가 당사자의 약정을 허용하는 범위가 더 넓다고 볼 수 있다.[30] 물론 우리 민법의 경우도 제271조 제2항이 "계약에 의하는 외"라는 규정이 마치 민법의 합유와 다른 약정을 허용하는 것으로 통설이 해석하고 있지만, 후술하는 바와 같이 적어도 현재의 법상황에서는 합당한 해석이 아니라고 할 것이다. 따라서 우리 민법의 경우는 합유자의 권리·의무는 당사자의 약정에 의하지 않고 전적으로 물권편의 규율에 따르게 된다. 셋째, 우리 물권편의 합유에 관한 개별규정들은 당사자의 약정을 허용하지 않는다. 이에 반하여 스위스민법(제653조 제3항, 제654조 제1항)과 대만민법(제829조, 제830조 제1항)의 경우는 일부 규정에 대해서만 반대약정을 허용하지 않는다.

Ⅲ. 민법 제271조 제2항과 물권법정주의

민법 제271조 제2항은 "합유에 관하여는 전항의 규정 또는 계약에 의하는 외에 다음 3조의 규정에 의한다."고 규정하고 있다. 문언만

례연구회(1998), 134면.

29) 이호정, 앞의 논문(주 26), 107면.

30) 스위스와 대만의 부동산등기법이 이러한 약정을 어떻게 등기를 실행하는지에 대하여는 추후의 연구로 다룬다.

을 보면, 계약으로 합유에 관한 민법상의 규정을 배제할 수 있는 것처럼 보인다. 현재 통설은 합유에 관한 민법상의 규정은 "계약에 의하는" 외에 적용되므로, 조합계약으로 조합재산의 귀속형태를 물권법의 합유를 배제하여 완전히 다르게 정할 수 있다고 보고 있다.[31] 즉, 제272조 내지 제274조의 규정은 임의규정이 된다.[32] 그렇게 되면 후술하는 바와 같이, 합유의 경우에 물권법정주의가 전혀 지켜지지 않는다는 근본적인 문제가 있다. 물권법정주의를 살펴보고, 제271조 제2항에 대한 통설의 문제점을 검토한 후에 새로운 해석을 모색하기로 한다.

1. 물권법정주의 일반

물권법정주의를 원칙과 예외로 나누어 살펴보기로 한다.

(1) 물권법정주의의 원칙과 등기

물권법정주의란 형식적으로는 물권의 종류와 내용을 법률로 정한다는 원칙을 말한다. 우리 민법 제185조는 "물권은 법률 또는 관습법에 의하는 외에는 임의로 창설하지 못한다."고 이 원칙을 인정하고 있다.[33] 이러한 이유에서 민법은 점유권에서 저당권에 이르기까지 물권의 내용을 상세하게 정하고 있다. 또 공장저당법, 광업법, 어업법, "가등기담보등에 관한 법률"(이하 가등기담보법) 등의 특별법도 질권, 저당권, 가등기담보권 등의 내용을 엄격하게 정하고 있다. 그리고 현재 분묘기지권, 관습법상의 법정지상권, 양도담보권 등이 관습법상의

---

31) 곽윤직·김재형, 물권법, 박영사, 296면; 김상용, 물권법, 법문사, 1993, 467면; 김증한·김학동, 물권법, 박영사, 327면; 송덕수, 물권법, 박영사, 360면; 오시영, 물권법, 학현사, 2009, 413면; 이영준, 물권법, 박영사, 민법주해[V], 물권(2), 박영사, 1992, 605면; 주석민법, 물권(2), 한국사법행정학회, 2011, 107면.

32) 김상용, 앞의 책(주 31), 467면.

33) 일본민법 제175조는 '본법과 기타 법률'이라고만 하고 관습법은 언급하고 있지 않다. 그러나 관습법은 본조가 말하는 법률에는 포함되지는 않지만, 물권법정주의의 존재근거와 저촉되지 않는 한 민법 제2조에 의하여 법률과 동일한 효력을 갖는다고 한다[注釈民法(6), 物権(1), 有斐閣, 1998, 212면].

물권으로 인정되고 있다.34) 그 결과 당사자들은 법률 또는 관습법이
정하지 않는 물권의 종류나 내용을 임의로 설정하지 못한다. 또 이를
명시적으로 밝히고 있는 민법의 규정들도 있다. 예를 들면, 유질계약
을 금지하는 제339조가 그러하다. 그러나 이러한 명시적인 금지규정
이 없더라도 물권법은 원칙적으로 강행규정이다.35)

　　민법이 물권법정주의를 인정하는 근본적인 이유는 등기를 통하여
물권의 공시원칙을 관철하려는 데에 있다.36) 제3자에게 물권의 내용
을 공시하기 위해서는 그 내용을 법정하는 것이 필요하다. 이러한 점
에서 물권법정주의의 주된 목적은 소유권에 대한 제한을 억제하여
허유권(nu‒propriété)을 방지하는 데에 있다기보다는 오히려 공시주
의를 관철하는 데에 있다고 볼 수 있다.37)

　(2) 물권법정주의의 예외와 등기

　　물권법정주의의 원칙이라고 해도 물권법의 내용을 모두 법으로만
정할 수는 없는 것이다. 민법은 예외적으로 법이 정하는 물권의 내용
과 달리 정하는 당사자의 약정을 허용하고 있다. 이는 형식적으로는
물권법정주의의 예외이지만, 실질적으로는 물권법정주의의 한계라고
볼 수 있다. 물권법정주의의 예외를 허용하는 규정은 임의규정이 된다.

　　우선 민법이 물권의 내용을 정하지만　당사자가 다른 약정을 할
수 있음을 허용하는 경우가 있다. 그 방식은 우선 "설정행위에 다른
약정이 있는 때에는 그 약정에 의한다."는 형식을 취하는 경우가 있
다. 예를 들면, 지역권의 부종성에 관한 약정(제292조 제1항 단서), 용

---

34) 가등기담보법의 제정 이후에는 가담법의 적용을 받지 않는 동산양도담보의 법적
　　성질에 대하여는 여전히 신탁적 양도설과 관습법상의 담보물권설의 대립하고 있
　　다{곽윤직·김재형, 앞의 책(주 31), 572면; 민법주해[IV], 물권(1), 128면 참조}.
35) 곽윤직·김재형, 앞의 책(주 31) 17면.
36) 이에 대한 예외가 바로 부동산의 점유권이다.
37) 곽윤직·김재형, 앞의 책(주 31), 17면; 양창수·권영준, 민법 II, 권리의 변동과
　　구제, 박영사, 2015, 16면.

수지역권에 관한 약정(제297조 제1항 단서), 질권의 피담보채권의 범위에 관한 약정(제334조 단서),[38] 저당권의 효력의 범위에 관한 약정(제358조 단서)이 그러하다. 마찬가지로 물권법과 다른 약정을 둘 수 있음을 명시적으로 밝히는 방식을 취하는 경우도 있다. 예를 들면, 공유물의 분할청구에 관한 약정(제268조 제1항 단서), 구분지상권의 경우 토지의 사용을 제한하는 약정(제289조의2 제1항 후단), 전세권의 양도, 전세 등에 관한 약정(제306조 단서)이 그러하다. 또 물권의 내용을 법률로 정하지 않고 당사자의 약정으로 정하게 할 수 있다. 지상권의 존속기간(제280조 제1항)과 전세권의 존속기간(제312조 제1항·제2항)의 약정이 그러하다.[39] 또 지상권의 경우 지료와 지급시기에 관한 약정(제286조 참조), 지역권의 경우 승역지소유자의 의무부담에 관한 약정(제298조),[40] 전세권의 위약금 또는 배상금에 관한 약정(제315조 참조), 저당권의 경우 변제기, 이자 및 그 발생기·지급시기, 원본 또는 이자의 지급장소, 채무불이행으로 인한 손해배상에 관한 약정 그리고 채권의 조건에 관한 약정이 그러하다.

한편 민법이 물권법의 내용과 다르거나 또는 물권법에 없는 사항에 대하여 약정을 하는 경우 이를 제3자에게 대항하기 위해서는 그 예외는 반드시 공시할 필요가 있다. 이에 따라 부동산등기법도 민법의 규정에 충실하게 예외 없이 제3자에게 대항하기 위하여 등기에 의하여 공시하도록 규정하고 있다. 부동산등기법 제67조(민법 제268조 제1항 단서의 약정), 제69조 제3호(지상권의 존속기간에 관한 약정), 제69조 제4호(지상권의 지료와 지급시기에 관한 약정), 제69조 제5호(민법 제

---

38) 제334조 단서에 의하면 동산질권의 경우 피담보채권에 대하여 약정을 둘 수 있다. 그러나 이 약정을 등기할 수가 없으므로 제3자에게 공시하는 것은 불가능하다.
39) 다만, 이 경우에도 민법은 당사자의 약정에 대하여 최단기간(제280조 제1항) 또는 최장기간(제312조 제1항)의 제한을 두고 있다.
40) 제298조의 경우 계약이라고 하고 있으나, 독립한 계약이 아니므로 약정이라고 부르는 것이 더 타당하다.

289조의2 제1항 후단의 약정), 제70조 제4호(민법 제292조 제1항 단서, 제
297조 제1항 단서 및 제298조의 약정), 제72조 제1항 제3호(전세권의 존
속기간에 관한 약정), 제72조 제1항 제4호(위약금 또는 배상금에 관한 약
정),[41] 제72조 제1항 제5호(민법 제306조 단서의 약정), 제75조 제1항
제3호 – 제8호(변제기, 이자 및 그 발생기 · 지급시기, 원본 또는 이자의 지
급장소, 채무불이행으로 인한 손해배상에 관한 약정, 민법 제358조 단서의
약정, 채권의 조건에 관한 약정) 및 제2항 제3호 – 제4호(민법 제358조 단
서의 약정 및 존속기간에 관한 약정)의 경우가 그러하다.

2. 제271조 제2항에 대한 통설의 해석의 문제점

통설은 제272조-제274조를 임의규정 내지는 보충규정이라고 보
고 있다.[42] 통설은 당사자는 어떠한 약정도 가능하고 심지어 민법 제
272조 – 제274조를 통째로 적용하지 않는 약정도 가능하다고 한다. 그
러나 판례는 소유권의 합유와 관련하여서는 제271조 제2항을 임의규
정으로 해석한 적이 없다.[43] 통설에 따르면 다음과 같은 두 가지 점
에서 문제가 된다. 첫째, 당사자가 지분적 합유를 약정하거나 공유와
같은 약정을 하게 되면, 제271조 제2항의 의미는 "(합수적) 합유에 관
하여는 "지분적 합유" 또는 "공유"에 의한다."는 모순이 발견된다. 그
렇게 되면 민법상의 합유는 독자성을 잃어버리고 공허한 개념이 되고

---

41) 손해배상과 관련된 위약금 또는 배상금에 관한 약정은 전세권과 관련이 있을 경우
   에는 등기를 하여야 하는 것이다.
42) 곽윤직 · 김재형, 앞의 책(주 31), 2015, 297면; 김상용, 물권법, 앞의 책(주 31),
   1993, 467면; 송덕수, 앞의 책(주 31), 박영사, 2014, 360면; 오시영, 앞의 책(주
   31), 413면; 이영준, 앞의 책(주 31), 579면; 민법주해[V], 물권(2), 박영사, 1992,
   605면; 주석민법, 물권(2), 한국사법행정학회, 2011, 107면.
43) 다만, 후술하는 바와 같이 채권의 준합유와 관련하여서는 일찍부터 제271조 제2항
   이 임의규정인 것을 전제로 당사자들의 반대약정을 둘 수 있음을 인정하고 있다
   (대법원 2000. 11. 24. 선고 2000다32482 판결; 2002. 1. 11. 선고 2001다75332 판
   결; 2005. 7. 15. 선고 2005다16546 판결; 2009. 2. 26. 선고 2008다94189 판결).

만다. 둘째, 지분적 합유나 공유의 약정을 하더라도 등기가 허용되지 않는다. 현행 부동산등기법은 "등기할 권리가 합유인 때에는 그 뜻을 기록하여야 한다."(부동산등기법 제48조 제4항) 또 "수탁자가 여러 명인 경우 등기관은 신탁재산이 합유인 뜻"(제84조 제1항)을 기록하여야 한다고 규정하고 있다.44) 여기서 "합유인 뜻"이란 민법상의 합유 자체를 가리키는 것이지, 약정으로 정한 지분적 합유 또는 공유를 말하는 것이 아니다. 부동산등기법상 합유라는 사실만 기재될 뿐이고 그 합유의 내용은 민법 제272조 – 제274조에 따르게 된다. 요컨대 통설의 해석은 물권법이 정하는 물권(물권법정주의)을 등기하도록 하는 등기 현실에 반하는 것이 된다.45) 그리고 이는 조합계약의 자유 내지는 조합업무의 자유에 의해서도 결코 정당화될 수 없는 것이다.46)

3. 제271조 제2항에 대한 새로운 해석

(1) 제271조 제2항에 대한 통설의 검증

제271조 제2항과 동일한 규정방식을 취하고 있는 민법의 다른 규정들을 살펴보고 또 법률의 규정, 즉 특별법의 합유에 대한 규율을 살펴본 후, 제271조 제2항의 새로운 해석을 시도하기로 한다.

1) 제271조 제2항과 동일한 규정방식을 택하는 민법상의 다른 규정의
   검증 : 甲은 A에 의하는 외에 B에 의한다."는 규정방식의 의미47)

제271조 제2항과 동일한 규정방식을 택하고 있는 민법의 다른 조문을 검토하기로 한다. 민법은 3개 조문에서 제271조 제2항과 동일하

---

44) "합유라는 뜻"(부동산등기규칙 제105조 제2항)을 제공하도록 하고 있다.
45) 최수정, 앞의 논문(주 3), 14면.
46) 이에 대하여는 Ⅳ. 조합재산의 귀속형태와 조합계약의 자유에서 다루기로 한다.
47) 제271조 제2항과 동일한 방식은 아니지만 유사한 방식으로 "甲은 A의 경우외에 B에 의한다."는 규정도 살펴볼 필요가 있다. 임의대리의 종료사유에 관한 제128조, 권한 없는 자에 대한 변제에 관한 제472조, 부담부증여에 관한 제561조, 선의의 매수인의 대금감액청구에 관한 제572조 제3항, 비임의적 탈퇴에 관한 제717조, 약혼해제와 손해배상청구에 관한 제806조가 이에 해당한다. 제128조의 예를 살펴

게, "甲은 A에 의하는 외에(는) B에 의한다(또는 B를 준용한다·적용한
다)."는 규정방식을 취하고 있다.[48] 특수지역권에 관한 제302조(어느
지역의 주민이 집합체의 관계로 각자가 타인의 토지에서 초목, 야생물 및 토
사의 채취, 방목 기타의 수익을 하는 권리가 있는 경우에는 관습에 의하는
외에 본장의 규정을 준용한다), 질권의 실행에 관한 제354조(질권자는 전
조의 규정에 의하는 외에 민사집행법에 정한 집행방법에 의하여 질권을 실
행할 수 있다)와 권리질권의 준용규정에 관한 제355조(권리질권에는 본
절의 규정외에 동산질권에 관한 규정을 준용한다)가 그것이다. 우선 제
302조는 특수지역권이란 관습에 의한 지역권으로서 성질상 지역권의
일반규정을 전제로 보충적으로 관습에 따를 수 있음을 규정하고 있
다. 이른바 특수지역권은 인역권이지만 민법은 인역권에 관한 규정을
두지 않고 있지만, 소유권의 이용조절은 지역권이나 인역권 모두에
공통되기 때문이다.[49] 또 제354조는 질권의 실행은 민사집행법에 따
라야 하는데, 만일 민법이 정하는 실행방법이 있다면 그와 함께 민사
집행법이 적용됨을 규정하고 있다. 즉, 채권질권의 경우 직접청구가
곤란한 때 또 채권 이외의 재산권을 목적으로 하는 때에는 민사집행
법이 규정하는 집행방법에 따르도록 하는 것이다.[50] 그리고 제355조
는 권리질권에는 권리질권에 관한 규정이 먼저 적용되고 일반규정인
동산질권에 관한 규정이 준용될 수 있음을 규정하고 있다. 권리질권
은 객체가 권리일 뿐 그 외의 경우 동산질권에 관한 규정이 일반규정

보면 "법률행위에 의하여 수여된 대리권은 전조의 경우(A)외에 그 원인된 법률관
계의 종료(B)에 의하여 소멸한다."고 규정하고 있다. 그 결과 임의대리권은 제127
조가 규정하고 있는 본인의 사망(제1호), 대리인의 사망, 성년후견인의 개시 또는
파산(제2호)의 사유(A) 외에 제128조가 정하는 원인된 법률관계의 종료(B)에 의
하여도 소멸하게 된다. 이상의 제128조, 제472조, 제561조, 제572조 제3항 및 제
717조의 규정방식은 제271조 제2항의 규정방식과 동일함을 알 수가 있다.
48) 총유에 관한 제275조도 제271조 제2항과 완전히 동일한 조문이다.
49) 민법주해[V], 물권(3), 박영사, 1992, 148면.
50) 민법주해[V], 물권(3), 447-8면.

으로서 준용될 수 있는 것이다.[51] 이상을 종합하면 "A에 의하는 외에 B에 의한다."는 규정방식은 "B가 일반규정으로서 적용되고, A가 특별규정으로서 적용된다."는 의미가 된다.

이상의 규정을 살펴볼 때 "甲은 A에 의하는 외에 B에 의한다."는 규정방식의 의미는 A가 B를 전적으로 배제한다는 것을 말하는 것이 아니다. 그 반대로 "B가 일반적으로 적용되고 A가 특수한 것으로서 적용된다."는 것을 말하는 것이다. 이는 B가 기본적인 법률관계이고 A가 특별한 법률관계임을 암시하는 것이지, 결코 A가 B를 배제하는 것이 아니다.

2) 「법률의 규정」의 실례

제271조 제2항의 "합유에 관하여는 법률의 규정(A)에 의하는 외에 다음 3조(B)의 규정에 의한다."가 의미하는 바를 특별법의 실례를 들어 검토하기로 한다. 현재 특별법으로 광업법과 신탁법을 드는 데에는 이설이 없다.

① 광업법

광업법을 살펴보면, 광업법 제17조는 2명 이상이 공동으로 광업권설정의 출원을 한 경우(이하 "공동광업출원인")(제1항), 공동광업출원인은 '조합계약'을 한 것으로 본다고(제5항) 규정하고 있다. 광업법은 조합재산의 귀속형태에 대하여는 아무런 규정을 두고 있지 않아서, 민법의 제271조(제1항)·제704조가 적용된다. 그런데 광업법은 합유와 관련하여 지분의 처분에 대하여 제30조 제2항을 두고 있을 뿐이다.[52] 제30조 제2항은 "공동광업권자의 광업권의 지분은 다른 공동광업권자의 동의 없이는 양도하거나 조광권 또는 저당권의 목적으로 할 수 없다."고 규정하고 있는바, 이는 지분의 처분에 관한 물권편 제273조

---

51) 민법주해[V], 물권(3), 450−53면.
52) 그 밖에 공동광업권자의 경우 대표 선출에 대하여 제30조 제1항을 두고 있는데, 대표선발에 대하여는 제17조를 준용하도록 하고 있다.

본문과 완전히 동일한 취지의 규정이다. 요컨대 광업법상의 공동광업권자의 경우 「법률의 규정」(A)의 실제는 물권편의 제272조 – 제274조(B)의 규정이 온전히 적용되는 것임을 잘 보여주고 있다.

② 신탁법

신탁법 제50조 제1항은 수탁자가 여럿(공동수탁)인 경우 신탁재산은 수탁자들의 '합유'로 한다고 규정하고 있다. 이 경우 공동수탁의 경우도 신탁재산별로 단독소유로 하는 것이 가능하다고 하는 견해가 있으나,[53] 민법상의 합유는 강행규정이므로 단독소유로 할 수 없다고 할 것이다.[54] 그런데 제50조 제3항(본문)에 의하면, 신탁행위로 달리 정한 바가 없으면 신탁재산에 대한 사무의 처리는 수탁자가 공동으로 하여야 하지만, 보존행위는 각자 할 수 있다. 신탁이라는 속성상 수탁자들은 합유에 대하여 민법과 다른 약정을 할 수 없다. 따라서 민법상의 합유에 관한 규정이 그대로 적용된다. 그런데 신탁법 제50조 제3항은 "제1항의 경우 신탁행위로 달리 정한 바가 없으면 신탁사무의 처리는 수탁자가 공동으로 행사하여야 한다. 다만, 보존행위는 각자 할 수 있다."고 규정하고 있다. 본조는 신탁사무의 처리에 관한 것이다. 신탁행위란 위탁자와 수탁자 사이의 법률행위로서 수탁자가 그 일정한 목적의 범위 내에서 사무를 처리하여야 할 의무를 부담하는 행위를 말한다. 본항은 신탁사무의 대내적 또는 대외적 처리에 대해서 신탁행위로 달리 정한 바가 없으면 공동으로 행사할 것을 규정하고, 그것이 보존행위에 관한 것이라면 각자 할 수 있음을 규정하고 있는 것이다.[55] 이는 합유 자체와는 무관한 규정이라고 보아야 한다.

---

53) 이중기, 신탁법, 삼유사, 2007, 425–427면.

54) 같은 취지, 광장신탁연구회, 주석신탁법, 박영사, 2013, 241면.

55) 필자는 종전의 논문("우리 민법상 합유와 준합유의 강제 — 학설과 판례의 문제점 해결을 위한 합유의 새로운 해석 — 물권 및 물권적 청구권개념에 대한 새로운 이해의 단초4 —", 「저스티스」 통권 제159호(2017. 4), 177면 6째줄 이하)에서 신탁행위를 수탁자들의 약정으로 잘못 해석하였기에 이 기회를 통하여 본문과 같이 수

한편 신탁법 제50조 제2항에 의하면 수탁자 중 1인의 임무가 종료하면 신탁재산은 다른 수탁자에게 귀속된다. 이 규정은 수탁자의 임무가 종료되면 당연히 다른 수탁자들이 수탁재산을 관리할 수밖에 없으므로 다른 수탁자들에게 귀속된다고 하는 것이다. 이는 공동신탁의 경우 특별한 규정이라고 할 것이다. 굳이 이 규정의 의미를 찾는다면 공유에 관한 제267조와 유사한 규정이라고 할 수 있다.[56] 따라서 신탁법의 공동신탁에 대한 「법률의 규정」은 제50조 제2항의 특칙이 있고, 그 밖에는 물권편의 제272조-제274조의 규정이 적용된다는 것을 말하는 것이다.

3) 「계약」의 실례

합유를 규정하는 조합 이외의 계약이 이론상으로는 가능하지만, 현재는 조합계약 이외에 재산의 귀속형태를 합유로 하는 계약은 존재하지 않는다. 전술한 바와 같이, 당사자가 조합계약으로 물권편 제272조-제274조를 모두 배제하고 조합재산의 소유형태를 임의로 정할 수 있다고 한다면, 채권편 제704조의 "조합재산은 조합원의 합유로 한다."는 규정은 공허한 규정이 되고 만다. 이는 공유 이외의 지분적 합유를 허용하는 경우에도 마찬가지이다. 이러한 모순이 발생하지 않게 하기 위해서는 조합계약으로 물권편의 제272조-제274조를 배제할 수 없다고 할 것이다. 또 현재 조합에 관한 규정에는 합유에 관한 규정과 다른 약정을 둘 수 있음을 인정하는 규정이 존재하지 않는다. 그러나 입법론으로 합유에 관한 민법의 개별 규정에 대하여는 이와

정한다.
56) 신탁재산에 관한 사항을 제외하면, 제50조 제3항, 제4항 및 제5항은 신탁업무에 대한 규정으로서 민법 제706조에 대한 특칙이 되는 것이다. 즉, 신탁행위로 달리 정한 바가 없으면 신탁사무의 처리는 수탁자가 공동으로 하여야 하고(제3항 본문), 수탁자가 여럿인 경우 수탁자 1인에 대한 의사표시는 다른 수탁자에게도 효력이 있고(제4항), 신탁행위로 다른 수탁자의 업무집행을 대리할 업무집행수탁자를 정한다는(제5항) 것이다.

다른 당사자의 약정을 두어 물권법정주의의 예외를 허용할 수 있음은 물론이다.

(2) 제271조 제2항의 새로운 해석

민법 제271조 제2항과 동일한 규정형식을 검토한 결과, 「법률의 규정」과 「계약」의 민법상의 합유를 배제한다는 것은 허용되지 않는다. 오히려 민법상의 합유가 일반적으로 적용되고 「법률의 규정」과 「계약」으로 달리 정할 수 있을 뿐이다. 우선 「합유에 관하여 법률의 규정에 의하는 외」란 광업법과 신탁법이 민법의 특별법임을 고려할 때, 민법의 합유에 관한 규정은 일반법으로 적용된다는 것을 말한다. 달리 말하면 이는 광업법과 신탁법은 일반법인 민법상의 합유를 전제로 하고 있다는 것을 확인하는 것이다. 그리고 「합유에 관하여 계약에 의한 외」란 다른 물권법정주의의 경우와 마찬가지로 합유에 관한 개별 규정에 대하여 다른 약정을 둘 수 있음을 의미한다. 이상의 점에 비추어 볼 때 혼란을 야기하는 제271조 제2항은 마땅히 삭제하는 것이 타당하다고 할 것이다.[57] 또는 「제1항의 법률의 규정 또는 계약으로 합유가 성립하는 경우에는 다음 3조의 규정에 의한다.」 또는 「합유에 관하여는 다음 3조의 규정에 의한다.」로 개정하는 것이 바람직하다.[58] 그렇게 하더라도 특별법으로 민법과는 다른 규정을 둘 수 있고, 당사자 약정으로 개별 규정과 다른 약정을 둘 수 있음은 물론이다.

(3) 합유에서의 물권법정주의의 의미

조합재산의 합유가 물권편으로 규율되면서 다음과 같은 결과가 초래되었다고 할 수 있다. 첫째, 공동소유로서 공유와 (합수적) 합유가 인정된다. 전자는 공동소유자 사이의 법률관계가 공동사업의 경영에 의하여 구속되지 않아 지분적 법률관계를 인정할 수 있을 경우이면

---

57) 최수정, 앞의 논문(주 3), 14면.
58) 이러한 결과는 총유에 관한 민법 제275조 제2항에도 그대로 적용된다.

언제든지 성립할 수 있다. 이에 반하여 후자는 공동소유자 사이에 공동사업을 경영하는 법률관계가 법률규정 또는 계약(제703조)에 의하여 성립할 경우에만 인정된다. 둘째, 공유의 경우에는 당사자의 약정을 허용하는 유일한 예외규정이 있다(제268조 제1항 단서). 그러나 현재 조합의 경우에는 적어도 제272조－제274조의 예외규정이 존재하지 않는다. 그러나 합유의 본질에 비추어 볼 때 후술하는 바와 같이 보존행위에 대하여서는 예외규정을 허용할 수 있다.

4. 합유물의 관리에 관한 규정

우리 민법은 합유물의 관리행위에 대하여는 규정을 두고 있지 않다. 합유물의 관리에 대하여 명시적인 규정을 두는 나라는 대만민법뿐이다. 대만민법 제828조 제2항은 공유물의 관리에 관한 제820조를 준용하여, 합유물의 관리는 공유자의 과반수와 지분의 과반수에 의한다고 규정하고 있다.

물권편의 합유의 규율이 공동소유의 규율로서 완결되기 위해서는 합유물의 관리에 대한 규정을 신설할 필요가 있다. 공유의 규율과 달라 합유물의 관리만을 규정하지 않을 이유가 없다. 합유물의 관리는 조합의 업무에 관한 제706조에 의하여 정하면 된다는 의견이 있을 수 있다. 그러나 합유물의 규율이 조합의 업무에서 분리되었다는 점에서 조합의 업무에 관한 규정에 따를 수는 없는 것이다. 설령 합유물의 관리에 관한 합유자의 정족수가 조합의 업무와 같다고 하더라도 양자는 별개로 규율되어야 한다.

합유물의 관리에 관한 규정을 두는 경우 어떻게 규율할지에 대하여는 견해가 대립하고 있다. 우선 공유에 관한 제265조를 유추적용하자는 견해가 있다.[59] 따라서 공유자의 지분의 과반수에 따르게 된다.

---

59) 홍성재, 물권법, 대영문화사, 2010, 412면.

이에 반하여 합유물의 관리는 합유자의 과반수에 의하여야 한다는 견해가 있다.60) 생각건대 민법은 공동사업에 의한 구속을 온전하게 수용하는 합수적 합유를 전제로 하므로 일관되게 관리행위도 합유자 전원의 동의를 얻도록 하는 것이 타당하다고 할 것이다.

5. 합유물의 보존행위

합유물의 보존행위는 합유자 각자가 할 수 있다(제272조 단서). 보존행위는 공유의 경우(제265조 단서)에도 공유자 각자가 할 수 있다. 이처럼 우리 민법은 유독 보존행위에 대하여는 공유와 합유를 구분하지 않고 각자가 할 수 있음을 규정하고 있다. 이는 보존행위가 공유자 또는 합유자 누구에 대해서나 도움이 되는 성질을 갖기 때문이다. 그러나 보존행위라고 할지라도 공동사업을 하는 조합의 경우는 합유자 개인에 의한 보존행위를 하는 것을 제한할 필요가 있다. 따라서 합유의 경우에는 보존행위에 대하여도 당사자가 약정을 하여 합수적으로 하게 하는 것도 허용할 필요가 있다. 그것이 조합의 운영에 도움이 될 수 있기 때문이다. 따라서 보존행위에 대하여는 합유자 각자가 할 수 있는 것을 원칙으로 하되, 다만 다른 약정을 둘 수 있는 것으로 개정할 필요가 있다.

---

60) 최수정, 앞의 논문(주 3), 272면.

현 행	개정안
제271조 (물건의 합유) 　① 법률의 규정 또는 계약에 의하여 수인이 <u>조합체로서</u> 물건을 소유하는 때에는 합유로 한다. 합유자의 권리는 합유물 전부에 미친다. 　② 합유에 관하여는 전항의 규정 또는 계약에 의하는 외에 다음 3조의 규정에 의한다.	제271조 (물건의 합유) 　법률의 규정 또는 계약에 의하여 수인이 조합체로서 물건을 소유하는 때에는 합유로 한다. 합유자의 권리는 합유물 전부에 미친다. 　② (제1안) ＜삭제＞ 　(제2안) 제1항의 법률의 규정 또는 계약으로 합유가 성립하는 경우에는 다음 3조의 규정에 의한다. 　(제3안) 합유에 관하여는 다음 3조의 규정에 의한다.
제272조 (합유물의 처분, 변경과 보존) 합유물을 처분 또는 변경함에는 합유자 전원의 동의가 있어야 한다. 그러나 보존행위는 각자가 할 수 있다.	제272조 (합유물의 처분, 변경과 보존) ① 합유물을 관리, 처분 또는 변경함에는 합유자 전원의 동의가 있어야 한다. 　② 합유물의 보존행위는 합유자 각자가 할 수 있다. 그러나 합유자는 다른 약정을 할 수 있다.
제273조 (합유지분의 처분과 합유물의 분할금지) ① 합유자는 전원의 동의 없이 합유물에 대한 지분을 처분하지 못한다. 　② 합유자는 합유물의 분할을 청구하지 못한다.	제273조 (합유지분의 처분과 합유물의 분할금지) 현행 유지
제274조 (합유의 종료) ① 합유는 조합체의 해산 또는 합유물의 양도로 인하여 종료한다. 　② 전항의 경우에 합유물의 분할에 관하여는 공유물의 분할에 관한 규정을 준용한다.	제274조 (합유의 종료) 현행 유지

Ⅳ. 조합재산의 소유형태와 조합계약의 자유

조합이라는 단체는 조합원으로부터 독립된 인격을 갖지 못한다. 그러나 물권편은 조합원 개개인의 재산과 구분되는 조합원 전체에 귀속되는 특별재산인 조합재산을 인정하고 있다.[61] 그리고 우리 민법은 이를 합유로 규율하고 있다. 그런데 이른바 계약자유의 원칙에 의하여 조합계약으로 물권편의 합유와 다른 규정을 둘 수 있는지가 문제이다. 이는 전술한 바와 같이, 제704조 따라서 제271조 제1항(제1문)이 강행규정인지 아니면 임의규정인지의 문제이기도 하다. 우선 물권편 제271조 제1항(제1문)과 채권편 제704조의 관계를 살펴본 후 이에 대한 학설과 판례를 검토하기로 한다.

1. 물권편 제271조 제1항 제1문과 채권편 제704조의 관계

먼저 물권편 제271조 제1항 제1문과 채권편 제704조의 관계에 대하여 검토하기로 한다.

(1) 물권편 제271조 제1항 제1문의 의미

제271조 제1항 제1문은 "법률의 규정 또는 계약에 의하여 수인이 조합체로서 물건을 소유하는 때에는 합유로 한다."고 규정하고 있다. 제271조 제1항 제1문은 합유를 신설하면서 도입된 규정으로서 그 모두(冒頭)에 해당하는 규정이다. 조합이 법률의 규정 또는 계약에 의하여 성립할 수 있음을 밝히는 규정이다.[62]

(2) 물권편 제271조 제1항 제1문과 채권편 제704조의 관계

채권편 제704조도 물권편 제271조 제1항(제1문)과 마찬가지로 "조합원의 출자 기타 조합재산은 조합원의 합유로 한다."고 규정하고

---

61) 민법주해[XVI], 채권(9), 53면.
62) 공유의 경우에도 이러한 조문을 둘 수도 있다. 다만, 공유의 경우에는 공유가 성립하는 공동소유체에 대한 규정이 없다는 점이 다를 뿐이다.

있다. 그런데 제704조의 규정내용에 착오가 있다. 조합의 재산에는 소유권뿐만 아니라 지식재산권, 광업권, 채권 등의 재산권도 있다. 제271조 제1항(제1문)은 소유권에 대하여만 합유라 부르고, 제278조는 기타 재산권에 대하여는 준합유라고 칭한다. 따라서 제704조를 굳이 존치시킨다면 조합재산은 합유 또는 준합유로 규정하였어야 할 것이다. 한편 제704조의 필요여부이다. 제704조는 없어도 무방한 규정이지만 있다고 해서 문제가 생기지는 않는다는 견해가 있다.[63] 그러나 제271조 제1항(제1문)이 '조합체로서 물건을 소유하는 경우'에 합유로 규정하고 있기 때문에, 다시 조합편에서 이를 규정할 필요는 없다고 할 것이다. 조합체의 물건의 소유가 합유가 되는 것은 채권계약인 조합계약에서 그 내용을 정하기 때문이 아니라, 물권법 제271조 제1항(제1문)이 조합체의 소유를 합유로 규정하고 있기 때문인 것이다. 따라서 제704조는 불필요한 규정이다.

2. 조합의 소유형태에 대한 학설과 판례

(1) 학   설

통설에 의하면 채권계약으로 조합재산은 합유에 국한하지 않고 마음대로 정할 수 있다.[64] 그 이유로 합유가 조합원을 보호하기 위하여 인정된 것이라면 강행규정으로 해석될 이유가 없다는 것을 든다.[65] 또 조합재산은 합유와 공유 두 가지로 한정될 이유가 없기 때문이라고 한다.[66] 따라서 이러한 견해는 공동이행방식의 공동수급체의 조합에 대하여 분할채권관계를 인정하는 판례를 긍정한다.[67] 이에

---

63) 송덕수, 채권법각론, 박영사, 2016, 395면.
64) 윤진수, 앞의 논문(주 2), 143면; 이동진, "건설공사공동수급체의 법적 성격과 공사대금청구권의 귀속", 민사판례연구[XXV], 민사판례연구회(2013), 546면.
65) 이동진, 앞의 논문(주 64), 543면.
66) 윤진수, 앞의 논문(주 2), 145면.
67) 이동진, 앞의 논문(주 64), 546, 555면.

반하여 제704조는 강행규정이라고 보는 반대의 견해도 있다.[68] 이 견
해는 공동이행방식의 공동수급체의 권리귀속형태로서 분할채권관계
를 인정하는 판례를 비판한다.[69] 또 이 견해는 현행 규정하에서는 조
합재산을 합유가 아닌 다른 형태로 섣불리 정하는 것은 곤란하다고
한다.[70]

(2) 판   례

판례는 조합재산이 소유권인 경우 예외 없이 합유(합수적 합유)로
보고 있다. 판례는 "수인들이 상호 출자하여 공동사업을 경영할 것을
목적으로 하는 조합이 조합재산으로서 부동산의 소유권을 취득하였다
면 민법 제271조 제1항의 규정에 의하여 당연히 그 조합체의 합유물
이 된다."고 판시하여 조합강제를 인정하고 있다.[71] 또 판례는 동업
을 목적으로 하는 조합이 합유등기를 하지 아니하고 조합원들 명의로
각 지분에 관하여 공유등기를 한 경우에는 조합체가 조합원들에게 각
지분에 관하여 명의신탁한 것으로 무효로 보고 있다.[72] 한편 판례는
공유자들 사이에 조합관계가 성립하여 각자가 부동산을 조합재산으로
출연하였음에도 불구하고 그 재산에 관한 소유권등기를 공유로 한 경
우 제3자에 대한 관계에서는 공유관계의 법률관계가 적용되지만, 조
합원들 상호간 및 조합원과 조합 상호간의 내부관계에서는 조합계약
에 따른 합유물인 특별재산으로 취급된다고 하고, 조합원들로서는 그
지분의 회수방법으로서 조합을 탈퇴하여 조합지분 정산금을 청구하거
나 일정한 경우 조합체의 해산청구를 할 수 있는 등의 특별한 사정이

---

68) 김세준, "민법상 조합계약과 사적자치의 효력," 비교사법 제20권 2호(2013), 318
   면.
69) 김세준, 앞의 논문(주 68), 318면.
70) 김세준, 앞의 논문(주 68), 318면.
71) 대법원 2006. 4. 13. 선고 2003다25256 판결.
72) 대법원 2002. 6. 14. 선고 2000다30622 판결; 2006. 4. 13. 선고 2003다25256 판
   결; 2009. 12. 24. 선고 2009다75635,75642 판결.

없는 한 그 합유물에 대하여 곧바로 분할청구를 할 수는 없다고 하였다.[73] 여기서 판례가 제3자에 대한 관계에서는 공유등기를 전제로 하는 법률관계가 적용된다는 것은 방론에 지나지 않고, 실제로는 합유물에 대하여 곧바로 분할청구를 할 수는 없다고 하여 공유등기의 효력을 부정하고 있다.

한편 판례는 조합재산의 합유강제가 적용되는 조합은 엄격한 요건에서만 인정하고 있다. 예를 들면, 판례는 수인이 부동산을 공동으로 매수한 경우, 매수인들 사이의 법률관계는 공유관계로서 단순한 공동매수인에 불과할 수도 있고 또는 공동매수인 전원의 의사에 기하여 전원의 계산으로 처분한 후 이익을 분배하기로 하는 명시적 또는 묵시적 의사의 합치에 의한 공동경영의 동업체로서 매수한 것일 수 있다고 한다.[74] 또 판례는 부동산의 공동매수인들이 전매차익을 얻으려는 '공동의 목적 달성'을 위해 상호 협력한 것에 불과하고 이를 넘어 '공동사업을 경영할 목적'이 있었다고 인정되지 않는 경우, 공유관계에 불과할 뿐 민법상 조합이 아니라고 한다.[75]

다른 한편 판례는 유독 채권의 준합유와 관련하여서는 조합인 공동이행방식의 공동수급체의 채권에 대하여 준합유를 인정하면서도 「조합에 관한 민법 규정의 적용을 배제할 수 있는 특별약정」의 가능성을 인정하여 왔다.[76] 그러던 중 후술하는 바와 같이, 최근 전원합의체판결로 공동이행방식의 공동수급체의 채권의 귀속형태로 개별 조합원에게 귀속되는 분할채권관계를 인정하고 있다.[77]

---

73) 대법원 2009. 12. 24. 선고 2009다57064 판결.
74) 대법원 1995. 9. 15. 선고 94다54894 판결; 2002. 6. 14. 선고 2000다30622 판결; 2012. 8. 30. 선고 2010다39918 판결.
75) 대법원 2010. 2. 11. 선고 2009다79729 판결; 2007. 6. 14. 선고 2005다5140 판결.
76) 대법원 2000. 11. 24. 선고 2000다32482 판결; 2002. 1. 11. 선고 2001다75332 판결; 2005. 7. 15. 선고 2005다16546 판결; 2009. 2. 26. 선고 2008다94189 판결.
77) 대법원(전) 2012. 5. 17. 선고 2009다105406 판결.

3. 2001년 분과위의 개정시안과 2014년 민법개정위의 개정안

2013년 민법개정위원회의 분과위가 제시한 개정시안은 제704조
를 "조합원의 출자 기타 조합재산은 조합원의 합유로 한다. 그러나
다른 약정이 있는 때에는 조합원의 공유로 할 수 있다."고 개정하여
단서를 추가하였다. 분과위가 제시한 개정시안은 조합재산의 소유형태
를 공유 또는 합유로 하는 것이었다. 분과위의 개정시안은 스위스채무
법을 참조한 것이다.78) 스위스채무법의 경우 조합재산은 조합원의 합
유라고 하는 제544조를 임의규정으로 보아, 조합재산을 공유로 할 수
있다고 한다. 물론 입법정책적으로 조합재산의 소유가 합유로 한정되
어야 할 근거는 없으며, 다양한 조합의 형태나 내용에 따라서 현실적
으로 다른 공동소유방식을 선택할 수 있도록 입법하는 것이 합리적이
라고 볼 수도 있다.79) 한편 분과위의 개정시안은 판례가 공동수급체에
대하여 분할귀속을 인정한 것을 공유로 보아 이를 수용한 것이다.80)
그러나 후술하는 바와 같이, 이 판례는 개별 조합원 지분비율에 따라
도급인에 대하여 각자 권리를 취득하는 분할채권관계를 인정하는 것이
지, 공유를 인정하는 것은 아니라는 점에서 다르다고 할 것이다.81)

2014년 민법개정위원회 전체회의는 제704조를 "다른 약정이 없
으면 조합원의 출자 그 밖의 조합재산은 조합원의 합유로 한다."고
다시 수정하였다. 이는 조합재산의 소유형태가 반드시 합유와 공유
두 가지로 한정될 이유가 없기 때문이라고 한다.82) 그 세부적 이유로
필요에 따라서는 한 조합원의 단독소유로 하거나 일부 조합원만의 공

---

78) 최수정, 앞의 논문(주 3), 19면.
79) 최수정, 앞의 논문(주 3), 21면.
80) 최수정, 앞의 논문(주 3), 20면.
81) 필자도 당시에는 개정시안의 작업에 참여하였다. 필자는 채권의 준합유에 대한 연
    구를 통하여 이러한 개정시안이 필요한 것은 아니라는 견해를 가지게 되었다.
82) 윤진수, 앞의 논문(주 2), 142-6면.

유로 하는 것도 허용할 필요가 있다는 것을 든다. 또 등기명의자인 조
합원과 다른 조합원 사이의 관계는 조합계약에 의하여 규율되므로,
다른 조합원이 대내적으로 부동산에 관한 물권을 보유하는 것이 아니
라 등기명의자인 조합원에게 신탁을 한 것으로 보아야 한다고 하여,
부동산실명법이 명의신탁을 금지하고 있다고 하더라도, 그것이 부동
산에 관하여는 종래 인정되어 왔던 신탁행위까지 전혀 허용하지 않는
것이라고는 할 수 없다고 한다. 요컨대 독일민법의 경우 조합재산에
관한 제719조는 임의규정인 것과 같이, 조합의 재산을 어느 조합원의
단독소유로 하거나 지분적 소유(공유)로 하는 것도 가능하고, 이 경우
단독소유자 또는 공유자는 신탁적으로 구속된다고 한다.

4. 결   어

채권계약은 원칙적으로 사적자치가 허용된다. 이 점에서 조합계
약도 예외가 아니다. 조합계약의 내용에 따라 조합의 모습도 다양하
게 존재할 수 있다. 그런데 전술한 바와 같이, 우리 민법은 물권편에
서 조합재산을 합유 그것도 합수적 합유로 정하고 있다. 그 결과 우리
민법에서는 조합재산의 소유형태는 판례도 인정하고 있는 바와 같이
소유권의 합유라고 할 것이다. 그 논거를 살펴보면, 첫째, 계약의 자
유란 채권계약의 자유를 말한다. 계약의 자유에는 계약체결의 자유,
계약방식의 자유, 계약내용 결정의 자유와 상대방 선택의 자유가 있
다. 그런데 채권계약의 이행으로 물권계약이 존재하는 경우 물권계약
의 자유란 물권계약 체결의 자유, 물권계약 방식의 자유, 상대방 선택
의 자유를 말한다. 그러나 물권의 내용은 물권법이 정하고 있으므로
물권계약 내용결정의 자유는 인정되지 않는다. 채권계약의 자유란 이
름으로도 물권법에 반하는 약정을 두는 것은 허용되지 않는 것이다.
예를 들면, 당사자들이 소유권을 매도하는 채권계약을 체결할 경우에
그 이행으로서 물권계약이란 소유권을 이전하는 계약을 말하는 것일

뿐, 소유권의 내용은 물권법이 정하는 것이다. 공유는 제262조 - 제
270조가 그 내용을 정하고 있듯이, 합유의 경우도 제272조 - 제274조
(제274조 제2항에 의하여 제268조 - 270조도 준용된다)가 이를 정하고 있
는 것이다. 조합이 조합재산을 취득하는 채권계약을 체결하면, 조합
재산의 소유형태는 물권법에 따라 합유·준합유가 되는 것이다. 요컨
대 채권계약의 자유도 물권법의 제한을 받아야 하는 것인데, 채권계
약의 자유를 이유로 물권법의 합유의 규정을 배제할 수 있다는 것은
본말이 전도된 것이다. 달리 말하면, 조합재산인 합유가 물권편으로
규율되면서 채권계약인 조합계약으로는 조합재산의 소유형태를 정할
수 없게 된 것이다. 이러한 이유에서 2014년 민법개정위원회 전체회
의가 다른 약정이 없는 한 조합재산은 합유로 한다고 개정한 것은 조
합재산으로 합유와 공유 이외의 단독소유까지도 허용하는 것이어서
타당하다고 할 수 없다. 둘째, 독일민법은 물권편에 합유를 규율하
고 있지 않기 때문에, 조합재산의 지분 및 조합재산에 속하는 개별
목적물에 대한 지분의 처분을 금지하는 제719조 제1항은 임의규정으
로 해석될 수밖에 없다. 따라서 독일민법의 경우 조합계약으로 조합
재산의 귀속형태를 정하면 그에 따라 단독소유, 일부 조합원의 공유
(제1008조 - 제1011조) 또는 합유의 등기를 하면 된다. 그렇게 되면 독
일민법의 경우 조합계약의 자유란 물권법(또는 부동산등기법)이 규정하
고 있는 소유형태 중 하나를 선택하는 자유를 말하는 것이지, 우리의
통설처럼 합유의 내용을 물권법과 달리 마음대로 정할 수 있는 자유
를 말하는 것이 아니다. 그럼에도 불구하고 독일법상의 조합의 법리
가 우리 민법에 그대로 계수되었으므로 독일법의 조합의 법리를 그대
로 수용하여 민법상 조합규정을 해석하여야 한다는 주장이 있으나,[83]
이는 배경이 전혀 다른 독일민법의 해석론을 우리 민법에 수용하려는

---

83) 이춘원, 앞의 논문(주 5), 1207면.

것으로서 전혀 타당하지 않다. 셋째, 물권편은 공유의 경우와 마찬가지로 합유도 등기로 강제하고 있다. 그런데 현행 물권편의 체제에서는 조합계약으로 지분적 합유를 약정하더라도, 이를 등기할 방법이 없다. 따라서 이러한 약정은 공시주의의 원칙을 지킬 수 없어 조합의 채권자인 제3자를 보호할 수 없는 근본적인 문제점을 노정하고 있다. 넷째, 민법 제271조 제2항은 제1항과 관련하여 비로소 그 의미를 갖는데, 제2항은 제1항에 따라 법률의 규정 또는 약정에 의하여 성립한 조합의 재산형태는 제272조 – 제274조의 합유에 따른다는 것을 말하는 것이다. 다섯째, 기술한 바와 같이, 조합재산의 합유를 규정하는 제704조는 제271조 제1항에 비추어 불필요한 규정이지만, 그 규정이 존재하는 이상 강행규정으로 해석하여야 한다. 제704조는 제271조 제1항이 조합재산을 합유로 규정하고 있는 것을 이어 받는 규정이기 때문에 제704조가 비록 채권편에 규정되어 있더라도 강행규정이 될 수밖에 없는 것이다. 여섯째, 조합이라고 해서 반드시 조합재산을 가질 필요는 없다.[84] 또 조합원 개인재산을 수단으로 하여 조합목적을 달성하는 것도 얼마든지 가능하다.[85] 그러나 이러한 사실이 조합재산 자체가 합유라는 것을 부정하는 근거가 될 수는 없다. 개인재산을 수단으로 조합목적을 달성하는 경우에도 그 재산은 어디까지나 개인의 재산일 뿐이지 조합재산이 아닌 것이다. 조합이 취득한 재산을 조합재산으로 하면서 동시에 조합원 1인의 단독소유로 할 수는 없는 것이다. 또 조합재산에 대하여 신탁행위가 허용된다고 해서 조합재산의 합유를 부정할 수는 없다. 합유인 조합재산에 대하여 신탁행위의 요건을 갖추어 신탁행위가 허용될 수 있다는 것과 조합재산이 합유라는 것은 전혀 별개의 문제이다. 신탁행위로서의 요건을 갖추지 못한 경우에는 합유를 조합원 1인에 대한 명의신탁으로 하는 것은 무효일 수

---

84) 注釈民法(17), 債權(8), 56면.
85) 注釈民法(17), 債權(8), 56면.

밖에 없는 것이다. 일곱째, 조합의 합유의 내용은 물권법(제271조 – 제273조)으로 정하고 있다. 따라서 합유에 대한 예외를 규정하려면 물권법의 규정인 제271조, 제272조 및 제273조에서 두어야 한다. 예를 들면, 공유의 경우 공유물분할에 대하여 제268조 제1항(단서)이 예외적인 약정을 둘 수 있게 하는 경우가 그러하다.

V. 물권법의 합유규정과 채권법의 조합규정의 충돌

물권법의 합유규정과 채권법의 조합규정이 충돌하는 문제로 제272조 본문과 제706조(제2항)의 관계에 대하여 주로 논란이 제기되고 있다. 또 제272조 단서와 제706조(제3항)도 논란이 있다. 그런데 합유와 관련하여 물권법과 채권법의 충돌 문제는 이것에 한하지 않고 논의되고 있다.

1. 물권법과 채권법의 충돌의 영역

합유와 관련하여 물권법과 채권법의 충돌의 영역이 어디인지에 대하여는 학설마다 주장하는 바가 다르다. 가장 넓게 인정하는 견해는 제272조와 제706조(제2항·제3항) 이외에도 합유지분의 처분에 합유자 전원의 동의를 요구하는 제273조 제1항과 조합원의 임의탈퇴 및 그에 따른 지분의 계산을 인정하는 제716조 – 제719조 또 합유물의 분할청구를 금지하는 제273조 제2항과 조합원의 해산청구를 인정하는 제720조를 충돌영역으로 인정하고 있다.[86] 우선 첫째의 경우에는 어느 조합원의 임의탈퇴는 스스로 조합원의 지위를 벗어나는 것으로서 합유지분의 처분이 문제되지 않는다. 또 둘째의 경우 합유물의 분할금지는 합유가 존속하는 한 금지되는 것으로서 부득이한 사유에 의

---

86) 김증한·김학동, 앞의 책(주 31), 327면; 오시영, 앞의 책(주 31), 412면.

하여 각 조합원이 해산청구를 하는 것을 부정하지 않으므로 역시 충돌의 문제는 발생하지 않는다.

2. 제272조와 제706조(제2항·제3항)의 관계

제272조와 제706조(제2항·제3항)의 충돌을 해결하는 데에 대하여는 다양한 학설이 제기되고 있다.

(1) 제272조 본문과 제706조(제2항)의 관계

제272조 본문과 제706조(제2항)가 충돌하는 문제는 근본적으로 입법의 잘못에 기인한다고 한다. 민법 제정 당시 제272조 본문을 비롯한 합유에 관한 일반규정을 신설하였는데도, 이러한 규정이 없었던 구민법의 과반수를 요구하는 제670조를 현행 제706조로 그대로 답습하였기 때문에 혼란이 초래되었다고 한다.[87]

1) 학   설

제272조 본문과 제706조(제2항)의 관계에 대하여는 많은 학설이 제시되고 있다. 이에 대하여는 다양한 비판도 있다. 우선 조합재산의 처분이 조합의 업무집행이라고 인정되는 경우에는 제706조(제2항), 조합재산의 처분이 조합의 업무집행이라고 인정될 수 없는 경우에는 제272조 본문이 적용된다(조합재산처분의 업무집행성기준설)는 견해,[88] 업무집행조합원이 없는 경우에는 제272조 본문이 적용되고 업무집행조합원이 있는 경우에는 제706조(제2항) 후단이 적용되어 업무집행조합원의 과반수에 의한다는 견해(업무집행조합원의 유무 기준설)가 있다.[89]

---

87) 김재형, "조합에 대한 법적 규율", 민사판례연구 제19집, 민사판례연구회, 1997, 642면; 이호정, 앞의 논문(주 26), 108면.
88) 주석채권각칙(Ⅱ), 한국사법행정학회, 1987, 614면.
89) 곽윤직, 채권각론, 박영사, 1986, 503면; 김주수, 채권각론, 1993, 461면.
    위 견해에 대하여는 조합의 업무에 관한 사항인 한 업무집행조합원이 있느냐 없느냐에 물권법 또는 조합법이 적용되는 것은 아니라는 비판(박찬주, "조합의 재산관계", 법학논총 14집 2호, 조선대학교, 2007. 40면), 업무집행조합원이 있든 없든 또 제272조는 합유물의 처분에 관한 일반규정이고 제706조(제2항)는 합유물이 조합재산인 경우에 적용되는 특별규정이라는 견해[제706조 (제2항) 특별규정설·조합법우선적용설)]가 있다.[90] 공유의 경우에는 공유자 상호간에 아무런 인적 결합의 유대가 없기 때문에 물권편의 공유에 관한 규정만이 적용되지만 합유의 경우 합유자 사이의 권리의무 관계는 1차적으로 조합에 관한 규정과 조합계약에 의하여 규율되기 때문에 합유에 관한 규정은 단지 보충적으로 적용될 뿐이라고 한다.[91] 이에 반하여 조합재산의 처분, 변경은 조합의 특별사무이기는 하지만 조합의 존속, 그 목적의 달성과 밀접 불가분의 관계가 있기 때문에 업무집행사원의 선임 유무에 관계없이 제272조에 따른다는 견해 (제272조 본문 특별규정설)가 있다.[92] 마지막으로 제272조는 조합의 대외업무의 집행에서의 조합원 전원의 처분의 의사를 말하는 것이고, 제706조는 조합업무의 내부적 수임관계 및 대리권수여관계를 규율하는 것에 불과하다고 하는 견해(대외적·대내적 구분설)가 있다.[93]

　2) 판　　례

　종전 판례는 "공동으로 공유수면매립면허를 받아 매립공사를 동

　　동일하게 과반수에 의한 결정에 따라야 한다는 비판{윤철홍, 앞의 논문(주 4), 127면)이 제기되고 있다.

90) 김증한, 채권각론, 박영사, 361면; 오시영, 앞의 책(주 86), 417면; 윤철홍, 앞의 논문(주 4), 128면; 이호정, 앞의 논문(주 26), 1008-9면; 지원림, 민법강의, 2015, 556면; 주석민법, 채권각칙(5), 704면, 한국사법행정학회, 2016, 80면.

91) 김증한·김학동, 앞의 책(주 31), 327면.

92) 이용훈, "조합재산의 처분과 민법 제272조·제273조", 법학논집; 취봉김용철선생 고희기념, 취봉김용철선생 고희기념논문집 간행위원회(1993), 557면; 홍성재, 앞의 책(주 59), 413면.

93) 이은영, 채권각론, 박영사, 482면. 이 견해에 대하여는 조합의 통상사무(제706조 제3항)가 아닌 특별사무(제706조 제3항)란 조합재산의 처분이나 변경의 사무가 되는데 이러한 특별사무가 조합업무의 내부적인 수임관계 및 대리권수여관계에 불과하다고 할 수는 없다는 비판{윤철홍, 앞의 논문(주 4), 128면}이 제기되고 있다.

업하는 두 회사 중 한 회사가 조합재산인 위 면허권 전부를 다른 회사의 동의 없이 타인에게 양도하였다면 이는 합유물을 합유자 전원의 동의 없이 처분한 것이 되어 무효이다."라고 판시하여 제272조를 적용하였다.94) 2인 조합의 경우 조합원 1인이 처분한 사안에 대하여 전원의 동의가 없음을 이유로 처분을 무효로 하였는데, 근거조문을 제272조를 들었다.95) 판례가 전원의 합의가 없다고 하는 것이 과반수의 동의가 없다는 의미로도 해석될 여지가 있어, 판례의 입장에 대한 이해가 학설에 따라 다를 수 있다. 만일 제706조를 적용한다면 과반수가 없어서 무효라고 하여야 할 것이다. 그러나 그 후 판례는 제706조(제2항)를 적용하였다.96) 판례는 "업무집행자가 없는 경우에도 조합의 업무집행에 조합원 전원의 동의는 필요하지 않다고 하여야 할 것이고, 한편 조합재산의 처분·변경도 조합의 업무집행의 범위에 포함된다고 할 것이므로, 결국 업무집행자가 없는 경우에는 조합의 통상사무의 범위에 속하지 아니하는 특별사무에 관한 업무집행은 원칙적으로 조합원의 과반수로써 결정하는 것이고, 조합재산의 처분·변경에 관한 행위는 다른 특별한 사정이 없는 한 조합의 특별사무에 해당하는 업무집행이라고 보아야 할 것이다."라고 판시하였다.97) 판례는 조합재산의 처분·변경도 조합의 업무집행으로서 특별사무에 해당하므로 조합법의 적용을 받는다고 보는 것이다.

　3) 2014년 민법개정위원회 개정안98)

　2014년도 민법개정위원회는 독일(제709조), 스위스(민법 제653조,

94) 대법원 1991. 5. 15.자 91마186 결정.
95) 대법원 1990. 2. 27. 선고 88다카11534 판결도 2인 조합채권에 관한 판결이다. 업무집행조합원의 유무가 명백하지 않으나, 사안의 내용으로 미루어 업무집행조합원이 없는 것을 전제로 제272조를 적용하고 있는 듯하다.
96) 대법원 1998. 3. 13. 선고 95다30345 판결; 2010. 4. 29. 선고 200718911 판결; 2000. 10. 10. 선고 2000다28506 판결.
97) 대법원 1998. 3. 13. 선고 95다30345 판결; 2000. 10. 10. 선고 2000다28506 판결.
98) 윤진수, 앞의 논문(주 2), 140면.

채무법 제534조), 대만(제670조, 제828조 제3항)의 입법례를 참조하여, 제706조(제2항)를 "조합의 업무집행은 조합원의 공동으로 결정하여야 한다. 그러나 조합계약으로 조합원의 과반수로써 결정하도록 정할 수 있다. 업무집행자가 여러 명인 때에도 이와 같다."고 개정하였다.[99] 즉, 2014년도 민법개정위원회는 제272조에 따라 합유자 전원의 동의를 얻도록 한 것은 조합재산의 처분, 변경 등을 곤란하게 하고 부담을 가중시키게 되어 조합의 업무를 마비시킬 수도 있기 때문에, 조합의 업무는 원칙적으로 조합원 전원의 동의를 요하지만, 계약에 의하여 다수결로 할 수 있도록 규정하게 되었다고 한다.

　　4) 결　　어

　　합유물의 보존, 처분 등에 관한 제272조 – 제274조가 물권편에 신설되면서 다음과 같은 이유에서 조합의 업무와 이를 정하는 조합계약은 물권법의 합유와 본질적으로 다른 성질을 가지게 되었고 따라서 물권편의 합유에 관한 규정과 조합계약의 규정이 충돌하는 문제는 발생하지 않는다고 할 것이다. 첫째, 조합의 업무라는 차원에서 본다면 물권편의 조합재산의 합유에 관한 사항도 조합의 업무에 관한 사항이 될 수 있다. 독일민법의 경우가 그러하고, 일본민법의 일부해석론이 그러하다.[100] 독일민법은 제718조가 조합재산을 조합원의 공동재산으로 규정하고 또 제719조는 조합재산과 개별 목적물의 지분의 처분은 전원의 합의에 의하여서도 처분할 수 없음을 규정하고 있는데, 이 모든 사항은 조합원들이 공동으로 하여야 하는 제709조상의 조합의 업무에 속한다고 볼 수 있다. 그러나 우리 민법에서는 합유를 규율하는 제272조 – 제274조가 물권편으로 신설되면서, 제706조(제2항·제3항)의 조합의 업무에서 조합재산의 합유에 관한 사항은 제외되었다. 둘째, 조합뿐만 아니라 법인, 비법인사단, 공유단체에도 업무가 있고 또 개

---

99) 윤진수, 앞의 논문(주 2), 141면.
100) 注釈民法(17), 債権(8), 76면.

인의 경우에도 업무에 해당하는 "일"이 존재한다. 우선 개인의 경우 물권과 관련되는 일은 물권법에 의하고, 가족관계에 관한 일은 가족법의 규율을 받는다. 또 근대민법전은 자연인의 일상적인 법률관계를 주된 규율의 대상으로 하기 때문에, 법인의 경우는 별도로 규율한다. 우리 민법의 경우도 제1편 제3장의 법인에서 법인의 업무를 규율한다. 우선 법인의 업무 중 출연재산의 귀속시기에 관한 규정(제48조)의 문제는 바로 물권·준물권에 관한 물권법과 채권양도에 관한 채권법의 문제이다. 법인의 업무라는 이유로 물권법과 채권법의 적용을 배제할 수는 없다. 한편 공유단체의 경우에도 역시 업무가 있을 수 있다. 민법은 이에 대하여 특별한 규정을 두고 있지 않다. 따라서 공유단체의 업무에 대하여는 전적으로 민법의 위임계약과 대리의 일반법리에 따르게 된다. 이 점이 업무에 관한 일반적인 규정을 두고 있는 조합과는 다른 점이다. 그러나 공유에 관한 물권편의 규정은 당사자의 의사를 배제하는 강행규정이기 때문에 공유단체의 업무에 관한 규정과 충돌하는 문제는 발생하지 않는다. 이는 조합의 경우에도 마찬가지라고 할 것이다. 조합의 경우에도 조합의 업무라고 할지라도 조합재산에 관한 사항이면 이를 규율하는 물권편의 강행규정에 따라야 하고, 그 밖에 조합의 공동사업과 관련되거나 조합의 조직 등에 관한 사항은 채권편의 임의규정에 따르는 것이다.101) 후자의 업무에 대하여는 전적으로 사적자치가 허용되어 조합계약으로 이를 정할 수 있는 것이다. 넷째, 합유물의 보존(또는 관리)·처분 등은 합유지분권의 행사를 내용으로 하는 물권관계이다.102) 엄밀히 말하면 물권의 내용에 관한 법률관계이다. 합유의 법률관계는 물건에 대한 지배권으로 시종

---

101) 이것이 조합계약은 합동행위로서의 성질도 가진다는 것을 부정하는 것은 아니다.
102) 공유의 물권관계에 대하여는 남효순, "공유물에 대한 관리행위(관리결정)의 승계 여부 — 물권 및 물권적 청구권개념에 대한 새로운 이해의 단초3, 대판 2009. 12. 10. 선고 2009다54294 판결을 중심으로 —", 저스티스 통권 제144호, 한국법학원(2014. 10), 451－2면 참조.

하는 단독소유권의 법률관계와는 달리 그 권리자가 수인이라는 본질
상 합유물을 매개로 하여 합유자 사이의 지분권의 행사에 관한 법률
관계(합유의 법률관계 내지는 합유자의 법률관계)가 추가적으로 존재할
수밖에 없는 것이고 이에 대하여 물권편의 규율이 필요한 것이다. 이
러한 합유자의 법률관계(제272조－제274조)에 대하여는 당사자의 사적
자치가 허용되지 않는다. 또 합유자의 법률관계는 어느 합유자가 합
유물을 매개로 하여 현재의 다른 합유자뿐만 아니라 합유지분을 취득
하는 장래의 승계인 누구에 대해서도 주장할 수 있는 대세적인 물권
관계이다. 예를 들면, 합유자들의 관리결정, 처분·변경결정과 분할결
정이 장래의 지분권의 특정승계인(조합원)에게 이전되는 것은 바로 이
러한 물권관계의 특징으로 인한 것이다. 이는 공유의 법률관계에서도
마찬가지이다. 독일민법(제1010조)의 경우는 공유의 경우 부동산등기
부에 등기를 전제로 특정승계인에 대한 효력을 인정하고 있지만, 그
러한 규정이 없는 우리 민법에서는 공유든 합유이든 마찬가지라고 해
석할 수밖에 없는 것이다. 다섯째, 채권편의 조합 이외에 또 다른 조
합체가 성립하여 그 조합의 업무에 대하여는 전원의 합의에 의한다는
법률규정 또는 약정이 있다고 하더라도, 합유·준합유인 조합재산의
처분 등에 관하여는 제272조－제274조가 적용되는 것이다. 마찬가지
로 제706조(제2항)를 개정하여 전원의 의사에 의하도록 하는 경우에
도 여전히 합유물의 처분 등에 관하여는 제272조－제274조가 적용되
는 것이다. 이는 제706조(제2항)를 어떻게 개정하느냐에 관계없이 합
유물의 처분 등에 관하여는 물권편의 제272조－제274조가 적용된다
는 것을 말하는 것이다. 물론 물권편의 합유처럼 채권편의 조합의 업
무도 합수적으로 규율하는 것이 이상적일 수도 있다. 그러나 조합의
업무는 업무로서의 수월성을 확보할 필요가 있으므로, 조합재산의 경
우처럼 합수적으로 규율하지 않았다고 해서 잘못된 입법이라고 볼 수
는 없다. 이러한 점에서 현행 민법이 채권편 제706조(제2항)가 조합의

업무집행은 과반수로 결정하도록 하는 반면, 물권편 제272조(본문)는
조합재산의 처분과 변경은 조합원 전원의 동의에 의하여 하도록 규정
하는 것도 얼마든지 수용될 수 있는 것이다. 또 조합계약에 관한 채권
편의 규정은 원칙적으로 당사자의 자치가 허용되는 임의규정에 지나
지 않는다는 점에서 더욱더 그러하다고 할 것이다. 이상에서 살펴본
바와 같이, 물권편의 합유에 관한 규정이 신설됨에 의하여 초래된 변
화를 굳이 반영한다면, 제706조 제4항을 신설하여 "제1항 내지 제3항
에도 불구하고 조합재산의 합유에 관한 사항은 제272조 내지 제274조
의 규정에 따른다."는 주의적 규정을 두는 것도 하나의 방편이 될 수
있을지도 모른다. 그러나 제706조 제4항은 채권편의 규정으로서 물권
편의 합유에 대하여는 규정을 둘 수가 없다고 할 것이다.

(2) 제272조 단서와 제706조(제3항)의 관계

제272조 단서에 의하면, 합유물에 대한 보존행위는 합유자 각자
가 할 수 있다. 한편 제706조 제3항은 "조합의 통상사무는 전항의 규
정에 불구하고 각 조합원 또는 각 업무집행자가 전행할 수 있다. 그러
나 그 사무의 완료전에 다른 조합원 또는 다른 업무집행자의 이의가
있는 때에는 즉시 중지하여야 한다."고 규정하고 있다. 여기서 어느
합유자의 합유물의 보존행위를 통상사무로 본다면 다른 조합원 또는
업무집행자의 이의가 있는 때에는 즉시 중단하게 되면, 제272조 단서
에 반하는 결과가 초래된다. 이에 대하여는 우선 제272조 단서는 제
706조의 특별규정이라고 하여 다른 조합원 또는 업무집행자는 이의를
제기할 수 없다고 하는 견해가 있다.[103] 즉, 보존행위라 함은 일반적
으로 다른 조합원에게도 이익이 되는 것이 보통으로서 조합재산의 멸
실 · 훼손을 방지하고 그 현상을 유지하기 위한 사실적 · 법률적 행위
로서 특이한 업무집행에 해당하므로 제272조 후단이 제706조 제3항

---

103) 이용훈, 앞의 논문(주 92), 558면.

의 규정에도 불구하고 조합원각자가 할 수 있는 것으로 규정하고 있
는 것이라고 한다. 이에 반하여 합유의 보존행위의 경우에도 이의권
이 인정된다는 견해도 있다.[104] 통상적으로 반복적으로 행하여지는
것이 통상사무이고 그 반대가 특별업무인데, 처분행위라고 하더라도
통상적이면 통상사무가 될 수 있다고 보아 역시 이의권이 인정된다고
한다.[105] 생각건대 물권편의 합유물의 보존행위는 조합재산에 관한
사항으로서 조합의 통상사무와는 전적으로 다른 성질을 갖는 것이므
로 통상사무라는 이유로 이의권을 제기할 수는 없다고 할 것이다. 예
를 들면, 채소의 매매를 공동사업으로 경영하는 조합의 경우 채소의
매매는 처분행위이므로 조합원 전원의 합의가 필요한데, 이 경우 채
소의 매매가 통상사무라는 이유로 조합원이 이의를 제기하여 중단시
킬 수는 없다고 할 것이다.

    한편 제272조 단서는 합수적 합유의 본질에 해당하는 규정이 아
니므로, 당사자가 이에 대하여 이의권을 유보하는 약정은 얼마든지
둘 수 있다. 그러나 이 경우에도 제274조 단서의 적용을 받는 것이기
때문이지 통상사무라고 해서 그러한 것은 아니다.

현 행	제 1 안
제706조 (사무집행의 방법) ① 조합계약으로 업무집행자를 정하지 아니한 경우에는 조합원의 3분의 2이상의 찬성으로써 이를 선임한다. ② 조합의 업무집행은 조합원의 과반수로써 결정한다. 업무집행자가 수인인 때에는 그 과반수로써 결정한다.	제706조 (사무집행의 방법) ① (현행과 동일) ② (현행과 동일)

---

104) 김재형, 앞의 논문(주 87), 646면; 박찬주, 앞의 논문(주 89), 35면.
105) 박찬주, 앞의 논문(주 89), 35면.

③ 조합의 통상사무는 전항의 규정에 불구하고 각 조합원 또는 각 업무집행자가 전행할 수 있다. 그러나 그 사무의 완료전에 다른 조합원 또는 다른 업무집행자의 이의가 있는 때에는 즉시 중지하여야 한다.	③ 조합의 통상사무는 제2항의 규정에 불구하고 각 조합원 또는 각 업무집행자가 단독으로 할 수 있다. 그러나 그 사무의 완료전에 다른 조합원 또는 다른 업무집행자의 이의가 있는 때에는 즉시 중지하여야 한다.

Ⅵ. 채권(채무)의 준합유

1. 서   론

민법 제278조는 "준공동소유"라는 표제하에, "본절의 규정은 소유권 이외의 재산권에 준용하고, 다른 법률에 특별한 규정이 있으면 그에 의한다."고 규정하고 있다. 재산권에는 채권도 포함되는바, 당연히 채권의 준합유도 인정된다.106) 채권의 준합유는 다른 준공동소유와 마찬가지로 물권법상의 합유의 개념이 채권에 투영된 것이다.107) 그런데 채권의 준합유(준공동슈유)에 대해서는 다수당사자의 채권과 어떠한 관계에 있는지에 대하여는 학설이 심하게 대립하고 있다.

2. 채권의 준합유에 대한 입법례

독일민법은 제2편(채권관계의 법)의 제16절 조합에서 합수적 채권·채무(준합유)를 조합재산 일반(제718조)과 함께 규율하고 있다.108)

---

106) 채무의 준합유도 인정됨은 물론이다.
107) 김형배, 채권총론, 박영사, 428면; 민법주해[Ⅹ], 3 – 4면
108) 독일민법은 제2편 제17절 공동(Gemeinschaft)에서 채권의 준공유를 규정하고 있다. 우리 민법의 소유권의 공유에 관한 규정과 대동소이한 규정이다. 한편 독일민법은 제3편 물권법에서 소유권의 공유에 적용되는 특별한 규정을 두고 있다.

조합재산을 구성하는 채권·채무는 다수당사자의 채권·채무와 다른 합수적 채권·채무라고 한다.[109] 따라서 조합채권은 급부목적의 가분성에 구애 받지 않고 모든 조합원에 합수적으로 귀속한다. 또 조합재산에 속하는 채권을 가지는 채권자는 그가 어느 조합원에 대하여 가지는 채권으로 상계하지 못한다(독일민법 제719조 제2항). 프랑스민법전에는 조합에 대한 규정이 없다.[110] 법인의 목적인 절약의 도모(profiter de l'économie)가 조합의 공동사업에 해당한다고 볼 수 있다. 달리 말하면, 프랑스의 경우 공동사업의 경영을 목적으로 하는 경우에는 법인의 성립을 인정하는 것이다. 또 스위스민법은 채권·채무의 준합유를 물권의 준합유와 동일하게 인정된다고 한다(제652조). 그 결과 스위스민법상의 부부재산합유체(제221조 이하), 상속합유체(제602조 이하)와 스위스채무법상의 단순조합(제530조 이하), 합명회사(제552조 이하), 유한회사(제594조 이하)에서 채권·채무의 준합유를 인정하고 있다. 그 결과 채권·채무는 모든 채권·채무자에 의하여 공동으로 행사되어야 한다.[111] 다만, 조합채무의 경우 합유체에 대한 특별한 규정(스위스민법 제233조·제234조, 제560조, 제603조, 스위스채무법 제544조, 제568조)을 두어, 조합원 개인의 재산으로 변제될 수도 있다. 한편 일본민법(제264조)은 물권편의 공유에 관한 규정을 또 대만민법(제831조)은 공유와 합유에 관한 규정을 소유권 이외의 재산권에 대하여 준용하고 있다. 우선 일본의 경우에는 물권편에 합유가 존재하지는 않지만, 합수적 채권의 관념이 일찍부터 독일민법에서 도입되어,[112] 조합의 채권으로서 특수한 준공유로서 합수적 채권을 인정하는 것이 통설이다.[113] 또 합수적 채권의 경우 채권의 개수에 대하여는 단수설과

109) 이춘원, 앞의 논문(주 5), 120면.
110) 프랑스민법은 공동소유로서 공유만을 인정하고 있다.
111) P. Engel, op. cit., p. 828.
112) 注釈民法(11), 債権(2), 有斐閣, 1965, 12면.
113) 注釈民法(11), 16면.

복수설이 있지만, 단수로 보는 것이 일반적이다.114) 우리 민법은 대만
민법과 동일하게 공유와 합유를 소유권 이외의 재산권에 준용하는 입
법태도를 취하고 있다. 이상에서 살펴본 바와 같이 합유에 관한 규정
을 준용하여 채권의 준합유를 규율하는 것이 일반적인 입법례라고 볼
수 있다.

3. 판   례

채권의 준합유를 인정하는 판례는 공동이행방식의 공동수급체(이
하 공동수급체라고 하기로 한다)에 관한 판례가 압도적으로 많다. 판례
는 공동수급체의 법적 성질을 조합이라 보고 있다.115) 종래 판례는
조합의 채권은 준합유에 해당한다고 하였다. 한편 판례는 소유권의
합유와 준물권의 준합유와 달리 채권의 준합유의 경우「조합에 관한
민법 규정의 적용을 배제할 수 있는 특별약정」으로 민법상 합유(제272
조-제274조, 제704조)를 배제할 수 있음을 인정하여 왔다. 그 결과 판
례는 공동수급체의 채권을 준합유라 하기도 하고 또 조합원 개인에

---

114) 甲斐, 組合の財産關係, 契約法大系 V, 130; 注釈民法⑾, 債権⑵, 16면.
115) 김찬돈, "공동수급체의 법적 성질 대판 2000. 12. 12. 선고 99다49620 판결", 건
    축관련판례 50선, 대구판례연구회(2012), 49면; 변현철, "공동수급한 관급계약에
    서의 구성원 사이의 선급금과 기성대금과의 관계 — 2001. 7. 13. 선고 99다
    68584 판결 —", 대판판례해설 제38호, 법원도서관(2001), 222면; 남근욱, "공동
    수급체의 선급금반환의무(대판 2004. 11. 26. 선고 2002다68362 판결)", 재판
    과 판례(19집), 대구판례연구회(2004. 11), 378-385면; 사봉관, "건설소송 관
    련 주요 판례 정리 — 최근 대판 판례를 중심으로 —", 재판실무연구, 광주지방
    법원(2009), 261면; 윤재윤, "건설공동수급체의 법률관계 — 관급공사를 중심으
    로 —", 법조 제51권 2호, 법조협회(2002), 83-5면; 이균용, "공동수급체의 성질
    과 그 법률관계(2000. 12. 12. 선고 99다49620 판결 : 공 2001상, 276)", 대판판
    례해설 제35호, 법원도서관(2001. 12), 88-93면; 이동진, 앞의 논문(주 64),
    529-532면; 정진명, "건설공사공동수급체의 공사금채권", 민사법학 제33호, 한
    국민사법학회(2006. 9), 246면; 진상범, "공동이행방식의 공동수급체에 있어서
    공사대금채권의 귀속주체 및 형태 — 2012. 5. 17. 선고 2009다105406 전원합의
    체 판결 —", 대판판례해설 91호, 법원도서관(2012), 138-9면 참조.

따른 분할귀속을 인정하기도 하였다.[116] 그런데 최근 판례는 전원합의체판결로 공동수급체가 아닌 개별 구성원으로 하여금 그 지분비율에 따라 직접 도급인에 대하여 권리를 취득하게 하는 약정을 하는 경우에는 개별 구성원에게 귀속되는 분할채권관계를 인정하고 있다.[117] 전원합의체판결은 공동이행방식의 공동수급체는 기본적으로 민법상 조합의 성질을 가지는 것이므로 공동수급체가 공사를 시행함으로 인하여 도급인에 대하여 가지는 채권은 원칙적으로 공동수급체 구성원에게 합유적으로 귀속하는 것이라고 하면서도, "공동이행방식의 공동수급체와 도급인이 공사도급계약에서 발생한 채권과 관련하여 공동수급체가 아닌 개별 구성원으로 하여금 지분비율에 따라 직접 도급인에 대하여 권리를 취득하게 하는 약정을 하는 경우와 같이 공사도급계약의 내용에 따라서는 공사도급계약과 관련하여 도급인에 대하여 가지는 채권이 공동수급체 구성원 각자에게 지분비율에 따라 구분하여 귀속될 수도 있고, 위와 같은 약정은 명시적으로는 물론 묵시적으로도 이루어질 수 있다."고 판시하였다.

4. 채권의 준합유와 다수당사자의 채권의 관계

채권의 준합유와 다수당사자의 채권의 관계에 대하여는 많은 학설이 주장되고 있다. 채권의 준합유를 설명하기 위하여 필요한 범위

---

116) 판례는 특별약정을 부인하여 조합원 개인을 집행채무자로 하는 압류·추심명령의 효력을 인정하지 않고 강제집행을 부정하기도 하고(대법원 2000. 11. 24. 선고 2000다32482 판결; 2005. 7. 15. 선고 2005다16546 판결; 2009. 2. 26. 선고 2008다94189 판결), 반대로 특별약정을 인정하여 조합원 개인을 집행채무자로 하는 압류·추심명령의 효력을 인정하여 강제집행을 인정하기도 하고(대법원 2002. 1. 11. 선고 2001다75332 판결) 또는 선급금에 관한 판결에서도 구분귀속을 전제로 판시하기도 하였다(대법원 2001. 7. 13. 선고 99다68584 판결; 2003. 9. 23. 선고 2001다49395 판결).

117) 대법원(전) 2012. 5. 17. 선고 2009다105406 판결. 이 판결에 대한 평석은 남효순, "조합인 공동이행방식의 공동수급체의 채권의 준합유", 법조 통권 720호, 법조협회(2016. 12), 448-484면을 참조.

내에서 채권의 준공유에 대하여도 함께 살펴본다.

(1) 채권의 준합유(준공동소유)와 다수당사자의 채권에 관한 학설

채권의 준합유와 다수당사자의 채권의 관계에 관한 학설을 살펴보고 이를 검토하기로 한다. 첫째, 채권편의 다수당사자의 채권에 관한 규정은 제278조의 단서가 정하는 "다른 법률에 특별한 규정이 있는" 경우에 해당하므로, 다수당사자의 채권이 채권의 준공동소유의 특칙이 된다는 견해가 있다.118) 따라서 이 견해에 의하면 조합의 채권이 수인에게 공동으로 귀속하는 경우에도 채권의 공동소유에 속한다는 특약이 없는 한 다수당사자의 채권 중의 어느 하나가 된다고 한다.119) 또는 다수당사자의 채권관계는 채권·채무의 "준공유의 특칙"을 이루고 있으므로, 채권의 준공유가 성립하려면 준공유의 특약이 있어야 한다고 한다.120) 이 견해에 의하면, 채권의 준합유의 경우에는 다수당사자의 채권의 특칙을 이루지 않게 된다.121) 이상의 견해에 대하여는 다수당사자의 채권은 채권의 준공동소유 내지 준합유와는 본질이 다른 별개의 법률관계라는 비판이 가능하다. 예를 들면, 채권의 준합유의 경우에 다수당사자의 채권관계가 적용되지 않는 근본적인 이유는 조합의 채권으로서 하나의 채권이 성립되기 때문이지 다른 특별한 이유 때문에 다수당사자의 채권관계가 적용되지 않는 것은 아니

---

118) 김상용, 채권총론, 법문사, 1996, 319면; 김증한·김학동, 채권총론, 박영사, 212-3면; 김형배, 앞의 책(주 107), 429면. 채권·채무의 공유적 귀속관계는 1개의 채권·채무가 수인에게 귀속하는 관계라고 하면서도, 실질에 있어서는 분할채권·채무관계와 같다는 견해{김형배, 앞의 책(주 107), 427면}가 있다.

119) 김형배, 앞의 책(주 107), 429면.

120) 곽윤직, 채권총론, 박영사, 159면; 송덕수, 채권법총론, 283면; 민법주해[X], 채권(3), 4-5면. 분할채권관계, 불가분채권관계, 연대채무관계인 다수당사자의 채권관계의 여러 모습은 별다른 특약이 없는 한 채권·채무의 공유적 귀속의 여러 모습이라고 한다[민법주해[X], 채권(3), 4-5면].

121) 곽윤직, 앞의 책(주 118); 송덕수, 앞의 책(주 120), 283면; 민법주해[X], 채권(3), 4-5면.

라고 할 것이다. 또 후술하는 바와 같이, 다수당사자의 채권에 관한
민법상의 규정이 제278조상의 "다른 법률에 특별한 규정"이 될 수는
없다고 할 것이다. 둘째, 임차권, 사용대차 등과 같이 물건의 지배를
수반하는 채권에 관하여는 준공동소유(준합유)를 인정할 필요가 있으
나, 그렇지 않은 경우에는 불가분채권에 관한 규정이 우선 적용되므
로 준공동소유(준합유)를 인정할 실익이 없다는 견해가 있다.122) 이에
대하여는 물건에 대한 임차권, 사용대차의 여부와 관계없이 조합이
채권을 취득하는 경우에는 채권의 준합유가 성립한다는 비판이 가능
하다. 또 조합의 채권임에도 불구하고 물건의 지배를 수반하지 않는
다는 이유로 불가분채권을 적용하게 되면, 조합채권의 행사로서 변제
를 받은 경우 다른 채권자와 채무자 사이에 경개나 면제의 사유가 존
재하면 변제받은 부분을 다른 채권자에게 상환하게 되어(제410조 제2
항) 조합에게 불리한 결과가 발생하게 된다. 셋째, 채권의 내용이나
효력은 다수당사자의 채권(불가분채권)에 관한 규정에 의하여야 하나,
채권에 대한 지배(채권에서 생기는 과실 기타의 수익의 분배, 채권의 보
존·이용방법의 결정, 비용의 부담, 처분 등)는 준합유(준공유·준총유의 경
우도 마찬가지)로서 각각 관계되는 규정에 따라야 한다는 견해가 있
다.123) 달리 말하면, 일반적으로 채권의 행사 및 채무의 이행 등에 관
해서는 불가분채권에 관한 채권편의 규정(제408조 이하)이 따로 적용
되기 때문에 제278조(준공동소유)가 적용되는 경우는 드물다고 한
다.124) 이에 대하여는 채권의 준합유는 물권법의 준합유에 관한 규정
의 준용으로 지분권의 행사에 의하여 법률관계가 해결되는 것이지,
불가분채권에 따라서 채권의 내용과 효력이 결정되는 것은 아니라는

---

122) 강태성, 물권법, 대명출판사, 2000, 628면; 이영준, 앞의 책(주 31), 634면.
123) 곽윤직·김재형, 앞의 책(주 31), 302면; 오시영, 앞의 책(주 86), 423면; 오시영,
     채권총칙, 박영사, 414면.
124) 오시영, 앞의 책(주 86), 423면.

비판이 가능하다. 그리고 불가분채권의 경우에는 채권에서 발생하는
과실 기타의 수익의 분배, 비용의 부담, 처분 등은 다수당사자의 내부
관계로서 처리될 수 있으므로, 굳이 채권의 준합유를 적용할 필요는
없다고 할 것이다. 넷째, 다수당사자의 채권관계가 수인이 공동사업
을 위하여 채권관계를 맺은 경우와 그렇지 않은 경우가 있는데, 전자
의 경우에는 채권자와 채무자 간의 법률관계는 인적 결합체의 유형
에 따라야 하나, 후자의 경우에는 민법이 규율하는 다수당사자의 채
권관계가 적용되어야 한다는 견해가 있다.125) 이에 대하여는 공동사
업을 경영하지 않는다고 하여 채권의 공유를 부정하고 바로 다수당
사자의 채권관계를 인정할 수는 없다는 비판이 가능하다. 조합이 아
닌 공유공동체도 얼마든지 존재할 수 있기 때문이다. 예를 들면, 판
례는 부동산의 공동매수인들이 '공동사업을 경영할 목적'이 아니라
단지 전매차익을 얻으려는 '공동의 목적 달성'을 위해 상호 협력한
것에 불과한 경우 조합관계를 인정하지 않고 공유관계를 인정하고
있다.126) 이 경우 당사자가 채권을 취득하는 경우에는 채권의 준공유
가 성립하게 되는 것이다. 당사자들 사이에 조합이 성립하지 않더라
도 하나의 채권을 취득하려는 의사가 있을 경우 채권의 준공유의 성
립을 인정할 수 있는 것이다. 또 반대로 이른바 조합계약으로 다양한
형태의 조합을 인정하더라도 이러한 인적 결합의 차이가 조합재산인
채권이 준합유가 된다는 사실에는 아무런 영향을 미치지 않는다고
할 것이다.

> (2) 제278조의 단서가 정하는 "다른 법률에 특별한 규정이 있는" 경우
> 의 의미

다수설은 민법 제408조 이하의 "수인의 채권자 및 채무자"에 관

---

125) 김증한·김학동, 앞의 책(주 118), 213면.
126) 대법원 2010. 2. 11. 선고 2009다79729 판결; 2007. 6. 14. 선고 2005다5140
     판결.

한 규정이 제278조 단서의 "다른 법률에 특별한 규정이 있는 경우"에
해당한다고 한다.[127] 그러나 민법의 규정을 상세하게 검토하면 제278
조상의 "다른 법률"이란 민법 이외의 법률, 예를 들면, 상법 제333조
(주식의 공유), 저작권법(공동저작물이 저작인격권), 특허법(특허권의 공
유), 광업법(광업권의 공유) 등을 가리키지 민법 제408조 이하의 규정
을 가리키는 것은 아니다.[128] 그 논거로는 다음을 들 수 있다.[129] 첫
째, 민법의 규정이 "다른 법률"이라고 언급할 경우 그것은 예외 없이
민법 이외의 법률을 가리킨다. 제344조, 제372조, 제379조와 제380조
가 언급하고 있는 "다른 법률"이 민법 이외의 특별법을 가리킨다는
것에는 아무런 의문이 없다. 둘째, 민법의 규정이 민법 내의 다른 규
정을 언급할 경우에는 "본법" 또는 "이 법"이라고 하지 "다른 법률"
이라고 하지는 않는다. 제98조, 제1060조와 부칙(법률 제471호, 1958.
2. 22.) 제1조상의 본법이 이에 해당한다. 셋째, 민법의 규정이 민법과
다른 법률을 함께 언급할 경우에는 포괄적으로 "법률"이라고 하거나
또는 "이 법 또는 다른 법률", "본법 또는 다른 법률"이라고 한다. 그
런데 민법의 규정이 "법률"이라고만 언급할 경우에는 민법을 포함한
다른 법률을 가리킬 수도 있고 또 다른 법률만을 가리킬 수도 있으므
로, 주의를 요한다. 예를 들면, 전자의 경우로서 제1조상의 법률이란
민법과 기타 법률을 말하고,[130] 후자의 경우로서 제271조 제1항의
"법률의 규정"은 민법 이외의 다른 법률인 광업법 제17조와 신탁법
제50조를 가리킨다.[131] 또 제777조가 친족관계로 인한 법률상 효력은
"이 법 또는 다른 법률"에 특별한 규정이 없는 한 다음 각 호에 해당

---

127) 김상용, 앞의 책(주 117), 319면; 김증한·김학동, 앞의 책(주 118), 212-3면;
    김형배, 앞의 책(주 107), 429면.
128) 강태성, 위의 책(주 120), 628면; 오시영, 위의 책(주 123), 424면.
129) 상세한 것은, 남효순, 앞의 논문(주 117), 473-474면.
130) 제34조, 제119조, 제185조, 제187조, 제211조, 제358조의 경우도 마찬가지이다.
131) 제253조, 제254조, 제271조, 제339조, 제346조, 제488조의 경우도 그러하다.

하는 자에 미친다고 규정하고 있는바, 이 경우 민법과 다른 법률이 함께 언급되고 있다. 이상에서 살펴본 바와 같이, 민법이 다른 법률이라고 언급할 경우 그것은 민법 이외의 다른 법률을 가리키는 것이고, 제278조도 마찬가지라고 할 것이다.

5. 채권의 준합유의 본질과 다수당사자의 채권과의 차이

채권의 준합유의 본질과 다수당사자의 채권과의 차이에 대하여 살펴보기로 한다.

(1) 채권의 준합유(준공동소유)의 본질 : 채권의 공동귀속

독일민법의 경우 채권의 준합유가 조합재산의 합유로서 채권편에 규율되고 있으므로 이것이 채권의 본질을 갖는다는 것은 명백하다. 이에 반하여 일본민법, 대만민법과 우리 민법은 채권의 준합유를 소유권·준물권의 공동소유와 마찬가지로 물권편에 규율하고 있으므로 채권의 준합유의 본질을 물권 또는 채권 중 무엇이라고 볼 것인지가 문제가 될 수 있다. 생각건대 채권에 대하여 소유권을 인정한다는 것은 결국 채권의 귀속을 인정하는 것이므로, 채권의 준합유를 채권 위에 소유권이 성립하는 것으로 볼 필요는 없다고 할 것이다. 다만, 민법은 채권에 대한 지분을 인정하여 채권의 보존, 처분 등에 대하여 물권과 유사한 취급을 하는 것일 뿐이라고 할 것이다.

한편 채권의 준합유는 공동체인 조합을 전제로 하나의 채권이 지분별로 합유자에게 공동으로 귀속한다는 본질을 갖는다.[132] 채권의

---

[132] 채권의 준공동소유는 채권의 공동적 귀속하는 것이라고 보아 다수당사자의 채권관계가 주체의 수만큼의 복수의 채권이 존재한다는 것과 다르다는 것을 구분하면서도, 전자를 후자의 일종으로 보는 견해가 있다[민법주해[Ⅹ], 채권(3), 2면]. 이에 반하여 다수설은 채권의 공동귀속인 채권의 준공동소유를 채권자 수만큼의 다수의 채권관계가 성립하는 다수당사자의 채권관계와 구별하고 있다{김형배, 앞의 책(주 107), 428면; 김상용, 앞의 책(주 117), 318면; 오시영, 앞의 책(주 123), 410면}.

준합유의 경우는 급부가 가분인 경우에도 하나의 채권이 분할되지 않고 수인의 조합원에게 공동으로 귀속한다는 데에 대하여는 이론의 여지가 없다.133) 소유권의 경우 조합의 구성원인 복수의 주체 사이에 하나의 소유권을 취득하려는 의사가 있을 경우 합유가 성립하듯이, 조합이 채권을 취득하는 경우에도 준합유가 성립하는 것이다.134) 이러한 채권의 공동귀속인 준합유의 내용은 물권법이 정하게 된다. 즉, 채권에 대한 지분권을 인정하여 채권의 법률관계를 규율한다. 채권의 처분·변경에는 지분권자인 합유자 전원의 동의가 있어야 하고(제272조 제1항 본문), 채권의 관리는 처분·변경에 관한 규정을 유추적용하여 지분권자인 준합유자 전원의 동의가 있어야 하고, 채권의 보존행위는 지분권자인 준합유자 각자가 할 수 있다(제272조 제1항 단서). 또 준합유의 경우 공동사업을 운영하는 조합의 성질상 지분권자인 준합유자 개인의 지분처분을 금지하고 있다(제273조 제1항). 이처럼 물권법이 소유권에 준하여 채권의 준합유자 사이에 채권의 보존, 관리와 처분 등의 법률관계를 정하고 있기 때문에 물권법정주의는 채권의 준합유의 경우에도 유지되는 것이다.

이에 반하여 다수당사자의 채권은 공동체를 전제로 하지 않고 따라서 채권자에게 지분을 인정함이 없이 수인에게 각각 채권이 귀속하는 관계이다. 달리 말하면, 민법은 당사자 사이에 하나의 채권을 공동으로 귀속시키려는 의사 없이 수인의 채권자에게 각각 귀속시키려는 의사가 있을 경우 다수당사자의 채권관계로 규율하는 것이다. 또 역

---

133) 김상용, 앞의 책(주 117), 319면; 김형배, 앞의 책(주 107), 427면; 송덕수, 앞의 책(주 120), 282; 민법주해[X], 채권(3), 3면.
134) 채권의 준공유의 경우에도 조합과 같은 공동체는 아니지만 수인이 하나의 채권을 취득한다는 사실에서 공유공동체가 성립한다는 징표가 될 수 있다. 이에 대하여 채권의 준공유의 경우 1개의 채권이 수인에게 속한다고 하면서도, 공유적 귀속관계는 그 실질에 있어서는 분할채권과 같다는 하는 견해가 있다{김형배, 앞의 책(주 107), 427면}.

으로 채권을 수인의 주체에게 각자 귀속시키려는 것은 바로 그들 사이에 공동체가 존재하지 않는다는 징표가 되는 것이다. 이러한 다수당사자의 채권(불가분채권)은 채권의 독립을 전제로 채권의 담보적 효력 등을 강화한다(제410조).[135] 한편 다수당사자의 채권관계에 관한 규정은 임의규정이어서, 당사자들은 계약자유의 원칙상 임의로 약정할 수 있다.

(2) 채권의 준합유와 다수당사자의 채권의 차이

조합이라는 공동체를 전제로 하나의 채권이 수인에게 공동으로 귀속하는 채권의 준합유는 다수당사자의 채권(불가분채권)과는 아래와 같은 본질적인 차이가 존재한다. 첫째, 채권의 준합유의 경우 어느 준합유자와 채무자 사이에 존재하는 상계, 경개, 면제 등의 사유는 채권의 행사에 영향을 미치지 않는다. 이는 채권의 행사는 어느 조합원 개인의 권리가 아니라 조합원 전원의 권리로서 인정되기 때문이다. 예를 들면, 조합의 채무자는 자신의 채무와 채무자인 조합원에 대한 채권으로 상계하지 못한다(제715조). 마찬가지로 조합원인 어느 합유자는 조합의 채무자에 대한 채권으로서 조합의 채무를 상계할 수도 없다(제715조 참조).[136] 이에 반하여 다수당사자의 채권(불가분채권)의 경우에는 권리를 행사하는 채권자와 채무자 사이에 존재하는 사유로 채권자와 채무자는 서로에게 대항할 수 있다(제410조 제1항의 반대해석). 왜냐하면 다수당사자의 채권의 행사는 권리를 행사하는 당사자의 권리로서 인정되기 때문이다. 그러나 반대로 어느 채권자가 권리를 행사하는 경우 다른 채권자와 채무자 사이에 존재하는 사유에 의하여

---

135) 다수당사자의 채무는 수인의 채무자의 독립을 전제로 일반재산을 확보하는 담보 기능이 존재한다(제411조).

136) 채권의 준총유의 경우에도 사원은 비법인사단의 채권자에 대한 채권으로 비법인 사단의 채무를 상계할 수 없다(제715조 참조). 이는 채권의 준공유의 경우에도 마찬가지이다.

영향을 받지 않는다(제410조 제1항).137) 이러한 점에서 다수당사자의 채권은 채권을 강화하는 효력이 있다.138) 다만, 이 경우 채무 전부의 이행을 받은 어느 채권자는 다른 채권자 1인과 채무자 사이에 경개, 면제가 있는 경우에는 다른 채권자 1인이 권리를 잃지 않았으면 그에게 분할할 이익을 채무자에게 상환하여야 한다(제410조 제2항). 둘째, 하나의 채권은 합유자가 공동으로 행사하여야 한다(제272조 참조).139) 채권의 준합유의 경우에 준합유자 전원의 이름으로 공동으로 행사하여야 하고, 채무의 준합유의 경우 채무자 전원의 이름으로 이행하여야 한다.140) 다만, 조합에 업무집행자 또는 대표가 있을 경우에는 이를 집행할 수 있다. 채무자 전원의 동의가 없을 때에는 대표의 행위가 무효가 된다. 또 채권의 준합유의 경우에는 채권의 행사에 의하여 수령한 급부에 대하여도 공동체가 존재하는 이상 그 보존, 관리, 처분에 대하여는 여전히 물권법이 적용을 받는다. 이에 반하여 다수당사자의 채권은 어느 채권자는 모든 채권자를 위하여 채권을 행사할 수 있다(제409조). 달리 말하면, 어느 채권자는 모든 채권자를 위하여 자신의 채권을 행사하는 것이다. 또 다수당사자의 채권의 경우는 변제를 받

---

137) 불가분채무(제412조), 연대채무(제413조 - 제423조)와 보증채무(제428조 - 제440조)의 경우도 그러하다.

138) 한편 다수당사자의 채무의 경우에도 담보적 효력이 존재한다. 물론 채무의 준합유의 경우에도 조합이라는 공동체가 성립하여 채무가 그 구성원들에게 공동으로 귀속하는 한 조합에 대한 채권은 담보적 효력이 강화된다. 그러나 조합의 채무의 경우에는 채권의 지분권과 동일하게 채무의 관리와 같은 별개의 법률관계가 존재하므로 단순히 담보적 기능에 시종하는 다수당사자의 채무와는 구별된다고 할 것이다(다만, 분할채무는 담보적 기능이 존재하지 않는다). 이러한 점에서 다수당사자의 채무는 조합체(공동체)가 아니면서 「담보의 목적」으로 결합되어 있는 관계라고 볼 수 있다.

139) 김상용, 앞의 책(주 117), 319면.

140) 이에 대하여 채무의 준합유의 경우에는 각 채무자가 급부의 전부를 이행하여야 하지만, 반드시 채무자 전부가 공동으로 할 필요가 없다는 반대의 견해가 있다{김형배, 앞의 책(주 107), 427면; 송덕수, 앞의 책(주 120), 283면}.

은 채권자는 내부관계의 비율에 따라 다른 채권자에 대하여 급부로
인한 이익을 나누어 주어야 한다.[141] 1인이 수령한 급부는 수인의
사이에는 공동체가 존재하지 않으므로 구상관계가 발생하기 때문
이다.[142]

6. 결   어

공동이행방식의 공동수급체의 채권에 공동수급체가 아닌 개별 구
성원으로 하여금 지분비율에 따라 직접 도급인에 대하여 권리를 취득
한다는 대법원의 판례는 공동이행방식의 공동수급체가 조합이라는 성
질과 부합하지 않는다.[143] 조합의 채권은 조합이라는 공동체의 성질
상 조합원들에게 공동으로 귀속하는 것으로서 하나의 채권이 성립하
는 것이기 때문에 분할채권이 될 수 없다. 또 조합채권에 관한 규정
(제278조)은 소유권의 공동소유와 준물권의 준공동소유와 마찬가지로
강행규정으로서 반대약정을 허용하지 않는다는 점에서 대법원의 판례
가 조합재산인 채권의 준합유를 배제하는 특별약정을 허용하는 것은
타당하지 않다고 할 것이다.

채권의 준합유(준공동소유)는 조합재산의 귀속형태로서 소유권의
합유가 준용됨으로써 강제된다고 할 것이다. 이것이 우리 민법이 채
권의 준합유(준공동소유)를 물권편에 규율하는 최소한의 이유라고 할
것이다. 채권의 준합유(준공동소유)의 핵심은 하나의 채권이 조합을 구
성하는 수인의 조합원에게 공동귀속하는 것이고 그에 따라 공동행사
가 필요하다는 것이다.[144]

---

141) 곽윤직, 앞의 책(주 118), 166면.
142) 연대채무의 경우에는 연대채무자 사이에 구상관계(제425조 - 제427조)가 인정되
     고, 이 규정들이 불가분채무에 준용된다(제411조).
143) 남효순, 앞의 논문(주 117), 477 - 9면 참조.
144) 다만, 공동귀속의 경우에도 준합유와 준공유의 차이를 어떻게 규율할 것인지는
     입법정책의 문제이다.

Ⅶ. 결   론

우리 민법은 합유를 규율함에 있어 입법사적으로 다른 나라에서는 찾을 수 없는 특징을 보여주고 있다. 그것은 합유는 물권법에 의하여 온전히 규율된다는 것이다. 우선 독일민법은 우리 민법과 달리 합유를 조합에서 규율하고 있다. 조합계약의 자유로 조합재산의 귀속형태(합유, 공유 또는 단독소유) 중 하나를 선택할 수 있다고 한다. 한편 스위스민법과 대만민법은 물권편에서 합유를 규율하고 있다. 그러나 이들 민법은 합유자의 권리·의무를 당사자의 약정으로 정할 수 있음을 인정하여(스위스민법 제653조 제1항, 대만민법 제828조 제1항), 물권법정주의의 예외가 넓게 인정되고 있다. 일부 규정을 제외하고는 물권편의 합유와 달리 정할 수 있다는 것은 합유의 규율이 강제주의가 아니라는 것을 보여주는 것이다. 그러나 우리 민법은 물권편(제271조−제274조)으로 (합수적) 합유를 규율하면서 이러한 규율과 다른 약정을 허용하는 규정을 두지 않는다. 그 결과 합유의 경우 물권법정주의가 온전히 실현되고 있다고 볼 수 있다. 즉, 물권편에 (합수적) 합유가 규율되고(제272조−제274조) 또 등기가 강제되어 조합재산의 소유형태는 합유가 된다. 또 합유는 계약(제703조) 또는 법률의 규정(광업법 제17조 제5항, 신탁법 제50조 제1항)에 의하여 공동사업을 경영하는 법률관계가 존재할 경우에만 인정된다. 그리고 조합재산의 합유를 규정하고 있는 채권편 제704조는 물권편의 합유에 관한 제271조 제1항 본문의 중복규정이 된다. 한편 제278조에 의하여 합유의 규정은 기타 재산권의 준합유에도 준용된다. 다만, 채권의 준합유는 등기에 의하여 강제될 수는 없지만, 물권법이 정하는 바에 의하여 소유권의 합유에 대한 규율에 따르게 된다. 한편 합유가 물권편에서 규율되고 있기는 하지만, 그 규율은 충분하다고는 할 수 없다. 예를 들면, 합유물의 관리에 관한 규정, 합유물의 승계에 관한 규정 등이 없어, 모든 문제가 충분히 규율되고 있지는 못하다.

　이상의 결론을 통하여 서론에서 제기되었던 문제들은 다음과 같이 해결할 수 있다. 첫째, 합유에 관한 민법 제272조 - 제274조는 강행규정이다. 제704조 역시 물권편 제271조 제1항에 기초한 규정으로서 강행규정이다. 따라서 제271조 제2항은 합유를 규율하는 법률의 실제나 조합계약의 실제에 비추어 볼 때, 불필요한 규정으로서 마땅히 삭제되거나 또는 "합유에 관하여는 다음 3조의 규정에 의한다."로 개정되어야 한다. 조합재산의 합유는 단독소유와 구별되는 소유권의 형태로서 마땅히 물권편의 규율에 따라야 하는 것이다. 그것은 물권법정주의에 부합하는 것이다. 또 당사자들이 (합수적) 합유와 다른 지분적 합유를 약정하더라도, 현행 부동산등기법상으로는 이를 등기할 수 없고 따라서 등기가 되지 않는 지분적 합유를 인정하는 것은 공시주의원칙에 반하는 것이다. 둘째, 물권편의 합유를 배제하여 조합재산의 귀속형태를 마음대로 정하는 조합계약의 자유는 인정될 수 없다. 달리 말하면, 채권계약의 자유가 물권법의 규율에 따른 제한을 받는 것이지 채권계약의 자유를 이유로 물권법의 합유의 규정을 배제할 수 없는 것이다. 이를 부정하는 것은 본말이 전도된 것이다. 셋째, 합유가 물권편에 조합의 소유형태로 신설된 결과 조합재산에 관한 사항은 채권계약으로 정할 수 없는 결과 이는 조합의 업무에서 제외된다. 따라서 채권편의 조합업무에 관한 조항(제706조 제2항·제3항)이 물권편의 합유(제272조 - 제274조)의 특별규정이라고 할 수 없다. 양자 사이에는 아무런 충돌의 문제가 발생하지 않는다. 따라서 제706조에 제4항을 신설하여, "제2항 및 제3항에도 불구하고 조합재산의 합유에 관한 사항은 제272조 내지 제274조의 규정에 따른다."고 개정하여, 조합재산의 합유에 대하여는 제706조(제2항·제3항)에 앞서 물권편의 규정이 우선적으로 적용되어야 하는 것을 분명히 밝힐 필요가 있을지도 모르나, 근본적으로 채권편의 규정으로서 물권편의 합유에 대하여는 규정을 둘 수 없다고 할 것이다. 넷째, "수인의 채권자 및 채무자(제3편 제3절)"의 규정들은 채권의 준합유(준공동소유)를 규율하는 제278조의 특칙이 될 수 없다. 채권의 준합유는 조합이라는 공동체의 성립을 전제로 하나의 채권이 성립하는 채권의 공동귀속의 형태이다. 이에 반하여 다수당사자의 채권은 공유공동체 내지 조합을 전제로 하지 않고 채권자 수만큼의 채권이 성립하는 법률관계이다. 채권의 준합유의 경우는 조합원들에 의한 하나의 채권을 공동으로 행사하는 것이 필요하지만, 다수당사자의 채권은 어디까지나 각자의 채권을 각자가 행사하는 것이다. 이처럼 채권의 준합유에도 소유권의 합유(제272조 – 제274조)가 준용되는 결과, "법정주의"가 강제된다. 따라서 조합인 공동이행방식의 공동수급체의 채권의 귀속형태로서 조합원에 따른 채권의 분할적 귀속관계는 인정될 수 없다.

　　필자는 이미 발표한 여러 논문을 통하여 물권은 지배권뿐만 아니라 그 밖의 물권관계로 이루어진다는 것을 밝혔다.[145] 이러한 물권관계는 공유의 법률관계에도 인정될 수 있음을 이미 밝혔다. 이제 이 글을 통하여 이러한 법리가 합유의 법률관계에도 동일하게 적용될 수 있음을 주장하는 바이다. 첫째, 합유의 법률관계는 근본적으로 지배권인 소유권의 법률관계임과 동시에 합유자가 수인 존재한다는 특성상 합유물을 중심으로 추가로 존재할 수밖에 없는 합유자들 사이의 법률관계이다. 합유의 법률관계는 지분권에 관한 법률관계(제271조 제1항 제2문)와 합유물에 대한 법률관계(제272조, 제273조, 제274조 제2항)로 구분할 수 있는데, 전자는 단독소유의 지배권과 동일하고, 후자는

---

145) 물권의 새로운 개념에 대하여는, 남효순, "용익기간 중 전세물의 양도와 전세금반환의무의 이전 여부 ─ 물권 및 물권적 청구권 개념에 대한 새로운 이해의 단초", 법학 제49권 4호, 서울대학교 법학연구소(2008), 406－10면; 남효순, "물권관계의 새로운 이해 ─물권 및 물권적 청구권 개념에 대한 새로운 이해의 단초2 ─", 민사법학 제63－1호, 한국민사법학회(2013. 6), 301－359면; 남효순, 앞의 논문(주 102), 422－56면 참조.

지분권의 행사에 관한 합유자들 사이의 법률관계이다. 둘째, 합유물에 대한 법률관계(제272조-제274조)도 합유물에 대한 지분권의 행사를 내용으로 하는 물권관계이다. 이는 물권관계의 일반적 성질에 따라 어느 합유자가 합유물을 매개로 하여 현재의 다른 합유자뿐만 아니라 합유지분을 취득하는 장래의 승계인 누구에 대해서도 주장할 수 있는 물권관계이다. 합유자의 승계인은 합유자의 종전의 합유물에 대한 지분권행사에 의하여 구속이 되는 것이다. 이는 합유자의 물권관계가 대세적 인적관계임을 말하는 것이다.

▨ 참 고 문 헌

Ⅰ. 국내문헌

1. 단행본

지원림, 민법강의, 홍문사, 2015

강태성, 물권법, 대명출판사, 2000

곽윤직·김재형, 물권법, 박영사, 2015

김상용, 물권법, 법문사, 1993

김증한·김학동, 물권법, 박영사, 1997

송덕수, 물권법, 박영사, 2014

양창수·권영준, 민법 Ⅱ, 권리의 변동과 구제, 박영사, 2015

오시영, 물권법, 학현사, 2009

이영준, 물권법, 박영사, 2004

홍성재, 물권법, 대영문화사, 2010

민법주해[Ⅳ], 물권(2), 박영사, 2001

민법주해[Ⅴ], 물권(2), 박영사, 1992

민법주해[Ⅴ], 물권(3), 박영사, 1992

주석민법, 물권(2), 한국사법행정학회, 2011

곽윤직, 채권총론, 박영사, 2007

김상용, 채권총론, 법문사. 1996

김증한·김학동, 채권총론, 박영사, 1998

김형배, 채권총론, 박영사, 1998

송덕수, 채권법총론, 박영사, 2016

오시영, 채권총칙, 학현사, 2009

민법주해[Ⅹ], 채권(3), 박영사, 2001

곽윤직, 채권각론, 박영사, 2000

김증한, 채권각론, 박영사, 1989

송덕수, 채권법각론, 박영사, 2016

민법주해[XVI], 채권(9), 박영사, 1997

주석민법, 채권각칙(5), 한국사법행정학회, 2016

이중기, 신탁법, 삼유사, 2007

광장신탁연구회, 주석신탁법, 박영사, 2013

2. 논 문

김세준, "민법상 조합계약과 사적자치의 효력", 비교사법 제20권 2호, 학
    술지(2013)

김재형, "조합에 대한 법적 규율", 민사판례연구 제19집, 민사판례연구회
    (1997)

김종기, "합유자 중 1인이 사망한 경우의 소유권 귀속관계", 판례연구 8집,
    부산판례연구회(1998)

김찬돈, "공동수급체의 법적 성질 대판 2000. 12. 12. 선고 99다49620 판
    결", 건축관련판례 50선, 대구판례연구회(2012)

남효순, "프랑스민법상의 공동소유 — 공유를 중심으로 —", 법학 제39권 1
    호, 서울대학교 법학연구소(1998)

남효순, "프랑스법에서의 법인의 역사 — 법인론 및 법인에 관한 판례와 입
    법의 발달사 —", 서울대학교 법학 제40권 3호, 서울대학교 법학연
    구소(1999)

남효순, "용익기간 중 전세물의 양도와 전세금반환의무의 이전 여부 — 물
    권 및 물권적 청구권 개념에 대한 새로운 이해의 단초", 법학 제49
    권 4호, 서울대학교 법학연구소(2008)

남효순, "물권관계의 새로운 이해 — 물권 및 물권적 청구권 개념에 대한 새
    로운 이해의 단초2 —", 민사법학 제63-1호, 한국민사법학회(2013, 6)

남효순, "공유물에 대한 관리행위(관리결정)의 승계여부 — 물권 및 물권적
    청구권개념에 대한 새로운 이해의 단초3, 대판 2009. 12. 10. 선고
    2009다54294을 중심으로 —", 저스티스 통권 제144호, 한국법학원
    (2014. 10)

남효순, "조합인 공동이행방식의 공동수급체의 채권의 귀속형태 — 준합유

－분할채권은 조합재산인 채권의 귀속형태가 될 수 있는가? — 대판 2012. 5. 17. 선고 2009다105406 전원합의체 판결 —", 법조 통권 720호, 법조협회(2016, 12)

박찬주, "조합의 재산관계", 법학논총 14집 2호, 조선대학교(2007)

변현철, "공동수급한 관급계약에서의 구성원 사이의 선급금과 기성대금과의 관계 — 2001. 7. 13. 선고 99다68584 판결 —", 대판판례해설 제38호, 법원도서관(2001)

윤재윤, "건설공동수급체의 법률관계 — 관급공사를 중심으로 —", 법조 제51권 2호, 법조협회(2002)

윤진수, "공동소유에 관한 민법개정안", 민사법학 제68호, 한국민사법학회(2014)

윤철홍, "합유제도에 관한 법사적 고찰", 법사학연구 18호, 한국사법학회(1997)

이균용, "공동수급체의 성질과 그 법률관계(2000. 12. 12. 선고 99다49620 판결 : 공 2001상, 276)", 대판판례해설 제35호, 법원도서관(2001. 12)

이동진, "건설공사공동수급체의 법적 성격과 공사대금청구권의 귀속", 민사판례연구[XXV], 민사판례연구회(2013)

이용훈, "조합재산의 처분과 민법 제272조, 제273조", 법학논집; 취봉김용철선생 고희기념, 취봉김용철선생 고희기념논문집 간행위원회(1993)

이춘원, "공동수급체의 법적 성격에 관한 일 고찰", 비교사법 제21권 3호, 한국비교사법학회(2014)

이호정, "우리 민법상의 공동소유제도에 대한 약간의 의문", 법학 제24권 제2호 · 제3호, 서울대학교 법학연구소(1983)

정진명, "건설공사공동수급체의 공사금채권", 민사법학 제33호, 한국민사법학회(2006. 9)

진상범, "공동이행방식의 공동수급체에 있어서 공사대금채권의 귀속주체 및 형태 — 2012. 5. 17. 선고 2009다105406 전원합의체 판결 —", 대판판례해설 91호, 법원도서관(2012)

최수정, "조합재산에 관한 민법개정 방향 — 합유와 조합의 사무집행 방법

을 중심으로 —", 민사법학 제62호, 한국민사법학회(2012)

Ⅱ. 국외문헌

內田貴, 民法Ⅰ 総則·物権総則, 東京大學出版会, 2008

中川善之助·遠藤浩·泉久雄, 民法事典, 靑林書院新社, 1982

注釈民法(6), 物権(1), 有斐閣, 1998

注釈民法(7), 物権(2), 有斐閣, 2008

注釈民法(17), 債権(8), 有斐閣, 1996

末弘嚴太郎, 債權各論, 有斐閣, 1996

P.－H. Steinauer, *Les roits réels*, *Tome* Ⅰ, *Précis de droit Stämpfli*, Stämpfli Editions SA Berne, 2012

P.－H. Steinauer, *Les roits réels*, *Tome* Ⅱ, *Précis de droit Stämpfli*, Stämpfli Editions SA Berne, 1994

P. Engel, *Taité des obligations en droit suisse*, *Dispositions générales du CO*, 2e éd., Stämpfli Editions SA Berne, 1997

G. Scyboz et P.－R. Gilliéron, CODE CIVIL SUISSE et CODE DES OBLIGATIONS ANNOTES, Editions Payot Lausanne, 1993

Ⅲ. 기타 참고문헌

법무부, 2004년 법무부 민법개정안, 총칙·물권편, 2012

민의원 법제사법위원회 민법안심의소위원회, 민법안심의록 상권, 총칙편, 물권법, 채권법, 1957

민사법연구회, 민법안의견서, 일조각, 1957

제4장

조합인 공동이행방식의 공동수급체의 채권의 귀속형태 — 준합유*

— 분할채권은 조합재산인 채권의 귀속형태가 될 수 있는가? —
— 대법원 2012. 5. 17. 선고 2009다105406 전원합의체 판결 —

남 효 순**

Ⅰ. 판결개요

1. 사건의 개요

가. 사실의 개요

1. 원고(고려개발 주식회사 외 2인, 피항소인이자 피상고인, 이하 '원고'라고 한다)와 소외 회사 甲은 이 사건 공사(하수관정비공사)를 공동으로 수급하기 위하여 '공동이행방식의 공동수급체'(이하 '이 사건 공동수급체'라고 부른다)를 결성한 후, 2006. 11. 29. 피고(환경관리공단)와 도급계약을 체결하였다.

2. 원고와 소외 회사 甲은 도급계약의 체결 전에 공동사업의 운영에 관하여 공동수급협정(이하 '이 사건 공동수급협정'이라 한다)을 체

---

* 이 글은 같은 제목으로 법조 통권 720호(2016. 12)에 게재되었음을 밝혀둔다.
** 서울대학교 법학전문대학원 교수.

결하였고, 이 협정 제9조(대가의 수령 등)는 '공사의 대가 등은 공동수급체의 구성원별로 청구된 금액에 따라 이 사건 공동수급체의 구성원 각자가 다음 계좌로 지급받는다. 다만, 건설공사의 선금은 이 사건 공동수급체의 대표자가 일괄하여 지급받는다.'고 규정하였다.

3. 소외 회사 甲은 공사가 진행 중이던 2008. 2. 4.경 공동수급체에서 탈퇴하였다. 원고는 2008. 4.경 새로운 이 사건 공동수급협정을 체결하였고, 이 협정에 따라 2008. 4. 7. 피고와 위 도급계약의 변경계약을 맺었다.

4. 피고는 선금을 원고의 대표자에게 지급하도록 정하고 있는 공동도급계약운영요령(회계예규 2200.04－136－11; 2004. 8. 16.)[1] 제11조 및 이 사건 공동수급협정 제9조 단서에 따라 공동수급체의 대표자에게 선금을 지급하고, 원고의 대표자가 공동수급협정 제4조(제3항 후문)에 따라 기성금을 청구하는 경우, 선금 정산액을 공제한 후 나머지 금액을 각자의 계좌로 구분하여 송금하는 방식으로 기성 대가를 지급하였다.

5. 소외 회사 甲의 채권자인 피고 보조참가인1(항소인이자 상고인이다. 이하 '피고 보조참가인1'이라고 한다)은 소외 회사 甲의 부가가치세 등 국세체납을 이유로 2008. 2. 21. 소외 회사 甲의 피고에 대한 공사대금채권 중 199,183,410원에 대하여, 또 소외 회사 甲의 채권자인 피고 보조참가2(근로복지공단)는 소외 회사 甲의 고용보험료 등의 체납을 이유로 2008. 7. 11. 소외 회사 甲의 피고에 대한 공사 대금 채권 중 132,335,390원에 대하여 압류, 추심 명령을 받아 그 무렵 위 명령 정본이 피고에 송달되었다.

6. 피고는 위와 같은 압류, 추심 명령 송달을 이유로 기성금 중 소외 회사 甲의 지분 부분 338,973,880원에 대하여 지급을 보류하

---

1) 공동도급계약운영요령은 행정예규에 속한다.

였다.

나. 당사자들의 주장

(1) 원고들의 주장

이 사건 공동수급체는 민법상 조합에 해당하므로, 이 사건 공동
수급체가 피고와 체결한 공사도급계약의 이행으로 인한 공사대금채권
은 조합원 전원에게 합유적으로 귀속하므로, 피고 보조참가인들이 조
합의 채권에 대하여 조합원 중 하나인 소외 회사 甲을 집행채무자로
하는 압류, 추심 명령은 효력이 없고, 피고는 원고에게 기성금 미지급
액 338,973,880원 및 이에 대한 지연손해금을 지급하여야 할 의무가
있다.

(2) 피고 보조참가인들의 주장

이 사건 공동수급협정에는 원고와 소외 회사 甲의 업무 분담 내
용이 지정되어 있고, 이 사건 공동수급협정 제9조에 따라 원고와 소
외 회사 甲은 피고로부터 독립적으로 공사대금을 지급받을 수 있으므
로, 원고와 소외 회사 甲의 피고에 대한 공사대금채권은 합유적으로
귀속되는 것이 아니라 그 지분 비율에 따라 분할 귀속되는 것이다.

2. 소송의 경과

가. 1심 법원[2]

1심 법원은 ① 원고와 소외 회사 甲이 피고에 대하여 의무 이행
이나 하자 보수 등에 있어 연대책임을 진다는 점, ② 이 사건 공동수
급체의 대표자가 정해져 있고, 그 대표자가 이 사건 공동수급체의 재
산 관리나 공사 대금 청구 등의 권한을 갖는 점, ③ 출자비율이 이
익·손해 분배의 기준이 되는 점, ④ 이 사건 공동수급체 구성원의 탈
퇴가 제한되는 점 등을 들어 이 사건 공동수급체는 민법상 조합에 해

---

2) 수원지방법원 2009. 4. 28. 선고 2008가합15417 판결.

당한다고 판시하였다.

또 1심 법원은 조합원 중 1인에 대한 채권으로써 그 조합원 개인을 집행채무자로 하여 조합의 채권에 대하여 강제집행을 할 수 없는 (대법원 2001. 2. 23. 선고 2000다68924 판결) 법리에 따라 피고 보조참가인들의 채권압류는 효력이 없다고 판시하였다. 더구나 1심 법원은 소외 회사 甲이 공동수급체에서 탈퇴하여 소외 회사 甲의 지분이 원고들에게 귀속된 후 위와 같은 압류가 이루어졌으므로 이러한 점에서도 압류의 효력이 없다고 판시하였다.

나. 원심 법원[3]

원심 법원은 ① 이 사건 공동수급협정에 의하여 원고와 소외 회사 甲은 이 사건 공사에 대한 입찰·시공 등을 위하여 공동 연대하여 사업을 영위할 것을 목적으로 이 사건 공동수급체를 구성하였고, 그에 따라 원고와 소외 회사 甲은 상호간에 이 사건 공사를 위하여 그 출자비율에 따른 출자의무를 부담하고 또한 그 비율에 따라 이 사건 공사로 인한 손익도 분담하는 점, ② 발주자인 피고에 대한 대외적인 시공 및 하자보수 등의 계약상 책임은 원칙적으로 이 사건 공동수급체 구성원 모두가 연대하여 지도록 되어 있으며(공동수급협정 제7조, 제13조), 이 사건 공동수급체의 하수급인에 대한 공사대금지급채무에 관하여도 역시 구성원 모두가 연대하여 이를 이행할 무한책임을 부담하는 점(상법 제57조 제1항), ③ 이 사건 공동수급체 구성원의 가입과 탈퇴가 제한되며 일부 구성원의 탈퇴시 그 탈퇴자의 출자지분은 잔존 구성원의 출자비율에 따라 잔존 구성원들에게 분할 가산되는 점 등을 종합적으로 고려해 볼 때 이 사건 공동수급체는 민법상 조합에 해당한다고 판시하였다.

한편 원심법원은 '① 이 사건 공사도급계약의 일부를 구성하는

---

3) 서울고등법원 2009. 11. 25. 선고 2009나49799 판결.

공사입찰유의서 제24조는 공동도급계약에 관한 세부 사항은 공동도
급계약운영요령(회계예규 2200. 04－136－11; 2004. 8. 16.)을 적용한다
고 규정하고 있고, ② 위 공동도급계약운영요령 제11조 제1항, 제2항
이 계약담당공무원은 대가 등을 지급함에 있어서 공동수급체 구성원
별로 구분 기재된 신청서를 공동수급체 대표자가 제출하도록 하여야
하고, 그 신청이 있을 경우 신청된 금액을 공동수급체 구성원 각자에
게 지급하여야 한다고 규정하고 있으며, ③ 그에 따라 이 사건 공동
수급체가 마련한 이 사건 공동수급협정 제9조가 공사의 대가 등은 공
동수급체의 구성원별로 청구된 금액에 따라 공동수급체의 구성원 각
자가 각자 명의의 계좌로 지급받는다고 규정하고 있고, ④ 이 사건
공사계약일반조건 제39조 제1항 및 제2항 또한 '계약상대자는 기성부
분에 대한 대가지급청구서를 발주기관에 제출할 수 있고, 계약담당자
는 검사완료일로부터(단, 계약상대자가 검사완료일 이후에 대가의 지급을
청구한 경우에는 그 청구를 받은 날로부터) 7일내에 검사된 내용에 따라
기성대가를 확정하여 계약상대자에게 지급하여야 한다.'고 규정하고
있으며, ⑤ 이 사건 공사계약특수조건(Ⅰ) 제5조 제2항도 '발주기관이
계약상대자에게 기성대가의 지급이 필요하다고 판단한 경우에는 계약
상대자의 신청이 없더라도 공사금액을 지급할 수 있다'고 규정하고
있으나, 위 각 조항들은 이를 공사대금채권의 귀속에 관한 합의로 보
기는 어렵고, 그것은 어디까지나 공동수급체 구성원과 피고 사이에
공사대금의 청구 및 지급방법을 정한 것에 불과한 것으로 보일뿐이므
로, 거기에 조합채권의 합유적 귀속에 관한 민법 규정을 배제하려는
당사자의 의사가 명시적으로 나타나 있다고 보기 어렵다고 판시하였
다. 오히려 ① 공동도급계약운영요령 제11조 제1항 단서가 '공동수급
체의 대표자가 부도, 파산 등의 부득이한 사유로 신청서를 제출할 수
없는 경우에는 공동수급체의 다른 모든 구성원의 연명으로 이를 제출
할 수 있다'고 규정하고, ② 이 사건 공동수급협정 제4조 제3항이 '대

표자는 공동수급체를 대표하여 공사 대금을 청구할 권한을 가지며, 다만 대표자가 해산, 부도 기타 부득이한 사유로 이를 행사할 수 없는 경우에는 그러하지 아니하다'라고 규정하여 공사대금의 청구가 원칙적으로 대표자의 권한이고, 예외적인 경우에도 다른 모든 구성원의 연명으로만 이를 청구할 수 있어 공사 대금의 처분에 관하여 조합원 전원의 동의라는 합수성이 유지되고 있고, ③ 이 사건 공동수급체 구성원의 출자 비율과 실제 시공 비율이 정확하게 일치하지 않을 때에도 공사 대금 채권이 구성원 각자에게 지분 비율에 따라 구분하여 귀속된다고 볼 경우 공사대금 채권의 대외적 외관이 구성원 상호간의 내부적 실질관계를 정확하게 반영할 수 없게 되는 점 등의 사정을 종합하면, 이 사건 공사대금채권은 이를 구성원 각자에게 구분하여 귀속되는 것으로 보기는 어렵고, 그것은 어디까지나 조합인 공동수급체의 구성원 전원에게 합유적으로 귀속하는 조합채권으로 보아야만 할 것이다. 따라서 피고보조참가인들의 각 채권압류는 소외 회사 甲 개인이 아닌 공동수급체 구성원 전원에게 합유적으로 귀속하는 제3자인 조합의 재산을 대상으로 한 것으로서 당연 무효라고 판시하였다.

3. 대법원의 판결요지 — 파기환송[4)]

[다수의견]

⑺ 공동이행방식의 공동수급체는 기본적으로 민법상 조합의 성질을 가지는 것이므로, 공동수급체가 공사를 시행함으로 인하여 도급인에 대하여 가지는 채권은 원칙적으로 공동수급체 구성원에게 합유적으로 귀속하는 것이어서 특별한 사정이 없는 한 구성원 중 1인이 임의로 도급인에 대하여 출자지분 비율에 따른 급부를 청구할 수 없고, 구성원 중 1인에 대한 채권으로써 그 구성원 개인을 집행채무자

---

4) 대법원 2012. 5. 17. 선고 2009다105406 전원합의체 판결.

로 하여 공동수급체의 도급인에 대한 채권에 대하여 강제집행을 할
수 없다. 그러나 공동이행방식의 공동수급체와 도급인이 공사도급계
약에서 발생한 채권과 관련하여 공동수급체가 아닌 개별 구성원으로
하여금 지분비율에 따라 직접 도급인에 대하여 권리를 취득하게 하는
약정을 하는 경우와 같이 공사도급계약의 내용에 따라서는 공사도급
계약과 관련하여 도급인에 대하여 가지는 채권이 공동수급체 구성원
각자에게 지분비율에 따라 구분하여 귀속될 수도 있고, 위와 같은 약
정은 명시적으로는 물론 묵시적으로도 이루어질 수 있다.

(나) 공동이행방식의 공동수급체 구성원들이 기성대가 또는 준공
대가를 공동수급체 구성원별로 직접 지급받기로 하는 공동수급협정은
특별한 사정이 없는 한 도급인에 대한 관계에서 공사대금채권을 공동
수급체 구성원 각자가 출자지분 비율에 따라 구분하여 취득하기로 하
는 구성원 상호 간의 합의라고 보는 것이 타당하고, 나아가 공동수급
체 대표자가 1996. 1. 8. 개정된 공동도급계약운용요령 제11조에 따
라 공동수급체 구성원 각자에게 공사대금채권을 지급할 것을 예정하
고 있는 도급인에게 위와 같은 공사대금채권의 구분 귀속에 관한 공
동수급체 구성원들의 합의가 담긴 공동수급협정서를 입찰참가 신청서
류와 함께 제출하고 도급인이 별다른 이의를 유보하지 않은 채 이를
수령한 다음 공동도급계약을 체결하게 되면 공동수급체와 도급인 사
이에서 공동수급체의 개별 구성원으로 하여금 공사대금채권에 관하여
출자지분 비율에 따라 직접 도급인에 대하여 권리를 취득하게 하는
묵시적인 약정이 이루어졌다고 보는 것이 타당하다(이하 생략).

[별개의견]

(가) 공동이행방식의 공동수급체와 도급인이 개별 구성원으로 하
여금 지분비율에 따라 직접 도급인에 대하여 공사대금채권을 취득하
게 하는 약정은 기성대가 또는 준공대가를 구성원 각자에게 구분하여

직접 지급하도록 규정하고 있는 1996. 1. 8. 개정 이후의 공동도급계약운용요령 제11조가 공동도급계약의 내용에 편입된 경우에만 그 존재를 인정하는 것이 타당하다.

　　⑷ (전략) 다만 관급공사를 발주하고 공동수급체의 구성원별로 기성대가 등을 직접 지급받기로 하는 공동수급협정서를 제출받은 도급인이 소극적으로 공동도급계약운용요령 제11조에 따라 공사대금을 지급하는 것에 그치지 않고 더 나아가 위와 같은 공동도급계약운용요령 제11조를 공동도급계약의 내용에 포함되는 붙임문서의 조항 등을 통하여 적극적으로 계약의 내용에 편입시킨 경우에는 달리 보아야 한다. 이러한 경우에는 도급인이 단순히 공사대금채권의 지급사무에 관한 내부규정을 준수한다는 의사를 가지는 것을 넘어서 공동이행방식의 공동수급체의 개별 구성원으로 하여금 공사대금채권에 관하여 그 지분비율에 따라 직접 도급인에 대하여 권리를 취득하게 하려는 의사를 외부에 명시적으로 표시한 것으로 보아야 하며, 바로 이러한 경우에 한하여 공동수급체의 개별 구성원에게 공사대금채권이 그 지분비율로 구분하여 귀속하는 것이다.

Ⅱ. 해   설

1. 쟁   점

　　개정 전 공동도급계약운용요령은 공동수급체의 대표자가 구성원 전원을 위한 공사대금을 청구하여 발주처로부터 이를 일괄 수령하여 구성원들에게 분배하도록 규정하였다. 이는 민법상 조합의 채권은 준합유의 법리에 따라 조합원 구성원에게 공동으로 귀속하는 데에 따른 당연한 규정이었다. 그런데 공동수급체 대표자가 공사대금을 일괄적으로 수령한 후 분배를 지체하거나 어음으로 구성원들에게 지급함으

로 인하여, 조합원 구성원들을 보호하는 데에 한계가 있었다. 이를 시
정하기 위해 1996. 1. 8. 개정된 공동도급계약운용요령 제11조는 발
주자는 공동수급체구성원 각자에게 공사대금을 분할하여 지급하도록
규정하였는데,5) 대상판결은 도급인이 공동수급체 구성원들이 채권을
출자지분 비율에 따라 구분하여 취득하기로 하는 구성원 상호 간의
공동수급협정을 수령한 상태에서,6) 공사도급계약을 체결한 경우에는
공동수급협정대로 공동수급체의 구성원이 직접 도급인에 대하여 출자
지분 비율에 따라 공사대금채권을 취득하는 묵시적인 약정이 있었다
고 보고 있다. 다만, 대상판결의 별개의견은 이러한 약정은「기성대가
또는 준공대가를 구성원 각자에게 구분하여 직접 지급하도록 규정하

---

5) 공동도급계약운영요령(회계예규 2200.04 – 136 – 11; 2004. 8. 16.)
　제5조(공동수급협정서의 작성 및 제출)
　　① 계약담당공무원은 공동수급체구성원으로 하여금 제8조의 규정에 의하여 입
　　찰공고 내용에 명시된 공동계약의 이행방식에 따라 별첨 1(공동이행방식) 또는
　　별첨 2(분담이행방식)의 공동수급표준협정서를 참조하여 공동수급협정서를 작
　　성하게 하여야 한다.
　　② 계약담당공무원은 공동수급체 대표자로 하여금 제1항의 규정에 의하여 작
　　성한 공동수급협정서를 국가를 당사자로 하는 계약에 관한 법률 시행규칙 제40
　　조의 규정에 의한 입찰 참가 신청 서류 제출시 함께 제출토록 하여 이를 보관
　　하여야 한다.
　제11조(대가지급)
　　① 계약담당공무원은 선금·대가 등을 지급함에 있어서는 공동수급체 구성원별
　　로 구분 기재된 신청서를 공동수급체 대표자가 제출하도록 하여야 한다. 다만,
　　공동수급체대표자가 부도, 파산 등의 부득이한 사유로 신청서를 제출할 수 없
　　는 경우에는 공동수급체의 다른 모든 구성원의 연명으로 이를 제출하게 할 수
　　있다.
　　② 계약담당공무원은 제1항의 규정에 의한 신청이 있을 경우 신청된 금액을 공
　　동수급체구성원 각자에게 지급하여야 한다. 다만, 선금은 공동이행방식에 의한
　　공동계약일 경우에는 공동수급체대표자에게 지급하여야 한다.
6) 공동수급협정서 제9조(대가의 수령 등)
　공사의 대가 등은 공동수급체의 구성원별로 청구된 금액에 따라 공동수급체의
　구성원 각자가 다음 계좌로 지급받는다. 다만, 건설공사의 선금은 공동수급체
　의 대표자가 일괄하여 지급받는다.

고 있는 1996. 1. 8. 개정 이후의 공동도급계약운용요령 제11조가 공동도급계약의 내용에 편입」된 경우에만 그 존재를 인정하는 것이 타당하다고 하였다. 이처럼 대상판결의 다수의견과 별개의견의 쟁점은 약정의 성립에 관한 구체적인 모습에 대한 차이였다.

대상판결이 따르고 있는 법리와 이것이 안고 있는 문제점을 살펴보면 다음과 같다. 첫째, 대상판결은 「조합재산에 대하여 합유에 관한 민법 규정의 적용을 배제하는 특별약정」을 허용하는 종전의 판례의 연장선에 있다. 판례는 조합재산인 소유권과 준물권의 합유에 대하여는 예외를 허용하지 않지만, 유독 채권의 준합유에 대하여는 준합유에 관한 민법의 규정(제278조, 제271조-제274조)이 임의규정임을 전제로 하고 있다. 이에 대하여는 채권의 준합유의 경우에도 소유권의 합유와 준물권의 준합유의 경우와 마찬가지로 민법 규정의 적용을 배제하는 특별약정을 허용할 수 있는가 하는 근본적인 의문이 있다. 둘째, 대상판결은 도급인과 공동수급인 사이의 공동수급협정대로 공동수급체의 구성원이 직접 도급인에 대하여 출자지분 비율에 따라 공사대금 채권을 취득하는 묵시적인 약정이 있었다고 본다. 즉, 대상판결은 도급인과 공동수급체 사이에 체결되는 도급계약이 제3자를 위한 계약의 형태로 체결되고 조합원들은 도급인에 대하여 수익의 의사표시를 하는 특별약정이 성립하는 것으로 보고 있다. 이에 대하여는 조합재산의 귀속형태를 정하는 조합계약이란 조합구성원들 사이에 체결되는 계약을 말하는데 제3자인 도급인과 체결하는 도급계약 또는 제3자를 위한 계약의 형식으로 체결되는 도급계약이 조합계약에 해당할 수 있는가 하는 의문이 제기된다. 셋째, 대상판결은 다수당사자의 채권의 일종인 분할채권이 조합재산의 귀속형태가 될 수 있다고 한다. 현재 통설은 채권의 준합유도 채권이 조합원들에게 공동으로 귀속되는 것으로서 그 본질은 채권이라고 본다. 이에 의하면 의사자치의 원칙에 따라 공동수급체협정으로 분할채권의 약정을 할 수 있다고 볼 수도

있을 것이다. 이에 대하여는 우리 민법이 채권의 준합유를 물권편
으로 규율하고 있다는 사실과 부합하지 않는다는 비판을 제기할 수
있다.

2. 관련 판례

이 사건의 전제가 되고 있는 공동이행방식의 공동수급체의 법적
성질에 대하여는 견해가 대립하고 있다.7) 공동이행방식의 공동수급체
의 법적 성질에 대하여는 지분적 조합설,8) 민법상 조합설(합수적 조합
설), 비사단법인설 등 다양한 견해가 제시되고 있다.9) 통설은 공동이
행방식의 공동수급체의 법적 성질을 민법상 조합으로 보고 있다.10)

---

7) 건설공동수급체 내지는 건설공사공동수급체의 기능과 그 장·단점에 대하여는 윤
  재윤, "건설공동수급체의 법률관계 — 관급공사를 중심으로 —", 법조(51권 2호),
  법조협회(2002), 75–78면; 이동진, "건설공사공동수급체의 법적 성격과 공사대금
  청구권의 귀속", 민사판례연구[XXXV], 민사판례연구회(2013. 2), 525–526면 참조.
8) 이완수, "공동수급체의 법적 성질에 관한 판례 소고", 건설재판실무논단, 서울중앙
  지방법원(2006), 376면; 서종표, "공동수급체의 법률관계 — 제3자와의 관계 중심
  으로 —", 민사법연구(제18집)(2010. 12), 127면.
    일부 견해(이완수, 앞의 논문, 376면)는 선급금반환채무에 관하여 분할적 귀속
  을 인정하고 있는 대법원판결을 근거로 법원이 공동수급체의 법적 성질을 지분적
  조합으로 파악하고 있다고 보고 또 공동도급계약운용요령이 개정되었음을 이유로
  그렇게 보고 있다. 이 경우 지분적 조합이란 구성원이 독립적으로 공유적인 지분
  을 갖는 조합을 말한다고 한다[김찬돈, "공동수급체의 법적 성질 대법원 2000. 12.
  12. 선고 99다49620 판결", 건축관련판례 50선, 대구판례연구회(2012), 49면].
9) 자세한 것은 윤재윤, 앞의 논문, 83–5면; 이균용, "공동수급체의 성질과 그 법률
  관계(2000. 12. 12. 선고 99다49620 판결: 공 2001상, 276)", 대법원판례해설(제35
  호), 법원도서관(2001. 12), 88–93면; 이동진, 앞의 논문, 529–532면; 이완수,
  앞의 논문, 367–371면; 진상범, "공동이행방식의 공동수급체에 있어서 공사대금
  채권의 귀속주체 및 형태 — 2012. 5. 17. 선고 2009다105406 전원합의체 판결 —",
  대법원판례해설(91호), 법원도서관(2012. 5), 138–139면; 이춘원, "공동수급체의
  법적 성격에 관한 일 고찰", 비교사법(제21권 3호), 한국비교사법학회(2014, 8),
  1209–1214면 참조. 견해 중에는 공동수급체는 새로운 형태로 등장한 것으로, 종
  전의 전형계약 내지 단체에 포섭되기는 어려운 면이 있다는 견해도 있다(이춘원,
  앞의 논문, 1212면).
10) 김찬돈, 앞의 논문, 49면; 변현철, "공동수급한 관급계약에서의 구성원 사이의 선

판례도 공동이행방식의 공동수급체의 법적 성질을 조합 내지는 합수
적 조합이라고 여러 차례에 확인한 바 있다.11)

　판례는 공동수급체와 관련하여「조합에 관한 민법 규정의 적용을
배제할 수 있는」특별약정으로 민법상 합유(제272조 - 제274조, 제704
조)를 배제할 수 있음을 인정하여 왔다.12) 판례는 발주자가 공동도급
계약운용요령에 따라 공사대금채권을 공동수급체 구성원 각자에게 지
급하고 공동수급체가 그와 같은 지급방식에 응하여 그 대금을 수령한
사정이 있는 동일 사안에 대하여 특별약정의 가능성을 인정하여 왔
다. 그런데 판례는 거의 유사한 사안에서 혹은 "공사대금채권은 조합
원에게 합유적으로 귀속되는 조합채권으로써 조합원 중 1인이 임의로

　　급금과 기성대금과의 관계 — 2001. 7. 13. 선고 99다68584 판결 —", 대법원판례
　　해설(제38호), 법원도서관(2001), 222면; 남근욱, "공동수급체의 선급금반환의무
　　(대법원 2004. 11. 26. 선고 2002다68362 판결)", 재판과 판례(19집), 대구판례연
　　구회(2004. 11), 378 - 385면; 사봉관, "건설소송 관련 주요 판례 정리 — 최근 대
　　법원 판례를 중심으로 —", 재판실무연구, 광주지방법원(2009), 261면; 윤재윤, 앞
　　의 논문, 83 - 5면; 이균용, 앞의 논문, 88 - 93면; 이동진, 앞의 논문, 529 - 532면;
　　정진명, "건설공사공동수급체의 공사금채권", 민사법학(제33호), 한국민사법학회
　　(2006. 9), 246면; 진상범, 앞의 논문, 138 - 139면 참조.
　　　공동시공인가 분담시공인가의 차이 외에는 별다른 차이가 없으므로 공동수급
　　체의 법적 성질을 검토함에 있어서 위와 같은 두 가지 형태를 구별할 필요는 없
　　다는 견해도 있고(이균용, 앞의 논문, 91면) 이와는 반대로 분담이행방식의 공동
　　수급체도 민법상 조합의 성격을 가지나 발주자에 대한 관계에서 구성원별로 분담
　　내용에 따라 각자 계약이행의 책임을 지기로 하는 특약을 한 형태로 볼 수 있다
　　는 견해도 있다[지혜선, "건설공동수급체와 선급금의 법률관계 — 광주지방법원
　　2009. 10. 30. 선고 2008가합11797 판결 —", 재판실무연구, 광주지방법원(2011),
　　13면].
　11) 대법원 1997. 8. 26. 선고 97다4401 판결; 2000. 12. 12. 선고 99다49620 판결;
　　2001. 2. 23. 선고 2000다68924 판결; 2006. 8. 25. 선고 2005다16959 판결.
　　　판례는 분담이행방식의 공동수급체의 법적 성질은 밝히지 않으면서도 그에 따
　　르는 개별적인 쟁점에 대하여 판단하고 있다(대법원 1997. 4. 11. 선고 95다
　　56606, 56613 판결; 1998. 10. 2. 선고 98다33888 판결). 판례는 분담이행방식의
　　공동수급체는 조합이 아니라는 것을 전제로 하고 있다.
　12) 대법원 2000. 11. 24. 선고 2000다32482 판결; 2002. 1. 11. 선고 2001다75332 판
　　결; 2005. 7. 15. 선고 2005다16546 판결; 2009. 2. 26. 선고 2008다94189 판결.

조합의 채무자에 대하여 출자지분의 비율에 따른 급부를 청구할 수는
없다고 할 것이다."라고 하여 특별약정을 부인하여 조합원 개인을 집
행채무자로 하는 압류·추심명령의 효력을 인정하지 않고 강제집행을
부정하기도 하고,13) 반대로 "이 사건 공사도급계약에 의한 공사대금
채권은 적어도 대외적인 관계에서는, 이 사건 공동수급체의 구성원인
원고와 소외 회사 甲에게 합유적으로 귀속되는 것이 아니라 이 사건
공동수급체 구성원인 원고와 소외 회사 甲에게 각각 그 지분비율에
따라 구분하여 귀속된다고 할 것이다."고 하여 특별약정을 인정함과
동시에 조합원 개인을 집행채무자로 하는 압류·추심명령의 효력을
인정하고 강제집행을 허용하기도 하였다.14) 이러한 판례의 태도에 대
하여는 조합채권을 합유로 보는 것과 모순됨을 지적하는 견해도 있
고,15) 반대로 선급금 공제와 공사대금 사이에는 다소 차이가 있음을
인정하거나 모순이 없다는 견해도 제시되고 있다.16)

---

13) 대법원 2000. 11. 24. 선고 2000다32482 판결; 2005. 7. 15. 선고 2005다16546 판
    결; 2009. 2. 26. 선고 2008다94189 판결.
14) 대법원 2002. 1. 11. 선고 2001다75332 판결. 그 밖에 선급금에 관한 판결에서도
    구분귀속을 전제로 판시하고 있다(대법원 2001. 7. 13. 선고 99다68584 판결;
    2003. 9. 23. 선고 2001다49395 판결).
15) 김찬돈, 앞의 논문, 52면; 이완수, 앞의 논문, 375면.
      선급금의 반환과 관련하여 조합구성원의 구분 청구를 인정하는 판례는 대법원
    의 주류적 입장은 아니라고 보는 견해(윤재윤, 앞의 논문, 87면)가 있다. 또 선급
    금반환채무를 구성원별로 정산한다는 것은 공사대금채권을 공동수급체의 합유적
    채권으로 보는 대법원판결과는 모순되지만, 선급금반환채무를 공사대금에 충당할
    경우에 한하여서만 양자의 개별적 정산을 허용하는 취지로 이해하여야 하므로 기
    존의 대법원판례에 반하는 것은 아니라고 한다(김찬돈, 앞의 논문, 56면; 남근욱,
    앞의 논문, 39면).
16) 변현철, 앞의 논문, 230면; 이동진, 앞의 논문, 549면. 공사대금채권의 경우 준합
    유의 본령인 적극재산의 귀속형태 문제가 정면에서 제기되는 반면, 선급금반환은
    원칙적으로 계약해석의 문제라고 할 수 있고, 기성공사대금에서 공제할 수 있는
    금액이 얼마인지와 소극재산, 즉 조합(원)채무라는 관점에서 문제되고 있고, 특
    히 도급계약상 그 반환채무의 담보방법으로 수급인별로 각 그 신청액에 해당하
    는 보증보험증권 등을 제출받고 있어, 분할채무로 할 의사가 제법 뚜렷하므로,

이상과 같이 적어도 공동수급체의 문제와 관련하여 대상판결은 공사대금청구권이 각 구성원에게 분할 귀속한다는 취지를 밝힘으로써 공동도급계약운용요령 개정이 공동수급체의 권리귀속형태를 변경시켰음을 분명히 하고 있다. 이에 대하여는 조합재산의 귀속형태에 관하여 판례에 따라 달리 해석되던 혼란스러운 상태를 분할귀속을 인정함으로써 일률적으로 정리하게 되었다고 하는 평가가 있다.[17]

3. 관련 학설

기술한 바와 같이, 대상판결은 조합재산인 채권의 준합유를 배제하는 특별약정이 허용됨을 전제로, 도급인과 공동수급체 사이에 체결되는 제3자를 위한 계약의 형식인 도급계약을 조합재산인 채권의 귀속형태를 정하는 특별약정으로 보고 또 이 약정을 분할채권의 약정으로 보아 채권의 준합유를 배제할 수 있음을 인정하고 있다. 이를 하나씩 검토하기로 한다.

가. 조합재산의 합유를 배제하는 특별약정이 허용되는지 여부 : 합유에 관한 민법규정의 법적 성질

조합재산의 합유에 관한 민법 규정의 적용을 배제할 수 있는 특별약정을 허용할 수 있는가를 검토한다.

(1) 임의규정설

통설은 제271조 제2항에 의하여 합유에 관한 제271조 - 제274조 (제274조 제2항에 의하여 제268조 - 제270조도 준용)를 배제하여 당사자의 계약으로 물권법의 합유와 달리 정할 수 있는 것으로 보고 있다.[18]

그에는 상응하는 효력이 부여되어야 하기 때문이라고 한다(이동진, 앞의 논문, 549면).

17) 진상범, 앞의 논문, 136면.

18) 곽윤직 · 김재형, 물권법, 박영사(2015), 297면; 김상용, 물권법, 법문사(1993), 467면; 김증한 · 김학동, 물권법, 박영사(1997), 327면; 송덕수, 물권법, 박영사(2014),

또 통설은 제272조 – 제274조와 제704조를 임의규정 내지는 보충규
정이라고 해석하여, 당사자가 조합계약으로 합유에 대하여 정한 바가
없을 경우에만 제272조 – 제274조가 적용된다고 본다.[19] 따라서 조합
재산의 소유형태는 합유에 국한되지 않는다.[20] 달리 말하면, 조합원
들 사이의 합의로 합유에 대신하여 공유가 성립할 수도 있는데 건설
공사공동수급체가 바로 그러한 경우라고 한다.[21] 그 논거로 합수적
조합과 계약상대방이 합의에 의하여 조합 구성원에게 개별적으로 귀
속되는 채권을 발생시킬 수 있음은 계약자유의 원칙상 당연히 허용
된다고 한다.[22] 또 합유가 조합원을 보호하기 위하여 인정된 것이라
면 강행규정으로 해석될 이유가 없고,[23] 조합법의 규율대상이 매우
다양한 모습을 띠고 있음에 비추어 불가피하고,[24] 조합재산은 합유
와 공유 두 가지로 한정될 이유가 없고 또 이는 조합의 본질에 반하
지 않는다고 한다.[25] 따라서 조합재산의 합유에 관한 규정이 강행규
정이라는 말은 조합이 특별재산을 구성하려고 할 때에는 합유의 방
법을 써야 하고 총유 등의 방법으로 이를 할 수는 없다는 정도의 의

360면; 민법주해[Ⅴ], 물권(3), 박영사(2001), 605면; 주석민법, 물권(2), 한국사법
행정학회(2011), 107면.

19) 곽윤직·김재형, 앞의 책, 297면; 김상용, 앞의 책, 467면; 송덕수, 앞의 책, 360면;
오시영, 물권법, 학현사(2009), 413면; 이영준, 물권법, 박영사(2004), 579면.
　한편 계약으로 조합이 성립하는 경우 조합계약으로 정한 내용이 1차적으로 적
용되고, 조합계약에서 정함이 없는 경우에는 조합계약에 적용되는 제703조 내지
제724조가 2차적으로 적용되고, 물권편의 합유에 관한 제272조 내지 제274조가 3
차적으로 적용된다고 하는 견해(오시영, 위의 책, 413면)와 조합계약이 1차적으
로, 물권편의 합유의 규정이 2차적으로, 채권편의 조합의 규정이 3차적으로 적용
된다는 견해가 있다(이영준, 위의 책, 579면).
20) 곽윤직·김재형, 앞의 책, 297면; 이동진, 앞의 논문, 546면.
21) 서종표, 앞의 논문, 127면. 이 견해는 공유라 하지 않고 지분적 합유라고 부른다.
22) 진상범, 앞의 논문, 164면.
23) 이동진, 앞의 논문, 543면.
24) 이동진, 위의 논문, 543면.
25) 이동진, 위의 논문, 531면.

미를 가질 뿐이라고 한다.26) 그리하여 대상판결에 대하여는 민법상
조합의 권리귀속의 형태가 (준)합유로 제한되는 것은 아니고 다양할
수 있으며, 그 결정기준은 제1차적으로 취득행위, 가령 발주기관과 사
이의 공사도급계약의 해석에 달려 있음을 분명히 한 판결이라 평가하
고, 나아가 개별지급만을 명시하고 권리귀속의 형태를 명시하지 아니한
경우에도 원칙적으로 분할귀속의 의사로 해석하여야 한다고 한다.27)

(2) 강행규정설

민법상 조합재산에 관한 규정들은 강행규정이라고 하는 견해가
있다. 공동매수인들로 구성된 동업체를 대외적으로 조합으로 보는 이
상 조합재산은 조합원의 합유에 귀속한다고 하는 민법 제704조의 규
정이 강행규정이고 이에 반하는 약정은 유효하지 않다고 한다.28) 또
조합채무는 조합 자체에 귀속되는 것이므로 각 조합원이 지분비율을
가지더라도 그것은 조합 내부에서 다루어져야 할 문제이며, 대외적으
로 조합채권자에게 그 지분에 해당하는 책임만을 주장할 수는 없다고
함으로써 채권의 분할귀속을 부정하고 채권의 준합유를 인정한다.29)
이는 간접적으로 강행규정설을 취하고 있다고 볼 수 있을 것이다. 그
결과 이 견해는 대상판결의 공사도급계약에서 이미 공동수급체라는
조합의 성립을 전제하고 있는 이상 그 효과에 반하는 약정의 효력은
부인될 수 있다고 한다.30) 한편 강행규정설의 논거로는 이러한 약정
을 인정하는 것은 물권법정주의(제185가)에 반한다고 한다.31)

---

26) 이동진, 위의 논문, 543면.
27) 이동진, 위의 논문, 554-555면.
28) 김학준, "수인이 부동산을 공동으로 매수하면서 매수인 명의를 그 중 1인으로 한
    경우의 법률관계", 대법원판례해설(62호), 법원도서관(2006. 4), 106면.
29) 김세준, "민법상 조합계약과 사적자치의 효력," 비교사법(제20권 2호), 한국비교
    사법확회(2013. 5), 314면.
30) 김세준, 앞의 논문, 317면.
31) 최수정, "조합재산에 관한 민법개정 방향 — 합유와 조합의 사무집행 방법을 중심
    으로 —", 민사법학(제62호), 한국민사법학회(2012), 2-36면.

(3) 검　　토

조합재산을 어떻게 규율할 것인지는 나라마다 상이하다. 우리 민법은 독일민법과 달리 물권편 제271조 제1항이 조합의 소유권의 형태를 합유 또 제278조가 조합의 채권의 귀속형태를 준합유로 법정하고 있다. 따라서 조합재산은 합유·준합유로 강제된다고 할 것이다.32) 또 스위스민법(제653조 제1항)과 대만민법(제828조 제1항)이 명시적으로 합유에 대하여 당사자가 반대약정을 하는 것을 허용하는 데에 반하여, 우리 민법은 그러한 규정을 두고 있지 않다. 따라서 합유·준합유에 관한 민법의 규정은 당사자들의 반대약정을 허용하지 않는 강행규정이 되는 것이다. 이것이 바로 물권법정주의가 요구하는 바이다. 이러한 점에서「합유에 관한 민법 규정의 적용을 배제할 수 있는 특별약정」은 허용되지 않는다고 할 것이다. 당사자들은 소유권이나 제한물권을 취득하는 약정을 할 수는 있지만, 소유권과 제한물권의 내용은 물권법이 정하는 것이어서 이를 당사자가 임의로 정할 수는 없는 것이다. 마찬가지로 조합이 매매, 도급, 위임 등에 의하여 채권을 취득하더라도 취득한 채권의 귀속형태는 물권법이 정하는 바에 따라 준합유가 되는 것이어서 역시 당사자가 임의로 정할 수는 없는 것이다. 요컨대 수인의 조합원이 조합계약을 체결하여 공동사업을 경영할 경우에는 하나의 소유권에 대하여 하나의 합유가 성립하듯이, 하나의 채권에 대하여는 하나의 준합유가 성립하는 것이다.

　　나. 도급인과 공동수급체 사이에 제3자를 위한 계약의 형식으로 체결되는 도급계약이 조합채권의 준합유를 배제하는 특별약정이 될 수 있는지 여부

대상판결은 조합원이 도급인에 대하여 직접 채권을 취득할 수 있

---

32) 지면관계상 조합재산의 경우 합유·준합유가 강제되는 논거와 논증에 대하여는 추후의 연구에서 다루기로 한다.

기 위하여 도급인과 공동수급체 사이에 제3자를 위한 계약의 형식으로 체결되는 도급계약이 조합채권의 준합유를 배제하는 특별약정이 될 수 있다고 보는 것이다. 이를 검토하기로 한다.

(1) 긍 정 설

민법상 조합재산의 합유에 관한 규정을 임의규정으로 보는 견해에 의하면, 도급계약에 의하여 공동수급체 구성원 각자가 발주자에 대하여 직접 채권을 취득한다고 한다. 즉, 발주자와 공동수급체가 각 구성원을 위한 계약(제3자를 위한 계약)을 체결한 것과 유사한 것으로 볼 수 있는데, 낙약자(발주자)와 요약자(공동수급체) 사이에는 공동수급체가 발주자에게 일을 완성하여 완성된 일을 인도하여야 하는 보상관계(자금관계)가 존재하고, 요약자(공동수급체)와 제3자(구성원) 사이에는 공동수급체가 기성공사대금을 출자비율에 따라 구성원에게 지급해야 하는 대가관계(출연관계)가 존재하며, 제3자(구성원)와 낙약자(발주자) 사이에는 공동수급체 구성원별로 구분 기재된 신청을 하여(수익의 의사표시) 발주자에 대하여 공사대금채권을 직접 취득하는 제3자관계(급부관계)가 존재한다고 한다.[33] 이 경우 공동수급체가 일단 조합채권을 취득한 후에 공동수급협정서나 공동도급계약운용요령에 의하여 구성원 사이에서 조합재산에 관한 민법 규정의 적용을 배제하고 구성원의 각 개별채권으로 전화시킨 것으로 의사 해석할 수 있느냐의 문제가 아니라, 처음부터 공동수급체의 각 구성원이 발주자에 대하여 직접 출자지분의 비율에 따른 개별적인 공사대금채권을 취득할 수 있는가라는 점에서 출발하여야 한다고 한다.[34]

(2) 부 정 설

이에 반하여 조합재산의 합유에 관한 규정을 강행규정으로 보는

---

33) 진상범, 앞의 논문, 164면.
34) 진상범, 위의 논문, 164면.

견해에 의하면, 도급계약에 의하여 공동수급체 구성원 각자는 발주자에 대하여 공사대금을 직접 지급받을 수 있을 뿐이라고 한다. 즉, 채권자체를 구분하여 공동수급체 구성원 각자에게 귀속시키게 되면 이는 합유인 조합재산을 분할하는 것이어서 조합의 성질에 반하게 되므로, 대가직접지급의 약정은 조합채권의 구분귀속을 인정하는 것이 아니라 신청한 공사대금을 각 조합원이 직접 지급받도록 하는 방식에 관한 약정일 뿐이라고 한다.[35] 따라서 공동계약운용요령 제11조가 정하고 있는 대가의 직접지급의 권리는 도급인과 공동수급체 간에 체결되는 공사도급계약의 부수적 효과인 제3자를 위한 계약으로서 인정되는 권리일 뿐이라고 보는 것이다.[36] 이를 구체적으로 살펴보면, 공사도급계약은 발주자와 공동수급체가 체결한 것이므로 공동수급체의 각 구성원은 도급계약의 당사자가 아니고 대외적 관점에서 조합원은 조합에 대하여 제3자의 위치에 있으므로, 조합원은 발주자와의 관계에서 아무런 직접적 권리·의무를 갖지 못하기 때문에, 도급계약은 공동수급체(대표자)가 요약자가 되고 도급인(발주자)이 낙약자가 되는 제3자를 위한 계약으로 보아 공동수급체 구성원은 제3자로서 수익자의 지위를 갖는다고 한다.[37] 그런데 조합원들의 권리는 조합재산과는 별개로 개인의 고유재산에 속하므로 제714조에 의하여 압류가 가능하다고 한다.[38]

  (3) 검   토

    긍정설이 말하는 조합재산의 귀속형태를 정하는 조합계약이란 조합원 사이에 체결되는 계약을 말한다. 이 사건 공동수급체협정이 바로 이에 해당한다고 할 수 있다. 그러나 이것이 공동수급체협정으로 조합재산의 귀속형태를 정할 수 있다는 것까지 말하는 것은 아니다.

---

35) 김세준, 앞의 논문, 298면.
36) 김세준, 위의 논문, 298면, 327 - 328면.
37) 김세준, 위의 논문, 323면.
38) 김세준, 위의 논문, 328면.

어떠한 이유에서이든 수급인인 조합과 도급인인 제3자가 체결하는 도급계약 또는 제3자를 위한 계약의 형식의 도급계약이 조합재산의 귀속형태를 정하는 조합계약이라는 특별약정이 될 수는 없다고 할 것이다.

　한편 부정설과 같이 대가직접지급의 약정은 조합채권의 구분귀속을 인정하는 것이 아니라 신청한 공사대금을 각 조합원이 직접 지급받도록 하는 방식에 관한 약정일 뿐이라고 할 것이다. 그러나 부정설이 조합원들의 권리는 조합재산과는 별개로 개인의 고유재산에 속하므로 제714조에 의하여 압류가 가능하다고 하는 것은 타당하지 않다고 할 것이다. 왜냐하면 조합 구성원이 도급인에게 직접 지급을 청구할 수 있다는 것만으로는 다른 특별한 논거가 없이 바로 조합 구성원의 채권이 될 수는 없기 때문이다.

다. 분할채권의 약정이 조합채권의 준합유를 배제하는 특별약정으로 허용될 수 있는지 여부 : 분할채권이 조합채권이 될 수 있는지 여부

　대상판결에 대한 평석의 글들은 채권의 분할귀속을 조합의 채권의 귀속형태로 보고 있는 대상판결을 옹호하고 있다. 이는 아마도 통설이 다수당사자의 채권관계를 채권·채무의 준공동소유(제278조)에 대한 특칙이라고 보고 있기 때문인 것으로 보인다. 그러나 채권의 분할귀속을 조합의 채권의 귀속형태로 보는 것은 채권의 준공동소유가 다수당사자의 채권과는 근본적으로 다른 특징을 가지고 있고 또 우리 민법이 채권의 준합유를 물권편에 규율하는 이유에 비추어 볼 때 타당하지 않다고 할 것이다.

(1) 채권의 준공동소유(준합유)의 본질에 관한 통설 : 준합유의 특칙으로서 분할채권 인정설

　통설은 채권의 준공동소유는 하나의 채권·채무가 다수인에게 귀속하는 것이라고 본다.[39] 달리 말하면 채권의 준공동소유는 채권의

---

39) 곽윤직, 채권총론, 박영사(2007), 159면; 김상용, 채권총론, 법문사(1996), 319면;

공동적 귀속으로서 채권을 본질로 한다고 본다. 한편 통설은 다수당
사자의 채권관계는 채권의 준공동소유와 달리 다수인에게 분속되는
것일 뿐인데, 그 분속의 모습에 따라 급부의 내용이 양적으로 분할되
어 채권·채무가 독립적으로 수인에게 분속되는 것이 분할채권관계이
고, 하나의 급부를 실현하는 것을 목적으로 급부 전부를 내용으로 하
는 수개의 채권·채무가 수인 사이에 중첩적으로 분속되는 것이 불가
분채권관계·연대채권관계·부진정연대채무·보증채무라고 한다.40) 그
런데 통설은 다수당사자의 채권관계(제408조-제427조)는 채권·채무
의 준공동소유(제278조)에 대한 특칙이 된다고 한다.41) 그 논거로서
채권의 준공동소유에 관한 민법 제278조 단서가 다른 법률에 특별한
규정이 있으면 그에 의한다고 정하고 있는데, 민법 제408조 이하의
"수인의 채권자 및 채무자"에 관한 규정이 이러한 특별한 규정에 해
당한다고 보는 것이다.42) 달리 말하면, 하나의 채권·채무가 수인에게
귀속되는 경우에 당사자 사이에 준공동소유로 한다는 특약이 없는 한
다수당사자의 채권관계 중 하나가 된다고 보는 것이다.43) 그 결과 민
법의 수인의 채권자 및 채무자의 절이 규정하는 다수당사자의 채권관
계의 여러 모습이 채권·채무의 공유적 귀속의 여러 모습이라고 하는
견해도 있다.44) 혹은 좀 더 범위를 좁혀서 다수당사자의 채권관계는
채권·채무의 준공유의 특칙이라고도 보는 견해도 있다.45) 수인이 공
동사업을 위하여 채권관계를 맺은 경우와 그렇지 않은 경우가 있는

김형배, 채권총론, 박영사(1998), 429면; 송덕수, 채권법총론, 박영사(2016), 272
면; 민법주해[X] 채권(9), 박영사(2001), 3면.
40) 민법주해[X], 채권(9), 3면.
41) 김상용, 앞의 책, 319; 김형배, 앞의 책, 429; 정기웅, 채권총론, 법문사(2014), 270
면; 민법주해[X], 채권(9), 4.
42) 김상용, 위의 책, 319면; 김형배, 위의 책, 429면; 민법주해[X], 채권(9), 4면.
43) 김상용, 위의 책, 319면; 김형배, 위의 책, 429면; 민법주해[X], 채권(9), 5면.
44) 민법주해[X], 채권(9), 4-5면.
45) 곽윤직, 앞의 책, 159면; 송덕수, 앞의 책, 273면.

데, 민법이 규율하는 다수당사자의 채권관계는 후자의 경우에 인정된
다고 하는 견해도 마찬가지의 견해라고 할 것이다.[46) 한편 우리와 같
이 다수당사자의 채권을 규율하는 일본민법의 경우(제427조 - 제465조)
에도 다수당사자의 채권이 채권의 공동소유에 대한 특칙이 된다고 한
다.[47) 즉, 공유의 규정은 적용이 되지 않는다고 하거나, 준용할 필요
가 전혀 없다거나 또는 거의 없다는 견해가 그것이다.[48)

　　그 밖에 임차권, 사용대차 등과 같이 물건의 지배를 수반하는 채
권에 관하여는 준공동소유가 가능하나, 그렇지 않은 경우에는 불가분
채권에 관한 규정이 우선 적용되어 준공동소유를 인정할 실익이 없다
는 견해,[49) 채권의 내용·효력 등에 관하여는 불가분채권이 적용되어
야 하나 채권에 대한 지배를 통해 발생하는 과실 기타의 수익의 분배,
비용의 부담, 처분 등에 대하여는 준공동소유에 관한 규정을 적용하
여야 한다는 견해[50) 등이 있다. 이상과 같은 학설에 의하면 채권의
준합유에 대하여도 사적자치에 의하여 얼마든지 분할귀속의 약정을
할 수 있는 것이 된다.

　　이상의 통설에 따르면 조합과 상대방 사이에 채권이 조합원 각자
에게 지분비율에 따라 귀속하도록 하는 약정을 할 수 있다고 한다.[51)

　　(2) 검　　토

　　통설의 법적 근거에 대하여 먼저 살펴보고 이어서 채권의 준공동

---

46) 김증한·김학동, 앞의 책, 213면.
47) 일본민법은 공동소유·준공동소유로서 공유(제249조 - 제263조)·준공유(제264)만
을 두고 있으나, 학설상 합유·준합유도 인정하고 있다[注釈民法(7), 物権(2), 有斐
閣(2007), 429 - 430면]. 다만, 이러한 합유를 기본적으로는 공유이지만 부분적으로
변용된 것에 지나지 않는 것인데 이를 합유라고 할지 아니면 특수한 공유라고 할지
에 대하여는 견해가 대립하고 있다[注釈民法(17), 物権(8), 有斐閣(1996), 60면].
48) 注釈民法(11), 債権(2), 有斐閣(1965), 13면.
49) 강태성, 물권법, 대명출판사(2000), 628면; 이영준, 앞의 책, 634면.
50) 오시영, 채권총칙, 학현사(2009), 414면.
51) 송덕수, 채권각론, 박영사(2000), 397면.

소유가 다수당사자의 채권관계와 구별되는 본질적인 차이를 검토하기
로 한다.

(가) 민법 제278조 상의 "다른 법률에 특별한 규정"의 의미

민법 제408조 이하의 "수인의 채권자 및 채무자"에 관한 규정이
제278조 단서의 "다른 법률에 특별한 규정이 있는 경우"에 해당한다
고 하는 견해는 민법의 규율 실제와 부합하지 않는 것으로 수용할 수
없다. 우선 민법의 규정이 "다른 법률"이라고 언급할 경우 그것은 예
외 없이 민법 이외의 법률을 가리킨다. 이는 민법의 규정들을 살펴보
면 잘 알 수 있다. 예를 들면, 제344조가 "타법률에 의한 질권"이라는
표제 아래 본절의 규정은 "다른 법률"의 규정에 의하여 설정된 질권
에 준용한다."고 규정하고 있는바, 이는 민법상의 질권의 규정이 민법
이외의 다른 법률의 질권에도 준용된다는 것을 말하는 것이다.52) 반
대로 민법의 규정이 민법 내의 다른 규정을 언급할 경우에는 "본법"
또는 "이 법"이라고 하지 "다른 법률"이라고 하지는 않는다. 예를 들
면, 제1060조는 "유언은 본법의 정한 방식에 의하지 아니하면 효력이
생하지 아니한다."고 규정하고 있다. 이 경우 유언은 민법내의 다른
규정이 정하는 방식에 따라야 한다는 것을 말한다. 또 제98조는 "본
법에서 물건이라 함은 유체물 및 전기 기타 관리할 수 있는 자연력을
말한다."고 규정하고 있다. 부칙(법률 제471호, 1958. 2. 22.) 제1조의
경우도 마찬가지이다.53) 또 민법의 규정이 민법과 다른 법률을 함께

---

52) 제372조의 타법률에 의한 저당권의 경우도 마찬가지이다. 또 제379조와 제380조
   가 언급하고 있는 "다른 법률"도 민법 이외의 특별법을 가리킴에는 아무런 의문이
   없다. 또 다음과 같이 국적법을 개정할 경우 민법을 다른 법률이라고 칭하는 것과
   마찬가지이다.
      민법 부칙 < 법률 제5431호, 1997. 12. 13. > (국적법) 제8조 (다른 법률의 개
         정) 민법 중 다음과 같이 개정한다.
      제781조 제1항에 단서를 다음과 같이 신설한다.
      다만, 부가 외국인인 때에는 모의 성과 본을 따를 수 있고 모가에 입적한다.
53) 민법 부칙 < 법률 제471호, 1958. 2. 22. > 제1조(구법의 정의) 부칙에서 구법이라

언급할 경우에는 "이 법 또는 다른 법률", "본법 또는 다른 법률" 또
는 단순히 "법률"이라고 한다.54) 예를 들면, 제777조가 "친족관계로
인한 법률상 효력은 "이 법 또는 다른 법률"에 특별한 규정이 없는
한 다음 각 호에 해당하는 자에 미친다고 규정하고 있는 경우가 그러
하다. 따라서 이상에서 살펴본 바와 같이 제278조상의 "다른 법률에
특별한 규정"이란 민법내의 제408조 이하의 "수인의 채권자 및 채무
자"에 관한 규정이 아니라, 민법 이외의 다른 법률의 규정을 말하는
것이다.55) 또 이는 제271조 제1항의 "법률의 규정"이란 민법외의 특
별법인 광업법 제17조와 신탁법 제50조를 가리키는 것에서도 명백하
다고 하겠다.

(나) 채권의 준공동소유(준합유)를 물권편에 규율하는 이유 : 채권의 준합유와 다수당사자의 채권의 본질적인 차이

　민법이 채권의 준공동소유를 물권편에 규율한 이유는 무엇일까?56)
어쩌면 민법제정자들은 채권의 준공동소유를 물권편에 규율하면서 이
를 물권이라고 보았을지도 모른다.57) 그러나 채권의 준공동소유의 본
질을 물권이라고 보든 또는 채권이라고 보든 채권의 준공동소유를 물
권편에 규율한 근본적인 이유는 조합재산인 채권도 소유권의 공동소
유(제271조 – 제274조)에 따라 규율하려 한 데에 있다고 할 것이다.
　채권의 준공동소유는 다수당사자의 채권 내지는 분할채권과는 다
음과 같은 본질적인 차이가 존재한다. 가령 채권의 준합유의 경우를

함은 본법에 의하여 폐지되는 법령 또는 법령중의 조항을 말한다.
54) 민법의 규정이 "법률"이라고 하는 경우에는 그 의미가 반드시 명백하지 않으나,
대체로 민법(제346조), 다른 법률(제253조, 제254조, 제271조, 제339조, 제488조)
을 가리키거나 또는 민법과 다른 법률을 함께 포괄하여(제1조, 제34조, 제119조,
제185조, 제187조, 제211조, 제358조 등) 가리키기도 한다.
55) 같은 취지, 강태성, 앞의 책, 628면.
56) 이에 대하여는 추후의 연구로 다루기로 한다.
57) 일본의 경우도 한 때 준공동소유의 성질에 대하여 채권상의 소유권이라는 주장이
있었다고 한다[注釈民法⑾, 債権⑵, 13면].

살펴보면, 우선 채무자에 대한 채권의 행사에 대하여는 채무자와의 관계에서 하나의 채권만 성립하기 때문에 특별한 규율을 할 필요가 없다. 예를 들면, 수인의 채권의 준합유자와 채무자 사이에 존재하는 상계, 경개, 면제 등의 사유는 그 자체가 문제되지 않고 또 채무자 사이에 아무런 효력이 없으므로 다수당사자의 채권관계에서와 같은 특별한 규율이 필요 없다. 따라서 어느 조합원은 조합채권으로 조합채무자에 대한 자신의 채무를 상계할 수 없다(제715조). 또 수인의 준합유자와 채무자 사이에 절대적 효력이 있는 사유와 상대적 효력이 있는 사유를 구분하여 규율할 필요도 없다. 그리고 조합재산인 채권은 조합원 전원에 의하지 않으면 이행을 청구하거나 변제를 수령할 수 없고, 각 조합원이 채무자에 대하여 조합채권 중 자신의 지분에 상당한 급부의 이행청구를 하는 것은 불가능하다. 이에 반하여 다수당사자의 채권의 경우에는 수개의 채권이 존재하므로 각자 채권 전부를 행사할 수 있고, 채권을 행사함에 있어서 그들 사이에 존재하는 상계, 경개, 면제 등의 사유가 다른 채권자에 대하여 어떠한 영향을 미치는지가 중요한 문제가 된다. 이것이 바로 채권자와 채무자 사이의 법률관계로서 분할채권관계에 관한 제408조, 불가분채권관계에 관한 제409조-제410조, 불가분채무에 관한 제412조, 연대채무에 관한 제413조-제423조 그리고 보증채무에 관한 제428조-제440조가 규정하고 있는 바이다.

한편 수인의 권리자 사이의 내부의 법률관계에 있어서, 채권의 준공동소유는 수인의 준공동소유자들 사이의「내부관계」로서 법률관계가 존재한다. 이것이 바로 하나의 권리에 대하여 준공동소유자 사이에 존재하는 분량적 일부인「지분권」의 행사에 관한 법률관계이다. 우선 준공유이든 준합유이든「준공동소유물인 채권」의 처분에는 지분권자 전원의 동의가 필요하다(제264조와 제272조 본문). 또 채권의 준공유의 경우에는「채권에 대한 공유지분」은 각자 자유롭게 처분할 수 있지만(제263조), 채권의 준합유의 경우에는 「채권에 대한 합유지분」의 처분이 인정되지 않는다(제273조 제1항). 이는 채권의 준합유의 경우에는 수인의 권리자 사이에 조합이 결성되어 있어서 공동사업에 따른 제한이 따르는 것이고, 채권의 준공유의 경우는 그것과는 다른 인적관계가 인정되지 않기 때문이다. 이에 반하여 다수당사자의 채권은 수인의 채권자 사이의 법률관계(분할채권관계에 관한 제408조, 불가분채무에 관한 제410조, 연대채무에 관한 제424조 − 제427조, 보증채무에 관한 제441조 − 제448조)는 채권의 행사 이전 또는 이후의 「내부관계」로서 어느 채무자가 수령한 급부를 다른 채무자에게 나누어 주거나(분급관계) 또는 어느 채무자가 출연한 것을 다른 채무자로부터 돌려받는 것일 뿐이다(상환관계). 또 분할채권관계뿐 아니라 불가분채권관계, 연대채권관계의 경우 채권의 양도(처분)와 채무의 인수(처분)는 각 채권자의 권리의 양도 또는 채무자의 부담부분의 인수가 있을 뿐이다.

⒞ 결   어

제278조상의 "다른 법률에 특별한 규정"이란 제408조 이하의 다수당사자의 채권에 관한 규정이 아니라 채권의 준합유에 대하여 있을 특별법상의 규정을 말하는 것이다. 뿐만 아니라 기술한 바와 같이 채권의 준합유는 다수당사자의 채권관계 내지 분할채권관계와는 근본적으로 다른 특성을 가지고 있다. 따라서 다수당사자의 채권관계의 하나인 분할채권관계가 채권의 준합유를 대신할 수 없는 것이다. 이것이 바로 채권의 준합유가 채권편이 아닌 물권편에 규정되고 있는 이유이다. 분할채권관계를 제외한 다수당사자의 채권관계는 담보의 목적으로 하나의 채권이 수인의 채권자에게 각각 귀속되는 법률관계일 뿐이다. 이에 반하여 채권의 준합유는 하나의 채권이 수인에게 공동으로 귀속될 뿐만 아니라 담보의 목적을 넘어 수인에 의한 공동의 행사를 요하는 법률관계로서 민법 제271조 − 제274조의 규율을 받는 것

이다.

4. 결 론

1. 대상판결이 "공동이행방식의 공동수급체는 기본적으로 민법상 조합의 성질을 가지며", "공동수급체가 도급인에 대하여 가지는 채권은 원칙적으로 공동수급체 구성원에게 합유적으로 귀속하고" 따라서 "구성원 중 1인에 대한 채권으로써 그 구성원 개인을 집행채무자로 하여 공동수급체의 도급인에 대한 채권에 대하여 강제집행을 할 수 없다."고 판시하여 조합재산의 귀속형태에 관한 원칙을 밝히고 있는 것은 타당하다고 할 것이다.

2. 그러나 대상판결이 "공동이행방식의 공동수급체와 도급인이 … 공동수급체가 아닌 개별 구성원으로 하여금 지분비율에 따라 직접 도급인에 대하여 권리를 취득하게 하는 약정"을 하고, 이 약정이 "도급인에게 공사대금채권의 구분 귀속에 관한 공동수급협정서를 입찰참가 신청서류와 함께 제출하고 도급인이 별다른 이의를 유보하지 않은 채 이를 수령한 다음 공동도급계약을 체결하면" 묵시적으로 성립할 수 있다고 판시한 것은 타당하지 않다. 왜냐하면 우리 민법상 조합재산인 채권은 준합유가 강제되는 것이어서 분할귀속의 약정이 채권의 준합유를 배제하는 특별약정으로 허용될 수 있는 것이 아니기 때문이다. 더구나 도급계약은 조합과 도급인이 체결하는 계약이기 때문에 원천적으로 조합재산인 채권의 귀속형태를 정할 수가 없는 것이다. 즉, 설령 준합유의 강제가 허용되지 않아 조합재산의 귀속에 관한 약정이 허용된다고 하더라도 그것은 조합원 사이의 계약으로 정하는 것이지 결코 조합과 제3자 사이의 약정으로 정하는 것이 아니라는 점에서 그러하다.

3. 조합원이 개별적으로 채권을 취득할 수는 없다. 그러나 대가직접지급의 약정을 통하여 공사대금을 각 조합원이 직접 지급받도록 하

는 약정은 얼마든지 가능하다. 또 조합에 속하는 채권에 대하여 조합
계약에 의하거나 또는 별도의 업무집행에 의하여 조합원들 사이에 손
익분배를 통하여 조합원이 개별적으로 채권을 취득하는 것 또한 가능
하다.[58]

4. 원심판결이 공동도급계약운용요령 제11조 제2항(본문)에 의하
여 계약담당공무원이 신청된 공사대금채권을 공동수급체구성원 각자
에게 지급하여야 한다고 규정하고 또 공동수급협정서 제9조가 공사의
대가 등은 공동수급체의 구성원별로 청구된 금액에 따라 공동수급체
의 구성원 각자의 계좌로 지급받는다고 규정하고 있는 것이 공사대금
채권을 조합원 각자에게 구분하여 귀속되는 것으로 보기는 어렵고 이
들 규정에 의하여 어디까지나 조합인 공동수급체의 구성원 전원에게
합유적으로 귀속하는 조합채권으로 보아야만 할 것이라고 판시한 것
은 타당하다. 또 원심판결이 피고보조참가인들의 각 채권압류는 공동
수급체 구성원 전원에게 합유적으로 귀속하는 제3자인 조합의 재산을
대상으로 한 것으로서 당연 무효라고 판시한 것 또한 타당하다. 이러
한 점에서 계약금반환관계나 선급금반환관계에서 드러나고 있는 판례
상의 혼란은 하루빨리 정리되어야 할 것이다.

5. 그러나 원심판결이 "위 각 조항들이 공사대금채권의 귀속에
관한 합의로 보기는 어렵다."고 하여 조합원들의 합의에 의하여 공사
대금채권에 대하여는 마치 준합유와 달리 정할 수 있다고 암시하는
것은 타당하지 않다고 할 것이다.

6. 정부가 행정예규에 해당하는 공동도급계약운용요령을 통하여
조합원의 채권자를 보호하려는 것은 탓할 바는 아니다. 개개 조합원
과 그 채권자를 보호하여야 할 필요성이 있을 것이기 때문이다. 그렇
지만 행정예규인 공동도급계약운용요령으로는 이 문제를 해결할 수는

---

58) 곽육직, 채권각론, 박영사(2000), 385면; 김증한, 채권각론, 박영사(1989), 368면;
   민법주해[XVI], 채권(9), 박영사(1997), 106면.

없다고 할 것이다. 조합채권을 준합유로 하는 근본적인 이유는 조합원 따라서 그 채권자가 아니라 조합과 거래하는 제3자 내지 제3채권자를 보호하기 위한 것이다. 만일 공동도급계약운용요령이 채권의 분할귀속을 예정하는 것이라면 그것은 민법의 합유·준합유에 관한 강행규정을 위반한다는 근본적인 문제를 낳게 된다.

▓ 참 고 문 헌

〈국내문헌〉

단행본

강태성, 물권법, 대명출판사(2000)

곽윤직 · 김재형, 물권법, 박영사(2015)

김상용, 물권법, 법문사(1993)

김증한 · 김학동, 물권법, 박영사(1997)

송덕수, 물권법, 박영사(2014)

오시영, 물권법, 학현사(2009)

이영준, 물권법, 박영사(2004)

홍성재, 물권법, 대영문화사(2010)

민법주해[Ⅴ], 물권(3), 박영사(2001)

주석민법, 물권(2), 한국사법행정학회(2011)

곽윤직, 채권총론, 박영사(2007)

김상용, 채권총론, 법문사(1996)

김증한 · 김학동, 채권총론, 박영사(1998)

김형배, 채권총론, 박영사(1998)

송덕수, 채권법총론, 박영사(2016)

오시영, 채권총칙, 학현사(2009)

정기웅, 채권총론, 법문사(2014)

민법주해[Ⅹ], 채권(3), 박영사(2001)

곽윤직, 채권각론, 박영사(2000)

김증한, 채권각론, 박영사(1989)

송덕수, 채권각론, 박영사(2000)

민법주해[ⅩⅥ], 채권(9), 박영사(1997)

논 문

김세준, "민법상 조합계약과 사적자치의 효력 — 대법원 2012. 5. 17. 선고 2009다105406 전원합의체 판결 —", 비교사법(제20권 2호), 한국비교사법학회(2013. 5)

김재형, "조합에 대한 법적 규율", 민사판례연구(제19집), 민사판례연구회(1997)

김증한, "공동소유형태의 유형론", 민법논집, 진일사(1978)

김찬돈, "공동수급체의 법적 성질 대법원 2000. 12. 12. 선고 99다49620 판결", 건축관련판례 50선, 대구판례연구회(2012)

김학준, "수인이 부동산을 공동으로 매수하면서 매수인 명의를 그 중 1인으로 한 경우의 법률관계", 대법원판례해설(62호), 법원도서관(2006. 4)

김한규, "합유의 법률관계", 법학석사, 서울대학교(2005)

남근욱, "공동수급체의 선급금반환의무(대법원 2004. 11. 26. 선고 2002다68362 판결)", 재판과 판례(19집), 대구판례연구회(2004)

명순구, "공동소유제도의 개정방향 : 합유·총유의 재정비", 안암법학(34호), 고려대학교(2011. 1)

박찬주, "조합의 재산관계", 법학논총(14집 2호), 조선대학교(2007)

변현철, "공동수급한 관급계약에서의 구성원 사이의 선급금과 기성대금과의 관계 — 2001. 7. 13. 선고 99다68584 판결 —", 대법원판례해설(제38호), 법원도서관(2001. 7)

사봉관, "건설소송 관련 주요 판례 정리 — 최근 대법원 판례를 중심으로 —", 재판실무연구, 광주지방법원(2009)

서종표, "공동수급체의 법률관계 — 제3자와의 관계 중심으로 —", 민사법연구(제18집), (2010. 12)

윤재윤, "건설공동수급체의 법률관계 — 관급공사를 중심으로 —", 법조(51권 2호), 법조협회(2002)

윤철홍, "조합의 재산관계", 채권법에 있어서 자유와 책임; 김형배교수화갑기념논문집(1994)

이균용, "공동수급체의 성질과 그 법률관계(2000. 12. 12. 선고 99다49620 판결 : 공 2001상, 276)", 대법원판례해설(제35호), 법원도서관(2001. 12)

이동진, "건설공사공동수급체의 법적 성격과 공사대금청구권의 귀속", 민사판례연구(XXXV). 민사판례연구회(2013. 2)

이순동, "공동이행방식으로 수급한 경우 대내외관계 — 대법원 2001. 2. 23. 선고 2000다68924 판결 —", 건축관련판례 50선, 대구판례연구회(2012)

이용훈, "조합재산의 처분과 민법 제272조, 제273조", 법학논집; 취봉김용철선생 고희기념, 취봉김용철선생 고희기념논문집 간행위원회(1993)

이완수, "공동수급체의 법적 성질에 관한 판례 소고", 건설재판실무논단, 서울중앙지방법원(2006)

이춘원, "공동수급체의 법적 성격에 관한 일 고찰", 비교사법(제21권 3호), 한국비교사법학회(2014. 8)

정진명, "건설공사공동수급체의 공사금채권", 민사법학(제33호), 한국민사법학회(2006. 9)

지혜선, "건설공동수급체와 선급금의 법률관계 — 광주지방법원 2009. 10. 30. 선고 2008가합11797 판결 —", 재판실무연구, 광주지방법원(2011)

진상범, "공동이행방식의 공동수급체에 있어서 공사대금채권의 귀속주체 및 형태 — 2012. 5. 17. 선고 2009다105406 전원합의체 판결 —", 대법원판례해설(91호), 법원도서관(2012. 5)

최수정, "조합재산에 관한 민법개정 방향 — 합유와 조합의 사무집행 방법을 중심으로 —", 민사법학(제62호), 한국사법행정학회(2012)

김교창, "은행거래의 법률논점 60선", 육법사(2000)

민의원 법제사법위원회 민법안심의소위원회, 민법안심의록 상권, 총칙편, 물권법, 채권법(1957)

〈외국문헌〉

注釈民法(7), 物権(2), 有斐閣(2007)

注釈民法(11), 債権(2), 有斐閣(1965)

注釈民法(17), 物権(8), 有斐閣(1996)

제 5 장

총유 규정의 개정 여부와 비법인사단의 규율*

이 계 정**

I. 서　론

　　2009년 2월 출범한 법무부 민법개정위원회는 2014. 2. 17. 민법개정위원회 전체회의를 끝으로 5년 동안의 작업을 마무리하였다. 총유에 관한 개정안은 제4기 제2분과위원회(이하 '분과위'라고 약칭한다)에서 논의되었는데,[1] 총유 규정을 폐지하고 비법인사단[2]에 대한 2011년 민법 개정안을 보완하는 것이 골자이다(이와 같이 제2분과에서 마련한 민법개정안을 '분과위안'으로 약칭한다). 그러나 위원장단회의에서

---

　* 이 글은 2016. 11. 11.에 서울대학교 법학연구소가 주최한 <서울대학교 법학연구소 공동연구 학술대회 — 공동소유법 개정에 관한 연구>에서 발표된 것으로 같은 제목으로 민사법학 제78호(2017)에 게재되었다. 당시 소중한 토론을 하여 주신 서울시립대학교 정병호 교수님께 깊은 감사의 말씀을 전한다.
　** 서울대학교 법학전문대학원 부교수, 민법학 박사.
　1) 그 구성원은 다음과 같다. 분과위원장 : 남효순(서울대 교수). 분과위원: 서경환(서울서부지법 부장판사), 전병하(법무법인 태평양 변호사), 정병호(서울시립대 교수), 제철웅(한양대 교수), 최수정(서강대 교수).
　2) '비법인사단'이라는 용어 대신에 '권리능력 없는 사단'이라는 용어가 사용되기도 하나, 우리 민법이 '법인 아닌 사단'이라는 용어를 사용하고 있으므로(민법 제275조 제1항 참조), 본 논문에서는 '법인 아닌 사단' 또는 '비법인사단'이라고 칭하기로 한다.

다수의 위원장들이 총유에 관한 개정안에 반대하여 결국 분과위안은 받아들여지지 않았다.3)

　우리 민법의 총유 규정에 관하여 그동안 학계와 실무에서 많은 비판이 있어왔는데, 민법의 현대화라는 법무부 민법개정위원회 활동 취지에 비추어 과연 총유 규정을 존치하는 것이 타당한지 의문이 들었다. 법적 안정성의 관점에서 법을 개정하는 것은 쉽지 않은 일이나, 오랫동안 문제가 많다고 지적되어 온 부분은 기회가 있을 때 확실히 도려내어야 하는 것이 아닌지, 그렇게 하여야 향후에 더 큰 문제의 야기를 방지할 수 있는 것은 아닌지 의문이 들었다. 법을 개정할지 말지를 결정함에 있어 여러 가지를 고려해야 하지만, 가장 중요하게 고려해야 할 사항은 과연 그 법이 실제를 반영하고 있는지, 법리적으로 타당하여 재판규범으로서 적정한 기능을 하고 있는지, 그 법을 적용하는 경우 실제 부당한 결과를 발생시키는지 세 가지로 좁혀질 것으로 보인다.

　이하에서는 과연 총유 규정을 폐지할지 여부와 폐지하는 경우에 비법인사단을 어떻게 규율할지와 관련하여 분과위안을 중심으로 논의를 전개하고자 한다. 이를 위해 (1) 우선 총유의 개념에 대하여 핵심적인 내용을 검토하고, (2) 앞서 언급한 위 세 가지 관점에서 총유 규정의 문제점에 관하여 집중적으로 논하고, (3) 총유 규정의 문제점을 해결하기 위하여 이를 폐지하는 경우에 제기되는 반론의 타당성에 관하여 검토하고, (4) 총유 규정을 폐지하는 경우를 상정하여 분과위에서 마련한 비법인사단 규율안에 관하여 그 타당성을 논하고자 한다.

---

3) 그 경과에 대하여는 윤진수(a), "공동소유에 관한 민법 개정안", 민사법학 제68호 (2014. 9), 123-124면, 163면 참조. 제4기 위원장단은 다음과 같이 구성되었다. 개정위원회 위원장 : 서민(충남대 명예교수). 분과위원장 : 남효순(서울대 교수), 백태승(연세대 교수), 송덕수(이화여대 교수), 엄동섭(서강대 교수), 윤진수(서울대 교수), 윤철홍(숭실대 교수), 지원림(고려대 교수).

Ⅱ. 총유의 개념

1. 연   혁

총유(Gesamteigentum)의 개념은 로마법이 아닌 게르만법에서 유래되었다. 독일 중세의 촌락공동체에서의 촌락공용지 소유이용관계를 로마법상의 법인의 단독소유와 확정지분에 의한 공동소유와 구별하여 설명하고자 게르만법학자에 의하여 정립된 개념이 총유인 것이다.4)

구체적으로 설명하면 총유는 게르만법상의 단체의 인적 결합구조를 물권법상 반영한 것으로, 단체의 일체로서의 단일성(Einheit)과 구성원의 다수성(Vielheit)이 항상 불가분의 관계로 유착하고 있었던 게르만의 씨족단체인 지페(Sippe)와 마르크공동체(Markgenossenschaft)와 같은 단체(Genossenschaft)의 재산소유관계를 설명하기 위한 것이었다.5) 위 공동체의 소유관계를 분석한 결과, 소유권의 권능이 관리·처분의 권능과 사용·수익의 권능으로 나누어져 전자는 단체(Genossenschaft)에 귀속하고 후자는 구성원의 개별적 권리(Sonder-recht)로서 각 구성원에 귀속한다는 점, 위 두 권능이 단체의 규칙에 의하여 결합하여 하나의 소유권을 이룬다는 점을 발견하고, 이러한 형태의 공동소유 형태를 '총유'라고 칭하게 된 것이다.6) 기본적으로 위 촌락공동체가 단체성이 강한 이유는 당시 중세 게르만 사회에서는 거주·이전의 자유가 원칙적으로 존재하지 않는 폐쇄적이고 정태적인 구조였기 때문이다.7)

이와 같이 하나의 소유권이 단체와 구성원에게 분속하는 독일 중

---

4) 정종휴, "독일과 일본의 총유이론사", 법사학연구 제14호(1993), 48면.
5) 김진현, "권리능력 없는 사단", 강원법학 제5권(1993. 8), 39면.
6) Id.
7) 이호정, "우리 민법상 공동소유제도에 대한 약간의 의문 — 특히 합유와 총유를 중심으로", 서울대학교 법학 24권 2·3호(1983), 117면 참조.

세 촌락공동체의 특수한 공동소유관계에서 비롯된 것이 총유이다.

2. 우리 민법상 총유의 의의

가. 우리에게 생경한 독일의 총유 개념을 우리가 계수하게 된 것은 김증한 교수의 공이 크다. 1954년 9월 30일 국무회의는 정부안으로서 민법안을 확정하였는데, 정부안은 공동소유에 관하여 아래와 같이 의용민법에 없던 제262조를 제안하였다.[8]

> 정부안 제262조 : 어느 지역의 주민, 친족단체 기타 관습상 집합체로서 수인이 물권을 소유한 때에는 합유(合有)로 한다.
> 합유물에 관한 권리의 득실변경 및 합유자의 권리, 의무에 관하여는 관습에 의하는 외에 이하 2조의 규정에 의한다.

위 제262조는 만주민법 제252조[9]를 모델로 한 것인데, 정부안은 만주민법에 사용된 '총유'라는 용어를 '합유'로 바꾼 것이다.[10] 정부안이 발표된 후 민법학자들의 의견을 담은 「民法案意見書」가 발표되었다. 김증한 교수는 民法案意見書를 통해 인적 결합의 형태는 ① 법인, ② 권리능력 없는 사단, ③ 합수적 조합, ④ 로마법상의 조합(societas) 네 유형으로 나타나는데, 법인은 개인과 마찬가지로

---

8) 명순구(a), 실록 대한민국 민법 2, 법문사(2010), 235면.
9) 만주민법 제252조 : 어떤 지방의 주민, 친족단체 그밖에 관습상 총합체를 이루는 수인이 그 관계에 기하여 한 개의 물건을 소유하는 경우에는 이를 총유자라고 한다(惑地方ノ住民, 親族團體其ノ他慣習上總合體ヲ成ス數人ガ其ノ關係ニ基キ一箇ノ物ヲ所有スルトキハ之ヲ總有者トス).
    총유자의 권리 및 의무에 대하여는 관습에 따르는 외에 이하 2조의 규정을 적용한다(總有者ノ權利及義務ニ付テハ慣習ニ從フ外以下二條ノ規定ヲ適用ス).
10) 당시의 판례가 의용민법상 공유 외의 공동소유 형태를 인정하는 데 있어서 이들을 총괄하여 '합유'라는 용어를 사용하였으므로, 정부안에서도 '합유'라는 용어가 사용된 것이라고 한다(명순구, "공동소유제도의 개정방향 — 합유·총유의 재정비", 안암법학 제34호(2011), 334면).

단독소유로 볼 수 있어 공동소유형태에서 제외되고, 결국 공동소유의 형태에는 권리능력 없는 사단에 있어서의 총유, 합수적 조합에 있어서의 합유, 로마법상의 조합(societas)에 있어서의 공유 세 유형이 있다고 주장하였다.[11] 나아가 그는 총유에 있어서 관리·처분과 같은 지배적 권능은 단체 전체에 속하고, 사용·수익과 같은 경제적 권능은 각개의 성원에 속하는데, 단체의 전체적 권능과 성원의 개별적 권능이 단체의 조직적 통제에 의하여 종합통일되어 소유권의 전내용을 실현한다고 총유를 설명한다.[12] 이처럼 그는 앞서 본 독일 중세의 촌락공동체의 총유 개념을 권리능력 없는 사단의 소유형태라고 일반화(一般化)한 다음, 정부안 제262조는 합유와 총유를 혼동하고 있는 것이라고 비판하고, 다음과 같이 정부안 제262조를 수정안 제264조의3으로 수정할 것을 제안하였다.[13]

　　수정안 제264조의3 : ① 법인이 아닌 사단의 단체원이 집합체로서 물건을 소유할 때에는 총유로 한다.

---

11) 민사법연구회, 민법안의견서, 일조각(1957), 96－97면 참조.
12) 민사법연구회(주 11), 101면. 위와 같은 김증한 교수의 설명은 石田文次郎에 의하여 체계화된 일본의 총유론과 유사하다. 石田文次郎은 공동소유를 공유, 합유, 총유 세 가지 유형으로 구별하였는데, 공유는 "순순한 개인 소유권"이며, 총유는 "단체적 소유권"이고, "그 중간에 제3의 합유권이 개제하고 있다"고 설명한다(石田文次郎, 物權法論, 有斐閣(1932), 484면). 총유에 대해서는 "총유권이란 법률상 인격의 부여를 받지 않은 단체가 단체로서 물건을 소유하는 경우의 공동소유 형태"라고 하면서, 총유란 "관리·처분과 같은 지배적 권능은 단체가 전체의 권리로서 이를 갖고, 사용·수익과 같은 경제적 권능은 단원이 그 성원이라는 자격에서 양적 분할하여 이를 가지며, 이 단체의 전체적 권능과 성원의 개별적 권능이 단체적 통제를 정하는 단체내부의 규약에 의해 종합 통일되어, 소유권의 전내용을 실현하고 있다"고 표현하고 있다(Id., 519면). 일본의 총유이론의 변천에 대하여는 山田誠一, "団体, 共同所有, および, 共同債權關係", 民法講座 別卷 Ⅰ(編輯代表 星野英一), 有斐閣(1990) 288면 이하; 阿久澤利明, "權利能力なき社団", 民法講座 1(編輯代表 星野英一), 有斐閣(1984), 251면 이하.
13) 민사법연구회(주 11), 97면 참조.

② 총유에 관하여는 사단의 정관 기타의 규약에 의하는 외에 이하
2조의 규정에 의한다.

이러한 김증한 교수의 수정안은 국회 본회의에서 현석호 의원 외
19인의 국회의원에 의하여 발의되어, 조문번호만 변경되어 민법 제
274조로 입법이 되었다. 이러한 입법과정에서 주목해야 할 점은 당초
정부안은 만주민법을 모델로 '어느 지역의 주민, 친족단체 기타 관습
상 집합체로서 수인의 물권을 소유한 경우'만 규율하였는데, 갑자기
'법인 아닌 사단의 소유 형태' 전부에 대해서 일률적으로 총유로 규율
하였다는 점이다. 이런 경과로 우리 민법의 총유 규정은 입법사상 그
유례를 찾기 힘든 독특한 입법으로 평가되고 있다.[14]

나. 위에서 본 김증한 교수의 설명에 따라 현재의 통설은 ① 공
동소유를 공유·합유·총유 세 가지 유형으로 분류하면서 법인 아닌
사단의 소유형태는 총유이고, ② 소유권의 내용이 관리·처분 등의
권능과 사용·수익 등의 권능이라는 두 무리로 나누어지면, 그 중의
앞의 것은 구성원의 총체에 속하고, 뒤의 것은 각 구성원에게 속한다
고 총유를 설명하고 있다.[15] 그리고 사단의 사원이 하나의 집합체로
서 물건의 소유권을 가지는 것이므로 사원 개인의 목적물에 대한 지

---

14) 이와 같은 입법과정에 대하여 김대정 교수는 "관습법시대의 일본의 촌락공동체에
   서의 토지소유관계인 「입회권」을 가리키는 용어에 불과하던 「총유」를 법인 아닌
   사단 일반의 소유형태로 파악하여 이를 민법전에 명문화한 것은 허용될 수 없는
   논리의 비약에 근거한 것이며, 중대한 입법상의 오류라는 비판을 면하기 어렵다
   할 것이다."라고 강하게 비판하고 있다. 김대정(a), "총유에 관한 민법규정의 개정
   방안", 중앙법학 제14집 제4호(2012. 12), 96면.
15) 곽윤직·김재형(b), 물권법[민법강의 Ⅱ], 제8판(전면개정)보정, 박영사(2015),
   298면; 이영준(b), 물권법, 전정신판, 박영사(2009), 630면; 김상용, 물권법, 화산
   미디어(2009), 416−417면; 송덕수(b), 물권법, 제2판, 박영사(2014), 342−343
   면; 지원림, 민법강의, 제14판, 홍문사(2016), 611면; 양창수·김형석, 민법 Ⅲ, 제
   2판, 박영사(2015), 64면.

분은 인정되지 않고, 법인 아닌 사단이 부담하는 채무는 위 사단에 총유적으로 귀속되므로 사단이 가지는 총유재산만이 채권자를 위한 책임재산이 된다고 설명하고 있다.[16]

다만, 민법 제275조 제1항은 "법인이 아닌 사단의 사원의 집합체로서 물건을 소유할 때에는 총유로 한다."고 규정하고 있는데, '사원의 집합체'가 물건을 소유한다는 의미가 무엇인지 논란이 있을 수 있다. 이와 관련하여 법인 아닌 사단이 단체로서 실재하는 점을 강조하면 총유는 단체의 단독소유형태라고 해석할 수도 있다.[17] 그렇게 되면 현행 민법의 해석론으로 비법인사단에 관하여 권리능력을 인정할 수 있다.[18]

하지만 민법이 공동소유의 절에 총유라는 규정을 두어 법인 아닌 사단의 재단귀속형태를 따로 정하고 있는 점에 비추어 총유를 단체의 단독소유형태라고 보기 어렵다.[19] 민법이 권리능력을 가지는 법인의 성립을 위하여 주무관청의 허가와 등기를 요구하고 있는 이상, 그 요건을 갖추지 못한 비법인사단에게 권리능력을 인정할 수는 없다.[20]

민법 제257조 제1항에 '사원의 집합체로서'라는 문구가 들어간 이유는 비법인사단 그 자체가 귀속주체가 아니고 비법인사단의 사원

---

16) 곽윤직·김재형(b)(주 15), 281면; 양창수·김형석(주 15), 64면; 송덕수(a), 민법총칙, 제3판, 박영사(2015), 607-608면; 백태승, 민법총칙, 제4판, 법문사(2009), 221면; 이은영, 민법총칙, 제5판, 박영사(2009), 249면.

17) 이와 같은 취지의 해석론으로는 고상룡, 민법총칙, 전정판, 법문사(1999), 266면; 강태성, "이른바 총유에 관한 비판적 검토", 민사법연구 제15집 제1호(2007. 6), 86-93면 이하.

18) 명순구 교수는 현행 총유 규정은 위와 같은 해석상의 문제를 낳았음을 강조하면서 현행 총유 규정은 법인 아닌 사단에게 권리능력이 없다는 사정을 설명하기 위한 법기술로서 부적합하다고 비판한다(명순구(b), "공동소유제도의 개정방향 — 합유·총유의 재정비", 안암법학 제34호(2011), 352면).

19) 최문기(a), "총유에 관한 규정의 입법론", 사회과학연구 제28집 4호(2012. 12), 경성대학교 사회과학연구소, 444면.

20) 윤진수(a)(주 3), 157면.

이 하나의 집합체로서 물건의 소유권을 가진다는 점을 밝힌 것으로
이해할 수 있다.21) 따라서 '사원의 집합체로서'라는 문구는 법인 아닌
사단에게 원칙적으로 권리능력을 부여하지 않겠다는 의미로도 이해할
수 있다.

Ⅲ. 총유 규정의 문제점

1. 문제의 제기

총유 규정에 관하여는 그 동안 많은 학자들의 비판이 있어왔
다.22) 이러한 주장을 민법 개정안에 반영할지 여부에 대해서 법무부
민법개정위원회 내부에서도 진지한 논의가 있었다. 통상 법을 개정할
지 여부를 결정함에 있어서 가장 중요하게 고려해야 할 사항은 과연
그 법이 실제를 반영하고 있는지, 재판규범으로서 적정한 기능을 하
고 있는지, 그 법을 적용하는 경우 실제 부당한 결과를 발생시키는지
여부이므로, 위 세 가지 관점에서 총유 규정의 문제점에 관하여 집중
적으로 검토하기로 한다.

---

21) 양창수·김형석(주 15), 64면 참조.
22) 법인 아닌 사단의 소유형태를 "總有"로 규정한 현행민법에 대한 입법론적 비판에
대해서는 곽윤직, 물권법, 신정 수정판, 박영사(2000), 289면; 김기선, 한국물권법,
전정증보판, 법원사(1990), 248-249면 ; 이호정(주 7), 113면 이하; 김황식, "물
권법의 개정방향", 민사판례연구[Ⅶ], 박영사(1985), 309면; 송덕수(b)(주 15),
344면; 김진현(주 5), 44-45면; 강태성(주 17), 83-85면; 김대정(a)(주 14),
90-99면; 남윤봉·최재정, "법인격 없는 사단과 총유", 법학논총 제23집 제1호
(2006. 6), 한양대학교 법학연구소, 280-290면; 명순구, 350-352면; 정병호, "법
인 아닌 사단의 재산관계 규율에 관한 입법론적 고찰", 홍익법학 제14권 제1호
(2013), 5-10면; 박의근(a), "법인 아닌 사단의 제문제", 법학논총 제21집 제3호
(2014), 조선대학교 법학연구원, 515-521면.

2. 총유 규정이 법인 아닌 사단의 실제를 반영하고 있는지 여부

현대 사회에서 결사의 자유는 헌법상 권리로 보장받을 정도로 확고한 지위를 점하고 있다. 실제에 있어서 단체가 사법관계에 있어서 왕성한 역할을 하고 있다. 그런데 우리 민법은 인가주의가 아닌 허가주의를 취하고 있으므로 주무관청의 허가를 받지 않은 법인 아닌 단체가 다양한 형태로 생성되고 있다. 그런데 이처럼 다양한 형태의 비법인사단의 실제를 과연 총유라는 하나의 개념에 포섭하여 설명할 수 있는지 문제가 된다.

가. 관리 · 처분권과 사원총회 관련

앞에서 본 바와 같이 총유에서는 관리 · 처분권이 구성원의 총체에 속하므로, 총유물의 관리 · 처분은 정관 기타 규약이 없으면 사원총회의 결의에 따라야 한다(민법 제276조 제1항 참조).[23] 그런데 현실적으로 법인 아닌 사단의 대표적인 예인 종중, 교회에서 위와 같은 결의를 통하여 총유물의 관리 · 처분을 하는 것은 다음과 같은 점에 비추어 거의 불가능에 가깝다.[24] 사원총회가 성립하려면, 원칙적으로 사원들 전원에게 소집 통지를 하여 사원 재적 과반수가 총회에 출석하는 것이 필요한데, 종중원의 수가 많은 대종중의 경우 종중원을 확정하는 것도 어렵고, 확정되었다고 하더라도 전국에 종원이 흩어져 있어 소집 통지 자체를 종원들 전부에게 하는 것이 어렵고, 설령 통지를

---

23) 위 규정에 대하여는 구성원의 개성이 인적 결합체에 흡수되지 않은 합유에서는 합유물의 처분 · 변경은 합유자 전원의 동의를 요하게 하면서(민법 제272조 참조), 구성원의 개성이 단체에 완전히 흡수되어 있는 비법인사단에서는 그 관리 · 처분은 사원총회의 결의에 의한다고 하여 다수결에 의해서 총유물을 처분할 수 있으므로(민법 제276조 제1항 참조) 균형을 맞추지 못하고 있다는 비판이 있다(김상용 (주 15), 397면).

24) 전경운, "우리 민법상 총유에 관한 일고찰", 토지법학 제26 – 1호(2010. 6), 165면; 김진현(주 5), 42 – 43면.

하더라도 종원 재적 과반수의 출석이 이루어지기 어렵다.25) 교회의
경우에도 몇 천, 몇 만을 넘는 대형교회의 경우 사원에 해당하는 신도
가 수시로 변동되므로 파악이 쉽지 않고, 설령 신도를 전부 파악하여
소집 통지를 하였다고 하더라도 재적교인 과반수의 출석이 이루어지
기 어렵다.

나. 사용·수익권 관련

　대법원은 종중에 대하여 공동선조의 분묘수호와 제사 및 종중원
상호간의 친목을 목적으로 구성되는 종족의 자연적 집단으로서 공동
시조가 사망하면 특별한 조직행위 없이도 당연히 성립하고, 공동선조
와 성과 본을 같이 하는 후손은 성별의 구별 없이 성년이 되면 당연
히 그 종원이 된다고 보고 있다.26) 그런데 종원에게 종중 재산에 대
하여 총유에서 설명하고 있는 사용·수익권이 있는지에 대하여는 의
문이 있다. 실제 종중재산의 소유관계를 실증적으로 분석한 연구에
따르면, 종중재산의 처분·관리와 사용·수익은 모두 종중 전체의 합
의나 운영방침에 따라 실행되는 것이지 처분·관리는 종중이 하고 사
용·수익은 종원 각자가 자유로이 하는 관계가 아니었다고 한다.27)
산지기의 임명조차도 문장이 함부로 하지 못하고 종중전체의 의사로
결정하도록 하고 있다고 한다.28) 종중재산은 매장과 제사에 제공되거

---

25) 다만, 대법원은 후술하는 바와 같이 종중이 매년 정해진 날짜의 시제에 특별한 소
　집절차 없이 정기적으로 총회를 열어 종중 재산관리에 관하여 결의를 하여 왔다
　면, 위 결의는 유효하다고 판시하는 등 종중에 대하여는 다른 비법인사단에 비하
　여 소집절차나 결의요건을 느슨하게 보고 있다.
26) 대법원 1988. 9. 6. 선고 87다카514 판결(공 1988, 1258); 1991. 6. 14. 선고 91다
　2946, 2953(병합) 판결(공 1991, 1920); 2005. 7. 21. 선고 2002다1178 전원합의체
　판결(공, 2005, 1326). 위와 같이 대법원이 종원은 자신의 의사와 관계없이 당연
　히 종원의 구성원이 된다고 보는 '종원 당연가입론'에 대한 비판으로는 윤진수
　(b), "변화하는 사회와 종중에 관한 관습", 민법논고 Ⅵ, 박영사(2015), 62-65면.
27) 심희기, 한국법사연구 ― 토지소유와 공동체, 영남대학교출판부(1992), 354면.
28) *Id.*

나 제사비용을 마련하기 위한 것이고 종원의 편익을 위하여 보유하는 것이 아니므로, 종원은 종중재산에 대하여 사용·수익권이 있다고 보기 어려운 것이다.29) 개별 종원도 종중이라는 동족공동체의 기반 위에서 경제활동을 하는 것이 아니라 평시에는 개인으로서 독자적으로 경제활동에 종사하다가 공동선조의 제사와 관혼상제시에 상호부조라는 특정한 목적 하에서 단체인 종중의 이름 아래 종중원의 자격으로 자유의사에 따라 상호협력을 할 뿐이다.30) 따라서 개별 종원이 실제 종중 재산에 대하여 사용·수익할 권리가 있다고 보기 어렵다.

다. 교회 재산의 규율 관련

교회의 경우 무조건 교인들의 총유라고 볼 수 있는지도 의문이 제기될 수밖에 없다. 예를 들어 목사나 전도사 등 교역자가 건물이나 토지 등 교회의 시설물을 개인이 마련하였고, 그 후 신도를 맞이하여 교회로서 실체를 갖춘 경우에 위 시설물이 교인들의 총유라고 단정하기 어렵다.31) 교역자가 이를 교회에 출연한 것이라고 볼 수 있을만한 사정이 없으면 교역자 개인의 재산으로 볼 수 있기 때문이다.32)

라. 구 주택건설촉진법상의 재건축조합의 소유관계 관련

무엇보다 구 주택건설촉진법에 의하여 설립된 재건축조합의 소유관계를 총유로 보아야 하는지에 대해서 문제제기가 있어왔다. 도시

---

29) 편집대표 곽윤직, 민법주해[V], 물권(2), 박영사(1999), 636면(이동명 집필부분); 이진기, "종중재산의 법리에 관한 판례이론의 검토", 가족법연구 제15권 제2호(2001), 316면; 김상명, "종중의 실체에 따른 종중재산의 법률관계", 법과 정책 제19집 제1호(2013. 2), 제주대학교 법과정책연구소, 119면.
30) 이진기(주 29), 308면. 이진기 교수는 "실재에 있어서 개별 종중원은 의무만을 부담하는 것이 일반적 관행이며, 반면에 종중원의 권리는 형해화되었다고 하더라도 과언이 아닐 것이다."라고 기술하고 있다.
31) 남윤봉·최재정(주 22), 14면.
32) 변동걸, "교회의 분열과 교회재산의 귀속", 민사재판의 제문제 7권, 한국사법행정학회(1990), 520면.

및 주거환경정비법이 시행되기 전에는 구 주택건설촉진법(2002. 12. 30. 법률 제6841호로 개정되기 이전의 것)에 의하여 기존주택의 소유자는 재건축조합을 설립할 수 있었는데, 재건축조합이 법인 아닌 사단이라는 이유만으로 그 소유관계를 총유로 보았다.[33] 그러나 재건축조합의 조합원은 원래부터 당해 토지의 소유자이므로 강력한 권한을 가진다. 구 주택건설촉진법이 재건축결의에 주택단지안의 전체 구분소유자 및 의결권의 5분의 4 이상의 결의를 요건으로 한 이유가 여기에 있다.[34] 이러한 특수성을 무시하고 조합원에게 단지 목적물에 대한 사용·수익권을 가진다고 총유의 일반이론을 적용하는 것은 현실을 무시한 해석이 아닐 수 없는 것이다.[35]

마. 소   결

이상에서 검토한 바와 같이 법인 아닌 사단의 실제가 총유 개념에 부합한다고 보기 어렵다. 법리적으로 총유는 독일법제사상의 개념이지 비법인사단을 예정하고 구성된 개념이 아니기 때문이다.[36] 또한 총유의 입법과정을 보면 총유를 비롯한 공동소유의 개념이 선험적으로 타당한 것으로 전개되고 우리 사회에서의 단체의 구성이나 운영의

---

33) 대법원 2003. 7. 22. 선고 2002다64780 판결(공 2003, 1775); 2007. 4. 19. 선고 2004다60072, 60089 전원합의체 판결(공 2007, 693) 등.

34) 구 주택건설촉진법 제44조의3 제7항은 "하나의 주택단지안에 여러 동의 건물이 있는 노후·불량주택의 소유자들이 재건축하고자 하는 경우에는 집합건물의소유 및관리에관한법률 제47조제1항·제2항의 규정에 불구하고 주택단지안의 각 동별(복지시설은 하나의 동으로 본다) 구분소유자 및 의결권의 각 3분의 2이상의 결의와 주택단지안의 전체 구분소유자 및 의결권의 5분의 4이상의 결의로 재건축할 수 있다."고 규정하고 있다.

35) 김대정(a)(주 14), 104–105면. 현재는 구 주택건설촉진법상의 재건축조합은 도시 및 주거환경정비법 상의 정비사업조합으로 통합되었는데, 도시 및 주거환경정비법에 따르면 주택재건축조합은 설립등기를 거쳐 법인으로서 활동하도록 되어 있으므로(동법 제18조) 위와 같은 문제는 해결되었다.

36) 星野英一, "いわゆる「權利能力 なき 社團」について", 民法論集 1, 有斐閣 (1970), 309면.

실제에 대한 언급이 전혀 없었는바,37) 그러한 입법 과정에서의 문제
가 드러난다고 볼 수 있다.

3. 총유 규정이 재판규범으로서 기능하고 있는지 여부

가. 문 제 점

총유 규정이 그동안 재판규범으로서 역할을 제대로 수행하였는지
에 관하여 부정적인 견해가 많다. 민일영 대법관은 "후술하는 바와
같이 … 총유 규정 또한 비법인사단의 소유관계에 총유라는 법적 명
칭을 부여한 외에는 그에 대한 실질적인 규율이나 법적인 처리에 이
바지하는 바가 없다면, 결국 물권편에서 … 총유를 따로 통일적으로
규정하고 있는 민법의 태도를 바람직하지 못하다는 결론에 이르게 된
다."고 하여 실무가의 관점에서 총유 규정을 비판하고 있다.38) 한편,
양창수 대법관도 "「단체에 대한 사법적 규율」이라는 제목 아래 행하
여진 심포지엄의 결과를 모은 민사판례연구 19집(1997)을 보면, 특히
우리 민법의 공동소유규정 중 특히 총유 규정이 단체의 재산귀속관계
를 다루는 데 별다른 실체적 규범력이 없음을 확인하게 된다."고 총
유 규정이 재판규범으로서 제대로 기능하고 있지 못한다는 점을 비판
하고 있다.39) 이하에서는 과연 총유 규정이 재판규범으로서 적정하게
기능하고 있는지 구체적으로 살펴본다.

나. 법인 아닌 사단에 관한 판결

1) 교회 분열 여부에 관한 판결

법인 아닌 사단에 관한 분쟁 중에 대표적인 것이 교회의 분열에
관한 문제이다. 이 부분에 대하여 종전 대법원 판결(이하 '종전 판결'이

---

37) 양창수, "공동소유 ― 민법 제정과정에서의 논의와 그 후의 평가를 중심으로", 민
    법연구 제6권, 박영사(2001), 130면.
38) 편집대표 곽윤직, 민법주해[Ⅴ], 물권(2), 박영사(1999), 545면(민일영 집필부분).
39) 양창수(주 37), 108면.

라고만 한다)은, 교회의 일부 교인들이 교회의 소속교단을 변경하기로
결의하여 새로운 교단에 가입한 경우, 종전 교회는 새로운 교단에 소
속된 교회와 잔류교인들로 이루어진 종전 교단에 소속된 교회의 2개
로 분열되고, 교회의 재산은 분열 당시 교인들의 총유에 속한다고 판
시하였다.[40]

그러나 대법원 2006. 4. 20. 선고 2004다37775 전원합의체 판결
(이하 '전합 판결'이라고만 한다)[41]에서 종전 판결을 변경하였다. 전합판
결에서 대법원은 교회 분열을 부정하면서, 교단 탈퇴 및 변경에 관한
결의(이하 '교단변경 결의'라고만 한다) 요건을 갖춘 경우에는 종전 교회
재산은 탈퇴한 교회 소속 교인들의 총유가 되고 그렇지 않은 경우에
는 잔존 교인들의 총유로 귀속된다고 판시하였다.

이처럼 종전판결과 전합판결은 정반대의 결론을 도출하고 있다.
그러나 종전판결과 전합판결 모두 교회재산의 귀속에 대해서 총유를
전제로 그 논리를 전개하고 있다. 종전 판결은 교회가 분열되었어도
분열 당시 교인들의 총유로 보고 있고,[42] 전합 판결은 교단변경 결의

---

40) 대법원 1988. 3. 22. 선고 86다카1197 판결(공 1988, 669); 1993. 1. 19. 선고 91다
   1226 전원합의체 판결(공 1993, 712); 1995. 2. 24. 선고 94다21733 판결(공 1995,
   1430); 1995. 3. 24. 선고 94다47193 판결(공 1995, 1729) 등.
41) 공 2006, 851.
42) 종전 판결과 관련하여 박일환 대법관(종전 판결 선고 당시 재판연구관)은 총유 개
   념에 의하여 교회 분열에 관한 분쟁을 해결할 수 없음을 다음과 같이 표현하고 있
   다. "총유란 원래 게르만의 씨족공동체소유형태에서 나온 개념으로 소유권이 권능
   에 따라 분열되어 관리처분권은 단일한 권리로 단체에게 집약되고 사용수익권은
   개별권으로 구성원에게 분속되는 소유형태이다. 그런데 교회는 이와 같은 씨족단
   체와는 성질이 다르다. 씨족단체는 가사 분열이 되더라도 서로 독립된 단체를 형
   성하는 것이 아니고 항상 종전의 단체가 소멸되지 않고 현실적으로 존재하며 다만
   분열로 인하여 일시 행동이 마비되는 경우만 생길 뿐이다(동일인을 시조로 하는
   종중에 다툼이 생긴다 하여 별개의 종중이 서로 독립적으로 존재할 수는 없는 것
   과 같다).
       그러나 교회는 분열되면 종전의 단체가 사실상 소멸하고 수개의 독립단체가 새
   로 생기는 것이다. 그리고 새로 생긴 단체가 다시 결합되더라도 종전의 단체가

요건을 갖추면 탈퇴한 교회 소속 교인들의 총유로 보고 있다. 이처럼 실무에서 빈번하게 발생하고 있는 교회 내 분쟁과 관련하여 총유 규정이 그 결론을 좌우할 수 있는 구체적인 규범을 제시하고 있지 못한 것이다.

이런 이유로 전합 판결은 교회 분열을 부정하는 논거를 총유 규정이 아닌 사단법인의 관련규정에서 찾았다. 즉 전합 판결은 "우리 민법이 사단법인에 있어서 구성원의 탈퇴나 해산은 인정하지만 사단법인의 구성원들이 2개의 법인으로 나뉘어 각각 독립한 법인으로 존속하면서 종전 사단법인에게 귀속되었던 재산을 소유하는 방식의 <u>사단법인의 분열은 인정하지 아니한다. 따라서 그 법리는 법인 아닌 사단에 대하여도 동일하게 적용되며</u>, 법인 아닌 사단의 구성원들의 집단적 탈퇴로써 사단이 2개로 분열되고 분열되기 전 사단의 재산이 분열된 각 사단들의 구성원들에게 각각 총유적으로 귀속되는 결과를 초래하는 형태의 법인 아닌 사단의 분열은 허용되지 않는다."고 하면서 사단법인의 법리를 통해 교회의 분열을 부정하였다(밑줄-필자).

앞에서 본 바와 같이 전합 판결에서 또 하나의 중요한 쟁점은 교회가 새로운 교단 가입을 지지하는 교인들과 현재 상태를 지지하는 교인들로 갈라선 경우에 과연 누구에게 교회 재산이 귀속되는가의 문제였다. 이 문제에 대하여 총유 규정은 어떠한 분쟁해결의 지침을 주지 못하므로, 위 전합 판결은 다시 한 번 사단법인의 관련규정에서 분

소급하여 부활되는 것도 아니다. 씨족단체에 현실적인 분열이 있더라도 따로 규약을 가진 개개의 독립단체가 성립되는 것이 아니고 종전의 단체가 계속 존재하므로 분열이 있다하여 재산의 소유관계를 따로 규율하여야 할 필요는 없으나 교회가 분열되면 종전 교회는 소멸되므로 소유관계를 따로 규율할 필요가 나타난다.

즉 <u>씨족단체의 총유아래서는 나타날 수 없는 문제가 교회의 총유아래서 나타나게 되므로 총유의 개념에 의해서 이를 해결할 수가 없게 된 것이다.</u>"(박일환, "교회가 분열된 경우의 재산귀속관계", 대법원판례해설 제12호, 법원도서관(1990), 130면, 밑줄-필자).

쟁해결의 근거를 찾았다. 즉 전합 판결은 교단변경 결의의 요건으로
사단법인 정관변경에 준하여(민법 제42조 제1항 참조) 의결권을 가진
교인 2/3 이상의 찬성을 필요로 한다고 판시한 것이다. 따라서 교단
변경 결의 요건을 갖춘 경우에 종전 교회재산은 탈퇴한 교회 소속 교
인들의 총유가 되고 그렇지 않은 경우에는 잔존 교인들의 총유로 귀
속된다는 결론을 내린 것이다.

　이와 같이 전합 판결은 법인 아닌 사단인 교회의 분쟁을 해결함
에 있어 실제에 있어서는 총유 규정에 근거하지 못하고 사단법인에
관한 규정에서 분쟁해결규범을 추출하고 있다.[43] 종전 판결이 교회라
는 비법인사단의 문제를 총유의 시각으로 해결하려고 한 것이라면,
전합 판결은 비법인사단의 문제를 단체법의 영역으로 끌고 와서 교회
의 분열(分裂)을 부정하고 대신 사단법인의 정관변경에 관한 규정을
통해 교단 탈퇴(脫退)로 사안을 판단한 것이다.[44] 전합 판결은 실제
분쟁 해결에 있어서 총유 규정이 재판규범으로서 제대로 기능하고 있
지 못함을 단적으로 보여주고 있다.

　2) 종중 재산의 분배에 관한 판결

　대법원은 2005. 7. 21. 선고 2002다1178 전원합의체 판결[45]을 통
해 종원의 자격을 성년 여성에게 확대하여 양성평등을 실현하였다.[46]
그런데 주목해야 할 점은 위 판결이 종중총회에서 자유롭게 종중재산

---

43) 민유숙 판사는 위 판결에 대하여 "교회의 분열적 현상을 민법의 일반 원리에 의하
　　여 규율함으로써 사법질서의 통일성을 기할 수 있게 되었다"고 평가하고 있는데,
　　여기서 언급된 '민법의 일반원리'는 '사단의 일반원리'를 의미하는 것으로 볼 수
　　있다. 민유숙, "교인들이 집단적으로 교회를 탈퇴한 경우 법률관계(2006. 4. 20.
　　선고 2004다37775 전원합의체 판결 : 공 2006상, 851)", 대법원판례해설 제60호,
　　법원도서관(2006), 84면.
44) 송호영(a), "민법상 법인 아닌 단체에 관한 입법론 연구 — 민법개정위원회의 민법
　　개정안 및 개정시안을 중심으로", 법학연구 제39호(2013. 9), 전북대학교 법학연
　　구소, 29면.
45) 공 2005, 1326.
46) 김재형(a), "단체로서의 종중", 민법론 Ⅲ, 박영사(2007), 42면.

을 분배하는 결정을 할 수 있고, 종중재산을 분배받을 수 있는 사람은 종원에 한정된다는 점을 전제로 하고 있다는 점이다.[47]

　이처럼 종중재산을 종원에게 분배하는 것이 과연 총유의 개념에 비추어 타당한 것인지 의문이 들 수밖에 없다. 총유는 단체의 영속성을 보장하기 위하여 지분의 양도와 상속은 물론 소유지분의 개념조차 인정되지 않는다.[48] 총유 재산의 분배는 총유 재산을 중심으로 한 총유단체의 붕괴를 의미하므로 함부로 사원들에게 분배할 수 있는 대상이 아닌 것이다.[49] 특히 앞에서 설명한 바와 같이 종중재산은 매장과 제사에 제공되거나 제사비용을 마련하기 위한 것이고 종원의 편익을 위하여 보유하는 것이 아니므로, 종원이 종중재산에 대하여 사용·수익권이 있다고 보기 어렵다. 이처럼 종원에게 종중재산의 사용·수익권을 인정하지 않으면서 종중재산을 처분하여 종원에게 분배할 수 있다고 보는 것은 논리적이지 않다.[50]

　이와 같이 종중재산의 분배는 총유의 개념과 배치되는 면이 많다고 할 것이다. 그럼에도 불구하고 대법원은 그 동안 종중재산의 분배를 인정하여 왔는데, 총유라는 개념이 실제 재판규범으로서 별다른 역할을 하지 못한 결과가 이러한 결론에까지 이른 것으로 볼 수 있다.

47) 종중재산의 분배를 긍정하는 대법원 판결은 그 전부터 있어왔다. 대법원 1994. 4. 26. 선고 93다32446 판결(공 1994, 1463); 2010. 9. 30. 선고 2007다74775 판결(미간행) 등 참조.
48) 김대정(a)(주 14), 101면.
49) 종중의 본질로 보나 법정책적으로 보나 종중 재산을 종중 구성원에게 배분하여서는 아니 된다는 견해로는 김제완, "단체 법리의 재조명 : 종중재산의 법적 성격 — 대법원 2005. 7. 21. 선고 2002다1178 전원합의체 판결 이후의 과제", 인권과 정의 제35호(2006. 3), 150 – 155면; 단체가 해산하지 않는 한 기본재산은 처분할 수 없다고 보는 것이 단체의 본질에 부합하므로 기본재산을 처분한 대가를 종중원에게 배분할 수 없다는 견해로는 김태계, "종중재산에 관한 법리", 법학연구 제15집 제1호(2007. 6), 경상대학교 법학연구소, 135면.
50) 송인권, "종중에 관한 판례이론의 문제점", 법조 제707호(2015. 8), 91면.

3) 법인 규정의 준용

비법인사단에 관한 재산상 분쟁과 관련하여 법인 규정이 직접적인 재판규범이 되고 있는데, 구체적인 예를 들면 다음과 같다.

법인 아닌 사단인 교회의 교인들이 예배를 중단하고 다른 교회로 나가 교회의 독자적인 종교활동이 없어진 후 교회건물에 대하여 보상금이 책정된 경우, 법인의 청산인에 관한 규정(민법 제81조, 제82조)을 유추적용하여 해당 교회는 보상금의 처리라는 청산목적 범위 내에서 존속하므로 위 보상금을 수령할 권한이 있다고 보았고,[51] 재건축조합의 조합원들이 부담해야 하는 분담금 산정안과 관련하여 조합원총회를 거쳐야 한다고 하면서 법인의 총회 소집의 절차에 관한 규정(민법 제71조, 제72조)을 유추적용하여 소집 1주간 전에 위 산정안이 통지되지 않은 경우 이를 조합원총회에 상정하여 결의를 할 수 없다고 하였다.[52] 또한, 비법인사단인 주택조합의 대표자가 중복분양을 통해 피해자로부터 분양금을 편취한 사안에서 법인의 불법행위능력에 관한 규정(민법 제35조)을 유추적용하여 주택조합에게 피해자에 대한 손해배상을 명하였다.[53] 그리고 앞에서 교회의 분열 여부에 관한 판결에서 보았듯이 교인들 사이에 분열이 생긴 경우에 사단법인에 관한 규정에 따라 그 분쟁을 해결하고 있다.

이와 같이 법인 아닌 사단에 대하여는 사단법인에 관한 규정 가운데 법인격을 전제로 하는 것을 제외하고는 이를 유추적용하는 판례의 입장에 대하여 학설도 이를 확고하게 지지하고 있다.[54] 법인 아닌

---

51) 대법원 2003. 11. 14. 선고 2001다32687 판결(공 2003, 2325). 위 판결에서 그 동안 교회건물을 관리하여 온 자가 교회의 청산인으로서 청산 중의 법인 아닌 사단을 대표하여 청산업무를 수행한다고 판시하였다.

52) 대법원 2006. 7. 13. 선고 2004다7408 판결(공 2006, 1485).

53) 대법원 2003. 7. 25. 선고 2002다27088 판결(공 2003, 1834). 그 외에도 법인 아닌 사단에 대하여 민법 제35조의 유추적용에 의하여 불법행위책임을 인정한 사례로는 대법원 2011. 4. 28. 선고 2008다15438 판결(공 2011상, 1002) 등 참조.

54) 곽윤직·김재형(a), 민법총칙[민법강의 Ⅰ], 제9판, 박영사(2014), 166면; 김증한·

사단이 법인격을 갖추지 못하였을 뿐 실제에 있어서는 사단법인으로서 활동하고 있다는 점에 착안하면 위와 같은 통설과 판례는 타당하다. 이처럼 법인 아닌 사단에 사단법인에 관한 규정이 광범위하게 적용되는 결과, 총유 규정이 재판규범으로서 할 수 있는 역할은 현저히 축소될 수밖에 없다.

다. 소   결

이상에서 본 바와 같이 총유 규정은 재판규범으로 그 기능을 제대로 다하고 있지 못하고 있다. 총유 법리가 가지는 법리적 약점이 재판에 투영된 것으로 볼 수 있다. 총유 법리가 가지는 가장 큰 약점은 법인 아닌 사단의 소유관계를 모두 총유로 본다는 점에 있다. 법인 아닌 사단에는 다양한 종류가 있고 그에 따라 법률관계가 다양하게 전개될 수밖에 없는데, 이를 총유라는 하나의 틀로 보았다는 점은 많은 비판을 받고 있는 부분이다. 이러한 총유 규정의 근본적인 문제점으로 인해 재판규범으로서의 성격이 퇴색되고 있는 것이다.

4. 총유 규정을 적용하는 경우에 발생하는 부당한 결과

가. 문 제 점

법인 아닌 사단은 개개의 구성원과는 별개로 독자적인 단체적 조직을 가진다는 점에서 특성이 있다. 단체적 조직을 가졌다고 하기 위해서는 어떤 단체가 고유의 목적을 가지고 사단적 성격을 가지는 규약을 만들어 이에 근거하여 의사결정기관과 집행기관인 대표자를 두는 등의 조직을 갖추고 있고, 기관의 의결이나 업무집행방법이 다수결의 원칙에 의하여 행하여지며, 구성원의 가입, 탈퇴 등으로 인한 변경에 관계없이 단체 그 자체가 존속되고, 그 조직에 의하여 대표의 방

김학동, 민법총칙, 제9판, 박영사(1995), 166면; 이영준(a), 민법총칙, 개정증보판, 박영사(2007), 908면; 이은영(주 16), 247면; 송덕수(a)(주 16), 605면; 백태승(주 16), 209면.

법, 총회나 이사회 등의 운영, 자본의 구성, 재산의 관리 기타 단체로
서의 주요사항이 확정되어 있는 경우를 의미한다.[55] 법인 아닌 사단
의 경우에 위와 같이 단체로서의 실질을 갖추고 있다면 그 실질에 맞
게 법률관계를 처리하는 것이 타당하지 않은지 검토가 필요하다. 더
군다나 우리 법은 법인 아닌 사단에 대하여 민사소송법에서는 당사자
능력을 인정하고 있고(민사소송법 제52조 참조), 부동산등기법에서는
등기능력을 인정하고 있다(부동산등기법 제26조 제1항 참조). 법인 아닌
사단이 적어도 위 범위 내에서는 법인과 같이 권리능력을 인정받는
독립된 단체로 취급을 받고 있는 것이다.[56]

이와 같이 관련 법률과 비법인사단의 실질을 고려할 때, 총유 규
정의 선험적 적용이 비법인사단의 소유관계를 그 사회학적인 실체에
대응하여 적절히 규율할 수 있는 길을 막아온 것이 아닌지 재검토할
필요가 있다.[57] 이하에서는 총유 규정을 비법인사단에 적용하였을 때
드러나는 부당한 결과를 논하고자 한다.

나. 보존행위의 문제

총유 규정의 경직성은 총유재산과 관련하여 보존행위로 소를 제
기하는 경우에도 사원총회의 결의를 거쳐야 한다는 판결에서 드러난
다.[58] 대법원은 공유나 합유의 경우와 달리 총유 규정에 보존행위를
구성원 각자가 할 수 있다는 내용을 두지 않은 점, 총유가 공유나 합
유에 비하여 단체성이 강하고 구성원 개인들의 총유재산에 대한 지분

---

55) 대법원 1992. 7. 10. 선고 92다2431 판결(공 1992, 2360); 1999. 4. 23. 선고 99
다4504 판결(공 1999. 1018); 2009. 1. 30. 선고 2006다60908 판결(공 2009상,
219) 등.
56) 이호정(주 7), 113면; 박찬주, "법인 아닌 사단 및 재단에 관한 새로운 이해", 부산
대학교 법학연구 제48권 제1호(2007. 8), 23면.
57) 同旨 이호정(주 7), 116–118면.
58) 대법원 2005. 9. 15. 선고 2004다44971 전원합의체 판결(공 2005, 1597); 2014. 2.
13. 선고 2012다112299, 112305 판결(공 2014상, 577).

권이 인정되지 않는다는 논거 등을 들어 위와 같은 결론을 내렸다.59)
실무에서도 장기간 비법인사단이 제기한 소를 심리하여 왔는데, 결심
단계에서 사원총회 결의를 하지 않았음이 밝혀져 그 동안의 심리가
수포로 돌아가는 경우가 종종 있다.

보존행위는 공동으로 소유하고 있는 물건의 멸실·훼손을 방지하
고 공유물의 현상을 유지하는 것으로서, 사실적·법률적 행위를 말한
다.60) 이와 같이 보존행위는 긴급을 요하고 다른 공동소유자 전원의
이익이 되는 경우가 많아, 공유나 합유에서는 단독으로 할 수 있다는
규정을 두고 있다(민법 제265조, 제272조 단서). 총유의 경우에도 보존
행위는 비법인사단을 구성하는 사원들의 이익을 보존하고자 하는 것
이고 긴급을 요하는 경우가 많을 것이다. 그렇다면 비법인사단의 경
우 보존행위를 하려면 반드시 사원총회의 결의를 거치도록 의율하는
것이 타당한지 입법론적으로 의문이다.

앞서 언급한 바와 같이 종중의 경우 종중원을 확정하는 것이 어
려워 사원총회를 소집하는 것이 쉽지 않은데, 종중이 급박하게 보존
행위를 할 사정이 있어 소를 제기하여야 하는 경우에 사원총회의 성
립이 어려워 소기의 목적을 달성하지 못하는 불합리한 경우가 발생할
수 있다. 이러한 사정은 신도가 수시로 변동되는 교회의 경우에도 같
은 문제가 발생한다. 또한, 재산의 부당한 유출이 있는 경우에(예를 들

---

59) 위 판결에 대한 비판으로는 송호영(b), "교회의 교인들이 종전교단으로부터 집단
    적으로 탈퇴하여 별도의 교회를 설립한 경우의 법률관계 — 대법원 2006. 4. 20.
    선고 2004다37775 전원합의체 판결", 민사법학 제35호(2007. 3), 217-218면
    (민법 제70조 제2항을 유추하여 1/5이상의 구성원이 공동소송형태로 주장하는
    보존행위는 인정되어야 한다고 주장하고 있다); 최문기(b), "비법인사단의 총유
    물의 관리·처분행위 및 보존행위에 관한 일고찰", 재산법연구 제28권 제3호
    (2011. 11), 55-58면; 이찬우, "총유물의 보존행위(대상판결 : 대법원 2005. 9.
    15. 선고 2004다44971 전원합의체 판결)", 재판과 판례 15집, 대구판례연구회
    (2007), 295면.
60) 곽윤직, 김재형(b)(주 15), 290면.

면, 종중 재산의 일부가 무상 또는 염가로 제3자에게 양도된 경우) 사원총
회를 거쳐야 한다는 장애에 의하여 그 회복을 꾀하는 것이 어려워질
수 있다.

　이처럼 법인 아닌 사단의 보존행위와 관련하여 총유 규정(민법 제
276조 제1항)을 직접 적용하는 경우 부당한 결과를 피할 수 없다.[61]

다. 비법인사단의 처분행위의 효력과 거래의 안전 문제

　다음으로 총유 규정의 경직성이 두드러진 부분은 법인 아닌 사단
이 보유하는 재산을 그 대표자가 처분한 경우에, 정관이나 규약에 따
르지 않은 처분이나 사원총회의 결의 없이 한 처분에 대하여 그 처분
행위는 절대적으로 무효이고,[62] 여기에 표현대리의 법리가 유추적용
될 여지가 없다는 법리이다.[63] 이러한 법리는 법인 아닌 사단이 보유
한 재산의 관리 및 처분은 정관 기타 계약에 의하는 외에는 물권법의
규정에 따라 처리를 해야 하는데(민법 제275조), 규약에 달리 정한 바
가 없음에도 민법 제276조에 위반하여 사원총회의 결의 없이 처분하
면, 총유재산의 처분방법을 정한 강행규정을 위반한 것이어서 그 처
분행위는 절대적으로 무효가 된다는 논리로 설명할 수 있다.[64] 위 법
리는 총유 규정에는 부합할 수 있으나, 거래의 안전을 해한다는 점에
서 정책적으로 타당하다고 보기 어렵다. 법인 아닌 사단의 대표자 등
이 적법하게 총유재산을 처분할 권한이 있는 양 외관을 형성하였다

---

61) 입법론으로 '총유물의 보존행위는 각자 할 수 있다'는 조문을 신설해야 한다는 견
　해로는 최문기(a)(주 19), 453면.
62) 대법원 2001. 5. 29. 선고 2000다10246 판결(공 2001, 1459); 2002. 9. 10. 선고
　2000다96 판결(공 2002, 2423); 2006. 1. 27. 선고 2004다45349 판결(미간행) 등.
　위 판결에 대한 비판으로는 김학동, "총유물의 처분행위", 서울법학 제19권 제2호
　(2011. 11), 219－227면.
63) 대법원 1992. 10. 13. 선고 92다27034 판결(공 1992, 3135); 2009. 2. 12. 선고
　2006다23312 판결(공 2009상, 307) 등.
64) 제철웅, "단체와 법인", 민사법학 제36호(2007. 5), 101면.

면, 그 외관을 신뢰한 거래상대방을 보호하는 것이 '거래 안전의 보호'의 이념에 부합하기 때문이다. 유독 비법인사단의 처분행위와 관련하여 '거래 안전의 보호' 이념을 후퇴시킬 합당한 근거가 없다.

이와 관련하여 대법원 2007. 4. 19. 선고 2004다60072, 60089 전원합의체 판결[65]을 검토할 필요가 있다. 위 판결의 다수의견은 법인 아닌 사단이 타인 간의 금전채무를 보증하는 행위를 총유물의 관리·처분행위로 보지 않았다. 위 보증행위를 관리·처분행위로 보면 사원총회의 결의를 거쳐야 하고, 그 결의가 없으면 보증행위는 앞서 본 법리에 따라 절대적 무효가 된다. 이 문제를 해결하기 위하여, 즉 거래의 안전을 보호하고자 다수의견은 채무보증행위가 총유물의 관리·처분에 해당하지 않는다고 본 것이다.[66] 그러나 비법인사단이 위 보증채무를 이행하지 않는 경우에 비법인사단은 자신이 보유하고 있는 현금이나 총유물을 처분하여 그 채무를 만족시켜야 하므로 결국 보증채무 부담행위는 총유물의 처분으로 연결될 수밖에 없다.[67] 따라서 비법인사단의 보증채무 부담행위는 총유물의 처분행위로 보는 것이 타당하다. 결국 다수의견은 총유물의 관리·처분의 개념을 부당하게 축소해석하여 거래의 안전을 꾀하려고 한 것인데, 거래의 안전은 그와 같은 잘못된 해석론에 기하여 도모할 것이 아니라 총유 규정이 가지는 문제점을 근본적으로 해결함으로써 도모해야 할 것이다.

---

65) 공 2007, 693.

66) 김재형(b), "2007년 민법 판례 동향", 민법론 Ⅵ, 박영사(2011), 437면; 송오식, "법인 아닌 사단의 법적 지위와 규율", 동아법학 제58호(2013. 2), 495면. 위 판결과 관련하여 김재형 대법관은 민법 제276조 제1항 위반행위(사원총회의 결의를 거치지 않은 총유물의 관리·처분행위)의 효력을 포함하여 거래상대방의 보호 문제를 재검토할 필요성이 있다고 언급을 하고 있다.

67) 위 전원합의체 판결의 반대의견의 핵심논거이다. 위 반대의견에 찬성하는 견해로는 문준섭, "총회의 결의를 거치지 아니한 비법인사단의 채무보증행위의 효력—대법원 2007. 4. 19. 선고 2004다60072, 60089 전원합의체 판결", 저스티스 제99호(2007. 8), 246면; 최문기(b)(주 59), 42–44면.

5. 소   결

위에서 검토한 바와 같이 총유 규정이 법인 아닌 사단의 실제를 반영하고 있다고 보기 어렵고, 재판규범으로서 적정한 기능을 하고 있다고 보기도 어렵다. 그리고 총유 규정을 적용하는 경우 여러 가지 부당한 결과가 발생한다. 그렇다고 총유 규정을 곧바로 폐지하여야 한다는 결론에 도달할 수는 없다. 총유 규정을 폐지하는 경우에 발생하는 문제점이 크다면 그 문제점을 시정하지 않고 총유 규정을 폐지하는 것은 무책임할 수 있기 때문이다. 목차를 바꾸어 이 점에 관하여 논하기로 한다.

Ⅳ. 총유 규정의 폐지에 대한 반론에 대한 검토

1. 문제의 제기

총유 규정이 여러모로 비판받을 점이 있다고 하더라도 이를 폐지하는 경우에 어떤 문제가 있는지 그 문제를 시정하기 위하여 어떤 규정을 신설하는 것이 필요한지 검토를 할 필요가 있다. 막연히 총유 규정을 폐지하면 법정 안정성이 훼손될 수 있기 때문이다. 분과위는 총유 규정의 폐지로 발생할 수 있는 문제점을 시정하고자 아래와 같이 총유 규정의 폐지를 제안하면서도 민법 제39조의2와 부동산등기법 제48조 제3항의 개정안을 제출하였다. 이하에서는 총유 규정의 폐지에 대한 주요 반론을 논의하고, 이를 통해 분과위안 제39조의2 제1항의 타당성도 같이 검토하고자 한다.

[표 1] 총유와 비법인사단에 관한 분과위안

현행(민법)	분과위안(민법)
제275조(물건의 총유) ① 법인이 아닌 사단의 사원이 집합체로서 물건을 소유할 때에는 총유로 한다. ② 총유에 관하여는 사단의 정관 기타 계약에 의하는 외에 다음 2조의 규정에 의한다.	<삭제>
제276조(총유물의 관리, 처분과 사용, 수익) ① 총유물의 관리 및 처분은 사원총회의 결의에 의한다. ② 각 사원은 정관 기타의 규약에 좇아 총유물을 사용, 수익할 수 있다.	<삭제>
제277조(총유물에 관한 권리의무의 득상) 총유물에 관한 사원의 권리의무는 사원의 지위를 취득상실함으로써 취득상실된다.	<삭제>
* 2011년 개정안(총유 규정의 폐지를 전제로 하지는 않음) 제39조의2 (법인 아닌 사단과 재단) ① 법인 아닌 사단과 재단에 대하여는 주무관청의 인가 또는 등기를 전제로 한 규정을 제외하고는 본장의 규정을 준용한다. <신설> <신설>	제39조의2 (법인 아닌 사단과 재단) ① 법인 아닌 사단과 재단에 대하여는 주무관청의 인가 또는 등기를 전제로 한 규정을 제외하고는 본장의 규정을 준용한다. ② 부동산에 관한 대표자의 처분권의 제한은 등기하지 아니하면 제3자에게 대항하지 못한다. ③ 법인 아닌 사단의 재산은 상당한 이유가 있는 때에는 정관 또는 사원총회의 결의에 따라 사원에게 분배할 수 있다.

<신설>	④ 법인 아닌 사단이 해산하는 경우 정관으로 잔여재산의 귀속권리자를 지정하지 아니하거나 이를 지정하는 방법을 정하지 아니한 때에는 사원총회의 결의에 따라 사단의 목적에 유사한 목적을 위하여 그 재산을 처분할 수 있다. 제2항은 해산의 경우에도 준용한다.
② 영리를 목적으로 하는 법인 아닌 사단의 재산으로 사단의 채무를 완제할 수 없는 때에는 각 사원은 연대하여 변제할 책임이 있다.	⑤ 좌동
③ 제2항의 재산에 대한 강제집행이 주효하지 못한 때에도 각 사원은 연대하여 변제할 책임이 있다.	⑥ 좌동
④ 제3항의 규정은 사원이 법인 아닌 사단에 변제의 자력이 있으며 집행이 용이한 것을 증명한 때에는 적용하지 아니한다.	⑦ 좌동
현행(부동산등기법)	**분과위안(부동산등기법)**
제48조 (등기사항) ③ 제26조에 따라 법인 아닌 사단이나 재단 명의의 등기를 할 때에는 그 대표자나 관리인의 성명, 주소 및 주민등록번호를 함께 기록하여야 한다.	제48조 (등기사항) ③ 제26조에 따라 법인 아닌 사단이나 재단 명의의 등기를 할 때에는 그 대표자나 관리인의 성명, 주소, 주민등록번호 및 부동산에 관한 대표자의 처분권의 제한이 있는 경우 이를 함께 기록하여야 한다.

2. 총유 규정의 폐지에 대한 주요 반론과 그 타당성에 대한 검토

가. 법인 설립의 유인이 없어진다는 반론에 대하여

총유 규정을 폐지하자는 주장에 대하여 총유 규정 폐지 시 법인 설립을 유도할 유인이 없어진다는 비판을 할 수 있다. 총유 규정을 폐지하면 법인 아닌 사단에 법인의 규정이 대부분 준용되는 결과 법인 아닌 사단과 법인인 사단의 차이가 사실상 없어지므로, 법인 아닌 사단으로서는 굳이 주무관청의 허가를 거치면서까지 등기를 갖출 노력을 할 유인이 없어진다는 것이다.[68]

이에 대하여는 다음과 같이 재반박할 수 있다.

첫째, 법인 아닌 사단의 경우 등기를 할 수 없으므로 대표자의 권리에 대한 제한을 공시할 방법이 없다.[69] 따라서 법인 아닌 사단에서 내부적으로 대표자의 권리를 제한하였다고 하더라도 대표자가 행한 거래행위는 원칙적으로 유효하다.[70] 다만, 거래 상대방이 그와 같은 대표권 제한 및 그 위반 사실을 알았거나 과실로 인하여 이를 알지 못한 때에만 그 거래행위는 무효로 될 수 있다.[71] 결국 법인 아닌 사

---

68) 임상혁(a), "법인이 아닌 사단의 당사자능력과 권리능력", 민사법학 제39-1호 (2007. 12), 432면.
69) 뒤에서 보는 바와 같이 필자는 비법인사단의 부동산에 관한 대표자의 처분권 제한을 부동산등기부에 기재하는 분과위안에는 반대한다.
70) 이 부분에 대해서는 뒤의 'V. 2의 나'에서 다시 설명한다.
71) 총유 규정을 삭제하는 경우에 위와 같이 대표권 제한의 법률관계를 해석하여야 한다는 견해로는 박의근(b), "법인 아닌 사단에 대한 입법론", 재산법연구 제32권 제2호(2015. 8), 68면. 한편 대법원은 위 2004다60072, 60089 전원합의체 판결에서 "보증계약 체결 시 내부적으로 임원회의의 결의 등을 거치도록 한 규약은 법인 아닌 사단의 대표권을 제한하는 규정에 해당하는 것이므로, 이를 위반하였다고 하더라도 보증계약은 유효하고, 거래 상대방이 그와 같은 대표권 제한 및 그 위반 사실을 알았거나 과실로 인하여 이를 알지 못한 때에는 그 거래행위가 무효로 된다고 보아야 한다."고 판시하고 있다. 앞서 본 바와 같이 위 판시는 보증계약 체결이 총유물의 관리 및 처분에 해당하지 않음을 전제로 한 것이다. 그런데 총유 규정을 폐지하는 경우에는 보증계약 체결이 총유물의 관리 및 처분에 해당하는지 여

단은 등기를 하지 않음으로써 대표자의 권한을 제한할 수 없는 불이
익을 감수해야 하므로, 이러한 불이익은 등기를 유도하는 유인이 된다.

둘째, 분과위안은 영리를 목적으로 하는 법인 아닌 사단의 경우
에 각 사원에 대하여 연대책임을 규정하고 있다. 회사설립의 절차를
밟지 않고 영리를 목적으로 하는 법인 아닌 사단으로 계속 남아있는
경우에는 법인의 책임귀속의 법리에 대한 예외를 인정하여, 사원에게
연대책임을 묻겠다는 취지이다.[72] 이러한 분과위안은 거래의 안전을
고려하고 법인 아닌 사단으로 하여금 법인격 취득의 유인을 제공한다
는 점에서 타당하다.

비교법적인 시각에서도 분과위안의 타당성을 인정할 수 있다.[73]
독일 민법 제54조 제2문에 의하면, 권리능력 없는 사단의 이름으로
제3자와 법률행위를 한 행위자(der Handelende)는 제3자에 대하여 인
적 무한 책임을 지고, 공동으로 법률행위를 한 때에는 공동행위자 전
부가 연대하여 책임을 부담하도록 규정하고 있다.[74] 나아가 독일의

부를 불문하고 그 계약은 원칙적으로 유효한 것으로 보게 되고, 다만, 거래 상대
방이 악의 또는 과실이 있는 경우 그 거래행위가 무효가 되는 것이다.

72) 김대정(b), "법인법개정안 해설", 법인·시효 제도 개선을 위한 민법개정안 공청회
자료집, 법무부(2010. 12), 29면.

73) 同旨 송호영(a)(주 44), 25면 이하.

74) 독일 민법 제54조는 "Auf Vereine, die nicht rechtsfähig sind, finden die
Vorschriften über die Gesellschaft Anwendung. Aus einem Rechtsgeschäft, das
im Namen eines solchen Vereins einem Dritten gegenüber vorgenommen
wird, haftet der Handelnde persönlich; handeln mehrere, so haften sie als
Gesamtschuldner. 권리능력이 없는 사단에 대하여는 조합에 관한 규정이 적용된
다. 사단의 이름으로 제3자에 대하여 행하여진 법률행위에 대하여 행위자는 개인
적으로 책임진다; 다수가 행위한 때에는 이들은 연대채무자로서 책임을 진다."고
규정하고 있다(위 법문의 해석은 양창수 역, 2015년판 독일민법전, 박영사(2015),
19면에 따랐다). 독일 민법 제54조 제2문에 대한 설명으로는 안성포, "사실상 대
표자의 행위에 의한 비법인사단의 책임 — 대법원 2011. 4. 28. 선고 2008다15438
판결을 중심으로", 법학논총 제29집 제4호(2012. 12), 한양대학교 법학연구소,
377-380면 이하 참조.

지배적인 견해는 영리를 목적으로 하는 권리능력 없는 사단의 경우에
그 사단재산으로의 책임제한은 인정되지 않는다.[75] 상사거래의 경우
유한책임을 인정받기 위해서는 일정한 요건에 따라 법인격(주식회사,
유한회사)이 있어야 하기 때문이다. 따라서 영리 목적의 권리능력 없
는 사단의 경우에는 법인재산 외에도 전 구성원의 인적책임이 인정
된다.

독일의 위와 같은 입법과 해석론은 권리능력 없는 사단과 거래한
상대방을 두텁게 보호하는 역할을 하고, 법인 아닌 사단으로 하여금
등기하도록 하는 유인으로써 작용한다는 점에서 긍정적으로 평가할
수 있다.[76][77]

이에 대하여 사원에게 법인 아닌 사단의 채무에 대하여 책임지도
록 하는 것은 '법인의 재산과 구성원 개인의 재산을 엄격히 구분해야
한다'는 분리의 원칙(Trennungsprinzip)에 반한다는 비판이 있을 수 있
다.[78] 그러나 분리의 원칙은 법인격을 취득한 법인에 대하여 적용할

---

75) Staudinger/Weick (2005) §54, Rn. 54f. 이 경우 민법상 조합법과 제427조(연대채
　　무)가 적용된다고 한다. 특히 상사영업을 하는 단체의 경우 민법 제54조 제1문이
　　조합에 관한 규정을 지시하고, 이로써 합명회사의 사원책임에 관한 상법 제128조
　　가 적용되어 거래안전이 보호된다는 견해로 Bamberger/Roth/Schwarz/Schöpflin
　　(2007), Rn. 9.
76) MüKo/Arnold BGB §54, Rn. 41.
77) 독일 민법 제54조 제1문에서 권리능력 없는 사단에 대하여 조합에 관한 규정을 준
　　용하도록 한 이유는 법인격 취득을 유인함으로써 자유설립주의의 채용을 방지하
　　고자 한 입법자의 의도에서 비롯된 것이라고 한다(정종휴(주 4), 53면; 송호영(c),
　　"법인론과 관련한 독일 사법학계의 최근동향", 비교사법 제4권 제2호(1997. 12),
　　630면; 김인섭, "권리능력없는 사단의 재산관계의 비교법적 고찰", 現代法學의 理
　　論; 佑齋 李鳴九博士 華甲紀念論文集, 3권, 佑齊 李鳴九博士 華甲紀念論文集
　　刊行委員會(1996), 28면; 김진현(주 5), 54면). 다만, 독일은 위 제54조 제1문에도
　　불구하고 권리능력 없는 사단에 대해서 광범위하게 법인에 관한 규정을 준용하고
　　있다(MüKo/Arnold BGB §54, Rn. 4. 한편 Staudinger/Weick (2005) BGB §54,
　　Rn. 2에서는 이를 "訂正 해석(berichtigende Auslegung)"이라고 한다).
78) 박의근(b)(주 71), 66면, 72–73면.

수 있을 뿐 아직 법인격을 취득하지 않은 법인 아닌 사단에 대해서까지 꼭 확장하여 적용할 논리필연적인 이유는 없고, 앞에서 본 바와 같이 법인 아닌 사단에 대한 분리의 원칙의 배제는 오히려 법인 아닌 사단으로 하여금 법인격 취득의 유인으로 기능할 수 있다는 점에서 위와 같은 비판은 타당하다고 보기 어렵다.

결국 영리를 목적으로 하는 비법인사단의 경우에 각 사원에 대하여 연대책임을 규정한 분과위안은 타당성이 인정되고, 이에 따르면 비법인사단에게 법인 설립의 유인을 충분히 제공한다고 평가할 수 있다.

셋째, 세제 혜택 등의 정책으로 법인 아닌 사단으로 하여금 법인 설립을 하도록 유도할 수 있다. 이를 위하여 법인 아닌 사단이 부동산을 취득하는 경우에 법인 아닌 사단으로서 등기를 하는 경우와 법인격을 취득한 후에 등기를 하는 경우를 구별하여 후자의 경우에 등록세, 취득세의 혜택을 부여하는 방안을 검토할 수 있다. 또는 법인 아닌 사단이 소송을 하는 경우에 법인 아닌 사단으로서 소송을 하는 경우와 법인격을 취득한 후에 소송을 하는 경우를 구별하여 후자의 경우에 인지대 혜택을 부여하는 방안을 검토할 수 있다. 이와 같이 총유 규정이 폐지되더라도 여러 가지 법인설립을 유도하는 정책을 통해 법인설립의 유인을 제공할 수 있다.

이상에서 본 바와 같이 총유 규정을 폐지하더라도 법인 아닌 사단으로 하여금 법인격 취득의 유인을 충분히 제공할 수 있다. 여기에 법인 설립에 관한 현행 허가주의를 인가주의로 전환하는 것도 법인 설립의 충분한 유인이 될 수 있을 것이다.[79]

---

[79] 법무부 민법개정위원회가 법인에 관하여 최종적으로 마련한 민법개정안에는 현행 허가주의를 인가주의로 전환하는 것이 담겨있다. 그 내용에 대한 설명으로는 김대정(c), "민법개정시안에서의 법인설립에 관한 입법주의의 전환", 법학논문집 제34집 제2호(2010), 중앙대학교 법학연구소, 18-19면.

나. 법적 공백과 법적 안정성의 문제가 있다는 반론에 대하여

(1) 총유 규정을 폐지하는 경우에 비법인사단의 소유관계를 규율
하는 규정이 없어 법적 공백이 발생할 수 있고, 기존에 축적되어 온
대법원 판례나 법리에 혼란을 가져오므로 법적 안정성에 문제가 생길
수 있다는 비판이 있을 수 있다.

우선 법적 공백의 문제에 대하여는 이 문제를 대처하기 위한 분
과위안의 제39조의2 제1항의 제안에 대하여 상세히 검토할 필요가
있다.

(2) 분과위는 총유 규정의 폐지를 전제로 제39조의2 제1항에 "법
인 아닌 사단과 재단에 대하여는 주무관청의 인가 또는 등기를 전제
로 한 규정을 제외하고는 본장의 규정을 준용한다."는 규정을 둘 것
을 제안하였다. 사실 위 제39조의2 제1항은 2011년 민법개정안에도
있었던 것인데, 당시 개정안은 총유 규정의 폐지를 전제로 하지 않았
으나 이번 분과위의 제안은 총유 규정의 폐지를 전제로 한 것이다.

위 안은 사단법인에 관한 민법의 규정 중에서 법인격을 전제로
하고 있는 규정을 제외한 나머지 규정은 모두 법인 아닌 사단에 유추
적용되어야 한다는 종래의 통설·판례를 명문화한 것으로 이해되고
있는데,[80] 총유 규정이 폐지되는 경우 법인 아닌 사단을 실질적으로
사단법인과 같이 취급할 수 있는 근거조항이 될 수 있다. 특히 우리
법은 법인 아닌 사단에 대하여 당사자능력과 등기능력을 인정하고 있
으므로(민사소송법 제52조, 부동산등기법 제26조 제1항 참조), 법인 아닌
사단을 사단법인과 같이 규율할 수 있는 근거가 상당히 갖추어져 있
다는 점을 고려할 때 위 안의 타당성을 인정할 수 있다.

(3) 위 제39조의2 제1항에 따르면 다음과 같은 법리 전개가 가능

80) 김대정(b)(주 72), 28면. 비법인사단에 사단법인에 관한 규정을 준용해야 한다는
점은 김증한 교수가 작성한 民法案意見書에서도 주장되었다. 민사법연구회(주
11), 104면.

하다. 민법의 법인 규정은 법인 자체에 권리능력을 인정하여 그 재산
은 법인의 단독소유로 하고 법인의 대표기관인 이사는 재산의 관리·
처분을 할 수 있다. 따라서 위 분과위안에 따르면 비법인사단의 대
표자는 '사원총회 결의가 있었는지 여부를 불문하고' 적법하게 비법
인사단의 재산을 처분·관리할 권한이 있고, 보존행위를 할 권한이
있다.

    또한, 위 분과위안에 따르면 법인과 마찬가지로 비법인사단의 업
무, 특히 재산의 처분·관리·사용·수익에 관한 부분은 사단법인과
마찬가지로 정관이 있으면 정관에 따라야 하고, 정관이 없으면 사원
총회의 결의에 따르게 된다(민법 제68조 참조).[81] 그런데 법인 아닌 사
단으로 평가되기 위해서는 설립등기 외에는 사단법인과 동일한 수준
의 실체를 가지고 있어야 하므로,[82] 어떤 단체가 비법인사단으로 판
단되었다면 단체 구성원들의 재산관계에 대하여 정관이나 규약을 가
지고 있다고 보아야 할 것이다.[83] 설령 종중과 같이 자연발생적 단체
이어서 명문의 규약을 가지고 있지 않다고 하더라도 법원은 관습이나
관행을 인정함으로써 불문(不文)의 형태로 존재하던 규약을 명확히 하
고 있다.[84]

    예를 들어 대법원은 종중의 관행에 의하여 매년 일정한 날에 일

___

81) 다만, 뒤에서 보는 바와 같이 비법인사단의 대표자의 처분행위에 대하여 사원총회
  의 결의를 거치도록 하는 정관상의 제한이 있더라도 이는 내부적인 대표권 제한에
  불과하므로, 대표자가 그 제한에 위반하여 처분을 하더라도 특별한 사정이 없는
  한 적법한 처분이라 할 것이다.
82) 대법원 1992. 7. 10. 선고 92다2431 판결(공 1992, 2360); 1999. 4. 23. 선고 99다
  4504 판결(공 1999, 1018); 2009. 1. 30. 선고 2006다60908 판결(공 2009상, 219)
  등 참조.
83) 명순구(b)(주 18), 351면.
84) 총유 규정이 임의규정이므로(민법 제276조 제2항) 관습을 우선시하는 것은 민법
  제106조에 비추어 타당하다는 해석도 가능하나, 필자는 법원이 관습뿐만 아니라
  관행, 관례라는 이름으로 비법인사단의 정관이나 규약을 보충하고 있다고 해석하
  는 것이 타당하지 않나 생각한다.

정한 장소에서 정기적으로 종중원들이 집합하여 종중의 대소사를 처리하기로 되어 있는 경우에는 별도로 종중총회의 소집절차가 필요하지 않고,[85] 종중이 매년 정해진 날짜의 시제에 특별한 소집절차 없이 정기적으로 총회를 열어 종중 재산관리에 관하여 결의를 하여 왔다면 위 결의는 유효하다고 판시하고 있는데,[86] 관행을 반영하여 소집절차나 결의 요건을 통상의 단체와 달리 보고 있다. 또한 대법원은 종중총회는 종장이나 문장이 선임되어 있지 않으면 특별한 사정이 없는 한 종원 중 행렬이 가장 높고 나이가 많은 사람이 종장이나 문장이 되어 소집을 해야 하고,[87] 대표자 선임방법은 특별한 사정이 없으면 宗長 또는 門長이 그 종족 중의 성년 이상의 종원을 소집하여 출석자의 과반수의 의결로써 대표자를 선임해야 한다고 판시하면서[88] 종중의 정관이나 규약을 사실상 창설 내지 보충하고 있다.

이처럼 대법원이 그 동안 비법인사단에 대하여 선고한 판결의 상당수는 해당 단체에서 명시적으로 정하지 아니한 사항에 대해서 관습이나 관행을 선언함으로써 단체의 정관이나 규약을 명확히 하는 역할을 하여 왔다. 따라서 앞서 본 바와 같이 제39조의2 제1항이 신설되더라도 법인 아닌 사단의 정관 내지 규약은 중요한 역할을 담당하고, 기존의 축적되어 온 대법원 판례나 법리의 상당 부분은 그 동안에 발견된 정관 내지 규약으로 포섭할 수 있다. 그렇다면 총유 규정의 폐지로 인하여 법적 공백이 심각하게 발생한다거나 법적 안정성이 중대하게 훼손된다고 보기는 어렵다.[89]

---

85) 대법원 1994. 9. 30. 선고 93다27703 판결(공 1994, 2822); 2005. 12. 8. 선고 2005
다36298 판결(공 2006, 101); 2007. 5. 11. 선고 2005다56315 판결(미간행) 등 참조.
86) 대법원 1991. 8. 13. 선고 91다1189 판결(공 1991, 2329); 1992. 12. 11. 선고 92다
18146 판결(공 1993, 445); 1993. 7. 16. 선고 92다53910 판결(공 1993, 2284);
2011. 9. 8. 선고 2011다34743 판결(미간행) 등 참조.
87) 대법원 1985. 4. 23. 선고 84다카2053 판결(공 1985, 782) 참조.
88) 대법원 1984. 5. 29. 선고 83다119, 83다카341 판결(공 1984, 1181) 참조.
89) 양창수 대법관은 이전부터 "민법 제275조 이하의 총유 규정은 사실은 법인에 관한

(4) 오히려 총유 규정을 폐지하고 제39조의2 제1항을 신설하는 것은 다음과 같은 적극적인 의의가 있다. 즉 ① 비법인사단의 법률관계의 규율과 관련한 입법의 미비를 보완할 수 있는 점, ② 비법인사단에 대해서도 단체로서 실질을 인정하여 법인 규정을 준용하도록 함으로써 단체법의 법률관계를 비교적 간명하게 처리할 수 있는 점, ③ 비법인사단의 대표자의 처분행위의 효력과 관련하여 원칙적으로 ‘사원총회 결의’에 구애되지 않고 유효하게 취급되므로 거래의 안전을 기할 수 있는 점,90) ④ 비법인사단의 대표자가 보존행위를 함에 있어 ‘사원총회 결의’를 거칠 필요가 없는 점91) 등의 적극적 의의가 있다. 따라서 위 분과위안은 타당하다. 그리고 그동안 총유 규정으로 인해 비법인사단의 재산귀속 문제를 관리·처분권과 사용·수익권의 분리로 실제와 달리 관념함으로써 여러 가지 문제점이 발생하였는데, 이를 해결할 수 있다는 점에서도 위 분과위안의 타당성을 인정할 수 있다.92)

(5) 다만, 제39조의2 제1항이 법인 아닌 사단에게 권리능력을 부여하는 것을 전제로 한 것인지 검토할 필요가 있다. 민법의 해석상 주

규정에 의하여 표현되어 있는 사단법리를 통하여서도 동일한 규범을 획득할 수 있을 것이라고 생각한다.”고 주장하였는데(양창수(주 37), 129면), 음미할 가치가 충분하다.

90) 이를 통해 사원총회의 결의 없이 처분하면, 총유재산의 처분방법을 정한 강행규정을 위반한 것이어서 그 처분행위는 절대적으로 무효라는 기존의 법리의 문제점을 해결할 수 있다.

91) 이를 통해 법인 아닌 사단이 보존행위로 소를 제기하는 경우에 반드시 사원총회의 결의를 거쳐야 한다는 기존의 법리의 문제점을 시정할 수 있다.

92) 사람들이 어떤 판단을 하게 될 때 초기에 접한 정보에 집착해 합리적 판단을 하지 못하는 현상을 ‘앵커링 효과(anchoring effect)’라고 하는데(Amos Tversky and Daniel Kahneman, “Judgment under Uncertainty: Heuristics and Biases”, Science Vol. 185, No. 4157 (Sep. 27, 1974), pp. 1124–1131 참조), 법리상 여러 가지 문제가 있는 총유 규정은 법관으로 하여금 판단의 오류에 빠지게 만들 수도 있는 초기의 정보라고 말할 수 있다.

무관청의 인가와 등기를 전제로 법인격을 부여하고 있다고 보는 것이 타당하므로, 위 조항을 신설하였다고 하여 법인 아닌 사단에게 권리능력을 부여하기는 어렵다.[93][94] 따라서 법인 아닌 사단이 재산을 취득한 경우에 법인 아닌 사단의 단독소유로 간명하게 구성하기는 어려운바, 그 이론구성은 다음과 같이 하는 것이 어떨까 한다.

비법인사단이 재산을 취득한 경우에 정관 기타 규약에 지분권을 인정하지 않는 한 비법인사단의 사원은 재산에 대한 지분을 갖지 않는다. 따라서 지분을 처분할 수 없고 사원의 채권자가 위 지분을 압류할 수 없다. 이처럼 비법인사단이 취득한 재산은 어떤 사람이 소유한 재산 중 일부가 특정한 목적을 위하여 분리되어 독자적인 재산을 이루는 특별재산(Sondervermögen)[95]에 해당하는 것이다. 따라서 비법인사단이 권리능력이 없는 관계로 비법인사단의 사원들이 개인의 지위가 아니라 단체의 구성원이라는 특별한 지위에서 그 재산을 취득하고, 재

---

93) 同旨 윤진수(a)(주 3), 161면(윤진수 교수는 법인의 설립에 관하여 허가주의 또는 인가주의를 버리고 자유설립주의 또는 준칙주의로 나아가지 않은 이상, 법인 아닌 사단의 독자적인 권리능력을 인정하는 것은 법체계적으로 곤란한 문제를 야기한다고 한다). 김대정 교수는 민법개정안 공청회에서 제39조의2 제1항에 대하여 '새로운 법리를 도입한 것이 아니라 사단법인에 관한 민법의 규정 중에서 법인격을 전제로 하고 있는 규정을 제외한 나머지 규정은 모두 법인 아닌 사단에 유추적용되어야 한다는 종래의 통설·판례를 명문화한 것에 불과하다'고 설명하고 있다(김대정(b)(주 72), 28면). 반대견해로는 박의근(a), 522-523면.

94) 독일의 경우 독일 연방법원이 민법상 조합에 대하여 권리능력을 인정한 이후(BGHZ 146, 341 = NJW 2001, 1056), 비법인사단의 권리능력을 인정하는 견해가 지배적이다(MüKo/Arnold BGB §54, Rn. 18). 이에 대한 소개로는 위계찬, "독일법상 권리능력 없는 사단", 재산법연구 제33권 제1호(2016. 5), 11-13면.

95) 특별재산의 대표적인 예는 조합원의 고유재산과 구별되는 조합재산, 수탁자의 고유재산과 구별되는 신탁재산이 있다(Karl Larenz/Manfred Wolf, Allgemeiner Teil des Bürgerlichen Rechts, 9. Auflage, C.H.Beck(2004), §21, Rn. 49; Hein Kötz, Trust und Treuhand, Vandenhoeck & Ruprecht(1963), S. 137; Helmut Coing, Die Treuhand kraft privaten Rechtsgeschäfts, C.H.Beck(1973), S. 118). 특별재산이 되는 경우에 그 특별재산은 특별재산 명의자의 고유재산과 분리하여 취급하여야 하며 별개의 책임재산을 구성한다.

산의 사용·수익·처분·관리 등을 둘러싼 법률관계는 개정안 제39조
의2 제1항에 따라 법인 아닌 사단의 실질에 부합하게96) 법인의 규정
을 준용하는 것으로 이론 구성을 하면 적절하지 않을까 생각한다.

　　비법인사단의 권리능력을 인정하지 않았던 전통적인 독일의 다수
설은 비법인사단의 재산을 합수적으로 결합된 사원들의 특별재산으로
보고 있다. 즉 전통적인 독일의 다수설은 권리능력 없는 사단의 재산
은 법인의 단독소유가 아니라 민법상 조합법에 따라 개개 사단구성
원 자체가 그러나 합수적으로 결합된 인적 다수(gesamthänderisch
verbundende Personenmehrheit)가 권리의무의 주체가 된다고 설명한
다.97) 그에 따르면 개개 구성원에게는 법인재산에 속하는 물건 및 채
권에 대한 분할된 공동소유권 내지 준공동소유권이 인정되지 않고,
또한 조합재산 전체에 대한 분할된 지분도 인정되지 않는다. 이러한
법리 구성을 통해 개개 조합원이 비법인사단 재산을 처분하는 것을
무력화하고 있는데, 사단의 목적 달성에 중요한 역할을 한다. 우리나
라의 경우 독일과 같이 비법인사단에 조합에 관한 규정을 적용한다는
규정이 없어 '합수적으로 결합된 사원'이라고 설명할 수 있을지 의문
이다. 이보다는 비법인사단의 재산을 사원들이 '단체의 구성원이라는
특별한 지위에서' 취득한 특별재산이라고 정의하는 것이 타당하다고
생각한다.

　　다. 총유 규정이 적용되는 경우가 있을 수 있다는 반론에 대하여
　　총유 규정을 폐지하자는 주장에 대하여 실제로 총유 규정을 적용
해야 하는 법률관계가 있을 수 있는 경우도 있으므로 폐지까지 하는
것은 부당하다는 비판이 있을 수 있다. 예를 들면 자연부락의 경우에

---

96) 앞에서 설명한 바와 같이 법인 아닌 사단으로 평가되기 위해서는 설립등기 외에는
　　사단법인과 동일한 수준의 실체를 가지고 있어야 하므로 실질인 사단법인의 규정
　　을 준용하는 것이다.
97) Staudinger/Weick (1995) BGB §54, Rn. 74f.

는 부락민을 위한 목야지를 중심으로 공동체의 모습을 유지하고 있고, 구성원인 주민들은 사용·수익을 할 뿐 처분권한을 가지고 있지 않아 총유가 이념형으로 상정하고 있는 공동체에 해당하므로 총유 규정이 필요하다고 주장할 수 있다.

그러나 실제에 있어서 총유 규정이 적용될 만한 위와 같은 공동체를 규율함에 있어서 제일 중요한 것은 그 지역의 관습이다. 그런데 관습은 지역마다 다를 수밖에 없으므로 일반 조항인 총유 규정이 분쟁해결에 있어서 큰 의미를 가진다고 보기 어렵다. 그리고 앞에서 본 바와 같이 위 공동체와 관련하여 공동체의 정관이 있는 경우에 그에 따르고 정관이 없는 경우 앞에서 본 바와 같이 관습이나 관행을 탐지하여 그에 따라 규율할 수 있으므로,[98] 이를 위하여 여러 가지 문제를 노정하고 있는 총유 규정을 존치할 이유는 없다. 아울러 위와 같은 공동체는 실제로 개인주의적 소유권 관념이 지배하고 있는 현 상황에서는 소멸될 가능성이 크므로 위와 같은 특수한 예에 기대어 총유 규정을 존치할 이유는 없다.

3. 소　결

위에서 검토한 바와 같이 총유 규정을 폐지하는 경우 법인 설립의 유인이 사라질 수 있고, 법적 공백과 법적 안정성의 문제가 발생할 수 있다는 비판이 있을 수 있으나 극복 가능한 비판이므로 위 문제를 염려하여 총유 규정을 존치하는 것은 타당하지 않다. 그리고 총유 규

---

98) 제주도에서는 그 지역 고유의 오래된 비법인사단으로 '공동목장조합'이라는 것이 있다. 공동목장조합은 공동으로 우마를 방목, 사육하고 마을 인근의 임야와 초지를 조성, 관리하기 위한 조직체인데, 지분(조합원 지위)의 양수·양도를 허용하는 경우도 있다고 한다. 따라서 '공동목장조합'에 대해서 총유 규정을 그대로 적용할 수는 없는 것이다. 공동목장조합의 법률관계에 대하여는 양경승, "제주의 토지제도 : 공동목장조합을 중심으로", 판례연구 제2집(1999), 제주판례연구회, 344면 이하; 한삼인, "공동목장조합의 법리 연구", 토지법학 24-2호(2008. 12), 한국토지법학회, 46면 이하.

정이 적용되는 경우가 있을 수 있음을 이유로 총유 규정을 존치하여
야 한다는 주장도 있을 수 있으나, 이 또한 타당하지 않고 총유 규정
의 존치로 인한 문제점이 매우 크다는 점을 상기하면 총유 규정을 폐
지하는 것이 타당하다.

V. 총유 규정의 폐지와 비법인사단의 규율

1. 문제의 제기

앞서 본 바와 같이 총유 규정을 폐지하고 제39조의2 제1항을 신
설하자는 분과위안은 타당하다. 그런데 법인 아닌 사단의 법률관계를
명확하게 규율하기 위하여 분과위에서는 [표 1]과 같이 제39조의2 제
1항 이외에도 제39조의2 제2항부터 제7항까지의 신설을 제안하였는
바, 이하에서는 그 당부에 관하여 검토하기로 한다.

2. 비법인사단의 부동산에 관한 대표자의 처분권 제한 공시 여부

가. 분과위안

분과위는 총유 규정을 삭제하는 경우에 비법인사단의 소유가 되
어 대표자에 의한 처분이 가능하게 되는데, 대표자의 처분권 제한이
있는 경우에 이를 공시하지 않으면 거래상대방 등 제3자가 불측의 손
해를 볼 수 있다고 보았다. 이에 분과위는 비법인사단의 재산 가운데
중요한 위치를 차지하는 부동산에 관하여 대표자의 처분권 제한을 공
시함으로써 거래안전을 도모할 것을 제안하였고, 그 처분권 제한의
공시방법으로 비법인사단에는 법인등기부가 없으므로 부동산등기부
에 공시하는 방법을 제안하였다.[99]

분과위안에 따르더라도 비법인사단은 법인격이 없으므로 법인격

---

99) 정병호(주 22), 16면, 21면.

을 전제로 한 사단법인의 규정을 준용할 수 없고, 이에 따라 법인 등기와 관련한 규정(예를 들면 민법 제60조)이 비법인사단에는 준용되지 않는바, 이를 우회하기 위하여 위와 같은 제안을 한 것이다. 이에 따른 분과위안이 민법 제39조의2 제2항[100]의 신설과 대표자의 처분권 제한을 등기부에 기재할 수 있게 한 부동산등기법 제48조 제3항[101]의 개정이다.

나. 검 토

위 분과위안은 법인 아닌 사단의 부동산 거래와 관련하여 거래의 안전의 도모를 목적으로 한다. 그런데 거래의 안전은 무리하게 부동산등기부에 대표자의 처분권 제한을 기재하는 방법을 택하지 않더라도 가능하다. 분과위안 제39조의2 제1항이 법인 아닌 사단에 등기를 전제로 한 규정을 제외하고는 법인에 관한 규정을 준용하도록 규정하고 있으므로 법인의 대표권제한의 법리에 따라 거래의 안전을 도모할 수 있다. 이를 좀 더 자세히 설명하면 다음과 같다.

법인의 이사는 대외적으로 법인의 행위로서 인정되는 행위를 하는 대표기관(代表機關)이므로, 법인의 행위능력에 속하는 모든 사항에 관하여 대표권을 가지는 것이 원칙이다.[102] 따라서 대표권을 내부적으로 제한하더라도 그 제한을 위반하여 한 행위는 원칙적으로 유효하다.[103] 이러한 법인의 법리를 비법인사단의 대표자에게 적용하면 거

---

100) 분과위안 제39조의2 제2항은 "부동산에 관한 대표자의 처분권의 제한은 등기하지 아니하면 제3자에게 대항하지 못한다."고 규정하고 있다.
101) 분과위안 부동산등기법 제48조 제3항은 "제26조에 따라 법인 아닌 사단이나 재단 명의의 등기를 할 때에는 그 대표자나 관리인의 성명, 주소, 주민등록번호 및 부동산에 관한 대표자의 처분권의 제한이 있는 경우 이를 함께 기록하여야 한다." 라고 규정하고 있다.
102) 곽윤직·김재형(a)(주 54), 194면; 이은영(주 16), 280면; 송덕수(a)(주 16), 651면; 백태승(주 16), 258면.
103) 주식회사의 대표이사가 이사회 결의를 거쳐야 할 대외적 거래행위에 관하여 이를 거치지 아니한 경우라도 그 거래행위는 원칙적으로 유효하다고 한 판시로는 대법

래의 안전을 충분히 보호할 수 있다. 비법인사단의 대표자도 법인의 이
사와 마찬가지로 비법인사단의 대외적 거래행위에 관하여 대표권을 가
지는 것이 원칙이다. 따라서 비법인사단이 대표자의 재산 처분에 관하
여 총회의 의결을 거치도록 제한을 하였다고 하더라도 이는 내부적 제
한에 불과하므로, 대표자의 처분은 원칙적으로 유효하고, 다만 거래 상
대방이 그와 같은 대표권 제한 및 그 위반 사실을 알았거나 과실로 인
하여 이를 알지 못한 때에만 거래행위가 무효가 되는 것으로 볼 수 있
다.104) 이러한 법리를 통해 거래의 안전을 충분히 보호할 수 있다.105)

만약 비법인사단에서 정관에 의하여 대표권을 제한한 경우에 법
인 이사의 대표권 제한에 관한 민법 제60조106)는 적용될 수 없다. 왜
냐하면 분과위안 제39조의2 제1항은 등기를 전제로 한 법인의 규정은
비법인사단에는 적용되지 않는다고 규정하고 있기 때문이다. 그런데
비법인사단에서 정관에 의하여 대표권을 제한한 경우에는 대표권에
대한 내부적 제한으로 볼 수 있다. 따라서 총회의 의결을 거치도록 대
표권을 제한한 경우와 마찬가지로 보아, 그 정관의 제한에 위반하여
한 처분은 유효하되, 거래 상대방이 악의 또는 과실이 있는 경우에 그
거래행위가 무효가 된다고 해석할 수 있다.

이와 같이 비법인사단에 법인의 대표권제한의 법리를 적용함으로
써 거래의 안전은 충분히 보호되며, 비법인사단으로서는 대표자의 권

원 1999. 10. 8. 선고 98다2488 판결(공 1999, 2280); 2005. 7. 28. 선고 2005다
3649 판결(공 2005, 1415) 참조.
104) 同旨 박의근(b)(주 71), 68면. 위와 같은 해석은 앞서 본 바와 같이 대법원
    2007. 4. 19. 선고 2004다60072, 60089 전원합의체 판결의 설시에 의하여도 뒷
    받침된다.
105) 앞서 본 바와 같이 총유 규정은 정관이나 규약에 따르지 않은 처분이나 사원총회
    의 결의 없이 한 처분에 대하여는 그 처분행위는 절대적으로 무효로 보기 때문에
    거래의 안전을 해하는데, 총유 규정을 폐지하고 위와 같이 해석함으로써 거래의
    안전을 보호할 수 있다.
106) 민법 제60조는 "이사의 대표권에 대한 제한은 등기하지 아니하면 제3자에게 대항
    하지 못한다."고 규정하고 있다.

리를 제한하더라도 보호를 받지 못하는 불이익을 입게 되는데, 이러한 불이익은 앞서 본 바와 같이 법인 설립을 유도하는 요인이 된다.

또한, 위 분과위안은 다음과 같은 점에 비추어도 타당하다고 보기 어렵다. 첫째, 위 분과위안은 비법인사단의 대표자의 부동산 처분에 관하여만 규정을 두고, 동산이나 다른 재산의 처분에 관하여는 아무런 규정을 두지 않고 있는데, 이처럼 부동산과 동산 기타 재산을 구별하여 규정할 합리적 이유가 없다.[107] 둘째, 위 분과위안은 법인 아닌 사단의 대표자의 처분권 제한을 부동산등기부에 기재하는 것을 제안하였는데, 부동산등기부가 법인등기부의 대용물이 될 수 있다고 볼 만한 합리적 근거가 부족하다.[108] 분과위안과 같이 부동산등기부의 기능을 확장하여 비법인사단을 보호하려고 한다면, 비법인사단이 굳이 법인 설립을 위해 노력할 동기가 감축될 것이다.

요컨대, 법인 아닌 사단의 거래와 관련하여 거래의 안전을 도모하려는 위 분과위안의 목적은 무리하게 부동산등기부의 기능을 확장하지 않더라도 분과위안 제39조의2 제1항에 의해서 달성할 수 있으므로, 위 분과위안은 타당하지 않다.

3. 분배조항의 신설이 타당한지 여부

가. 분과위안

분과위는 상당한 이유가 있는 때에는 법인 아닌 사단의 재산을 정관 또는 사원총회의 결의에 따라 사원에게 분배할 수 있도록 제39조의2 제3항의 신설을 제안하였다. 그 제안의 이유는 다음과 같다.[109]

「법인 아닌 사단에 법인에 관한 규정을 준용하도록 하는 분과위안 제39조의2 제1항에 따라 비영리 사단법인의 법리를 법인 아닌 사

---

107) 同旨 윤진수(a)(주 3), 163면.
108) 同旨 윤진수(a)(주 3), 163면.
109) 정병호(주 22), 21 - 22면.

단의 경우에도 그대로 적용하면, 법인 아닌 사단의 재산을 그 사원에게 분배하는 것은 허용되지 않을 것이다. 그러나 현재 법실무는 종중, 어촌계, 자연부락 및 동·리 등의 재산을 종원, 주민, 계원 등에게 분배하는 것을 당연시하고 있다. 법실무를 입법에 적극 반영할 필요가 있다는 데에 대해 대체로 의견의 일치를 보였다.」

나. 검   토

분과위가 총유를 폐지함으로 있을 수 있는 법적 공백을 최소화하고자 위 조항의 신설을 제안한 것으로 보인다. 특히 종중 재산의 분배가 당연시되는 실무를 반영한 것으로 이해된다.

그러나 종중재산은 공동선조의 제사의 계속, 분묘의 보전, 종원 상호간의 친목 및 복리증진의 목적에 바쳐진 재산인데, 그 재산의 일부를 종원들에게 분배하는 것이 종중재산의 목적이나 본질에 부합하는지에 관하여 학계나 실무에서 많은 비판이 있어왔다.[110] 이처럼 종중재산의 분배 가능 여부에 대하여 논란이 있는 상황에서 굳이 분배가 가능하다는 전제에서의 입법을 시도할 필요가 있었는지 의문이 든다. 법인 아닌 사단으로 하여금 법인 설립을 하도록 유도하려면 법인 아닌 단체가 누리는 이익이 법인보다 커서는 안 된다.[111] 그런데 위 분과위안은 비법인사단의 재산은 분배가능하다는 점을 명시함으로써 비법인사단으로 하여금 법인을 설립하는 것보다 현 상태를 유지하는

---

110) 송인권(주 50), 90-93면; 김제완(주 49), 148면 이하; 이우석, "종중재산의 귀속과 분배에 관한 연구", 재산법연구 제25권 제1호(2008. 6), 27-34면; 대법원 2005. 7. 21. 선고 2002다1178 전원합의체 판결(공 2005, 1326)의 별개의견은 "종중은 종중 목적을 달성하기 위하여 종중재산을 가지고 있으나, 이러한 종중재산은 제사불인멸(祭祀不湮滅)·재산영구보전(財産永久保全)의 원칙 아래 처분은 원칙적으로 금지되며, 종중재산으로부터 얻어지는 수익은 주로 선조의 제사봉행 등에 소요되고, 나머지가 있는 경우에 종원의 원조 내지 공익을 도모하는 용도에 충당되는 것이다."라고 판시하고 있다.

111) 同旨 박의근(b)(주 71), 69면; 송호영(a)(주 44), 33면.

것이 유리하다는 잘못된 인식을 심어줄 수 있다.

따라서 법인 아닌 사단의 재산은 분배가 가능함을 명시한 위 분과위안이 타당하다고 보기 어렵다.112)

4. 해산 시 잔여재산 처리에 관한 분과위안의 타당성

법인이 해산하는 경우 잔여재산이 있는 때에는 잔여재산은 우선 정관으로 지정된 자에게 귀속되고(민법 제80조 제1항), 정관으로 지정된 자가 없거나 또는 지정방법을 정관이 규정하고 있지 않은 때에는 이사 또는 청산인이 주무관청의 허가를 얻어 사원총회의 결의를 거쳐 그 법인의 목적과 유사한 목적을 위하여 처분할 수 있다(민법 제80조 제2항).

그러나 비법인사단의 경우에 주무관청의 허가라는 절차가 있을 수 없다. 이에 분과위는 비법인사단 해산 시 잔여재산 처리와 관련하여 제39조의2 제4항을 제안하였다. 그 내용은 잔여재산은 우선 정관으로 지정된 자에게 귀속하고, 귀속권리자를 지정하지 않은 경우 사원총회 결의에 따라 사단과 유사한 목적을 위하여 그 재산을 처분할 수 있다는 것이다. 이와 같은 분과위안은 주무관청의 허가가 있을 수 없는 법인 아닌 사단의 특수성을 반영한 타당한 제안이라고 생각한다.

5. 사원의 연대책임 규정의 타당성

영리를 목적으로 하는 법인 아닌 사단의 사원의 연대책임에 관한 민법 개정안은 사실 법무부의 2011년 민법개정안에 있었던 것이고,113)

---

112) 위 분과위안은 '상당한 이유가 있는 때'에 분배가 가능하도록 함으로써 비법인사단의 재산 분배를 제한한 것으로 보인다(정병호(주 22), 23면). 그러나 '상당한 이유'의 개념 자체가 불확정하여 이를 가지고 실질적으로 분배를 제한할 수 있을지 의문이 든다. 판례가 분배를 허용하여 온 사안에 대해서 '상당한 이유'가 있는 것으로 볼 가능성이 많기 때문이다.
113) 김대정(b)(주 72), 25-29면.

분과위는 위 민법개정안을 그대로 인정하여 제39조의2 제5항, 제6항, 제7항의 신설을 제안하였다(다만, 2011년 민법개정안과 달리 위 분과위안은 총유 규정의 폐지를 전제로 한 것이다).

앞에서 이미 설명한 바와 같이 위 분과위안은 거래의 안전을 고려하고 법인 아닌 사단으로 하여금 법인격 취득의 유인을 제공하고, 비교법적으로도 그 합리적 근거를 인정할 수 있으므로 타당하다.114) 다만, 사원이 수시로 변동되는 법인 아닌 사단의 경우에 누가 사원으로서 연대책임을 지는지에 대해서는 추가적인 논의가 필요할 것으로 보인다.

6. 소   결

위에서 검토한 바와 같이 분과위는 총유 규정을 폐지하고 비법인사단의 재산의 법률관계는 주로 법인 규정을 준용함으로써 규율하되, 법인에 관한 규정을 준용할 수 없는 경우에는 이를 대비하여 만든 분과위안에 따라 규율하도록 하고 있다. 총유 규정의 폐지는 관리·처분권과 사용·수익권의 분리라는 대전제를 깨는 것을 의미한다. 비법인사단에 법인 규정을 준용하는 경우에 특히 단체의 정관이나 규약이 중요한 의미를 가지는데, 앞에서 언급한 바와 같이 종전에 축적되어 온 비법인사단에 관한 대법원 판례나 법리는 비법인사단의 정관 내지 규약으로 포섭할 수 있을 것이다. 여기에 위에서 타당성을 인정한 분과위안을 적용하면 총유 규정 폐지로 인한 법적 공백은 최소화될 수 있을 것으로 판단된다.115)

---

114) 만약, 영리 목적이 있었는지 여부를 불문하고 법인 아닌 사단의 사원에게 일반적으로 연대책임을 묻는다면, 비법인사단을 조합과 별도로 인정하는 의의가 불분명해진다는 비판으로부터 자유로울 수 없다(법무부 민법개정자료발간팀 편, 2004년 법무부 민법 개정안(총칙·물권편), 법무부(2012), 85면).

115) 따라서 총유 규정 폐지 이후의 뚜렷한 대비책을 세우지 않았다는 비판은 타당하다고 보기 어렵다(위와 같은 비판으로는 임상혁(b), "법인이 아닌 사단의 민사법

Ⅵ. 결   론

본 논문에서는 총유 규정의 폐지 여부와 비법인사단의 규율에 관하여 분과위안을 중심으로 검토하였다. 지금까지의 논의를 요약하면 다음과 같다.

첫째, 총유 규정이 법인 아닌 사단의 실제를 반영하고 있다고 보기 어렵고, 재판규범으로 적정한 기능을 하고 있지 못하며 그 규정을 적용하는 경우 부당한 결과가 발생할 수 있으므로 이를 폐지하는 것이 타당하다.

둘째, 총유 규정을 폐지하는 경우 법인 설립의 유인이 사라진다거나 법적 공백이 생겨 법적 안정성에 문제가 발생할 수 있다는 반박이 있을 수 있으나, 그와 같은 반박이 총유 규정의 존치를 고려할 정도로 설득력이 있다고 보기 어렵다. 또한, 총유 규정이 적용되는 경우가 있을 수 있으므로 총유 규정을 존치하자는 주장은 총유 규정 존치로 인한 여러 가지 문제점을 고려할 때 타당하지 않다.

셋째, 총유 규정을 폐지하는 경우 비법인사단이 취득한 재산은 어떤 사람이 소유한 재산 중 일부가 특정한 목적을 위하여 분리되어 독자적인 재산을 이루는 '특별재산'에 해당한다고 보는 것이 타당하다. 비법인사단의 사원들이 개인의 지위가 아니라 단체의 구성원이라는 특별한 지위에서 그 재산을 취득하고, 재산의 사용·수익·처분·관리 등을 둘러싼 법률관계는 법인의 규정을 준용하는 것으로 이론 구성을 하는 것이 적절하다.

넷째, 총유 규정을 폐지하는 경우에 비법인사단을 규율하고자 분과위는 여러 가지 개정안을 제시하였는데, 법인의 규정을 준용하자는

상 지위에 관한 고찰 — 총유 규정을 둘러싼 민법 개정 논의와 관련하여", 서울대학교 법학 제54권 제3호(2013. 9), 204면).

안, 사원의 연대 책임을 규정하자는 안은 타당하다. 그러나 비법인사단의 부동산에 관한 대표자의 처분권을 부동산등기부에 공시하여 거래의 안전을 도모하려는 안, 비법인사단의 재산 분배를 명시하게 하는 안은 타당하지 않다.

이상의 논의를 표로 요약하면 별지 [표 2]와 같다.

우리 민법은 1958. 2. 22. 제정된 이래 50년이 지나도록 큰 손질을 보지 못하고 있는 상황이다. 지난 50년간 대한민국은 거의 전 분야에서 혁명적인 변화를 겪었다. 그런데 유독 민법은 이러한 변화를 수용하지 못한 채 50년 전 모습 거의 그대로 정체되어 있다. 강단에서 학생들에게 민법을 가르치면서 민법전에 여전히 시대와 동떨어진 용어, 현재의 실거래를 설명하지 못하는 사문화된 조항에 대한 질문을 학생들로부터 받을 때마다 학자로서 부끄러움을 느낀다. 하루 빨리 청산 내지 변경해야 할 조항이 조속히 정리되어 후학들에게 짐을 주지 않았으면 하는 바람이다.

아무쪼록 본 논문이 총유와 법인 아닌 사단의 규율에 관한 민법 개정안 논의에 조금이라도 도움이 되기를 바란다.

[표 2] 총유와 비법인사단에 대한 규정 제안

현행(민법)	분과위안(민법)	제안(민법)
제275조(물건의 총유) ① 법인이 아닌 사단의 사원이 집합체로서 물건을 소유할 때에는 총유로 한다. ② 총유에 관하여는 사단의 정관 기타 계약에 의하는 외에 다음 2조의 규정에 의한다.	<삭제>	<삭제>

제276조(총유물의 관리, 처분과 사용, 수익) ① 총유물의 관리 및 처분은 사원총회의 결의에 의한다. ② 각 사원은 정관 기타의 규약에 좇아 총유물을 사용, 수익할 수 있다.	<삭제>	<삭제>
제277조(총유물에 관한 권리의무의 득상) 총유물에 관한 사원의 권리의무는 사원의 지위를 취득상실함으로써 취득상실된다.	<삭제>	<삭제>
	제39조의2 (법인 아닌 사단과 재단) ① 법인 아닌 사단과 재단에 대하여는 주무관청의 인가 또는 등기를 전제로 한 규정을 제외하고는 본장의 규정을 준용한다. ② 부동산에 관한 대표자의 처분권의 제한은 등기하지 아니하면 제3자에게 대항하지 못한다. ③ 법인 아닌 사단의 재산은 상당한 이유가 있는 때에는 정관 또는 사원총회의 결의에 따라 사원에게 분배할 수 있다.	제39조의2 (법인 아닌 사단과 재단) ① 법인 아닌 사단과 재단에 대하여는 주무관청의 인가 또는 등기를 전제로 한 규정을 제외하고는 본장의 규정을 준용한다. ② 부동산에 관한 대표자의 처분권의 제한은 등기하지 아니하면 제3자에게 대항하지 못한다. ③ 법인 아닌 사단의 재산은 상당한 이유가 있는 때에는 정관 또는 사원총회의 결의에 따라 사원에게 분배할 수 있다.

④ 법인 아닌 사단이 해산하는 경우 정관으로 잔여재산의 귀속권리자를 지정하지 아니하거나 이를 지정하는 방법을 정하지 아니한 때에는 사원총회의 결의에 따라 사단의 목적에 유사한 목적을 위하여 그 재산을 처분할 수 있다. 제2항은 해산의 경우에도 준용한다.	② 법인 아닌 사단이 해산하는 경우 정관으로 잔여재산의 귀속권리자를 지정하지 아니하거나 이를 지정하는 방법을 정하지 아니한 때에는 사원총회의 결의에 따라 사단의 목적에 유사한 목적을 위하여 그 재산을 처분할 수 있다. ~~제2항은 해산의 경우에도 준용한다.~~
⑤ 영리를 목적으로 하는 법인 아닌 사단의 재산으로 사단의 채무를 완제할 수 없는 때에는 각 사원은 연대하여 변제할 책임이 있다.	③ 좌동
⑥ 제2항의 재산에 대한 강제집행이 주효하지 못한 때에도 각 사원은 연대하여 변제할 책임이 있다.	④ 좌동
⑦ 제3항의 규정은 사원이 법인 아닌 사단에 변제의 자력이 있으며 집행이 용이한 것을 증명한 때에는 적용하지 아니한다.	⑤ 좌동

▨ 참고문헌

1. 국어문헌

[단행본]

곽윤직, 물권법, 신정 수정판, 박영사(2000)

곽윤직·김재형(a), 민법총칙[민법강의 Ⅰ], 제9판, 박영사(2014)

곽윤직, 김재형(b), 물권법[민법강의 Ⅱ], 제8판(전면개정) 보정, 박영사
　　　(2015)

김기선, 한국물권법, 전정증보판, 법원사(1990)

김상용, 물권법, 화산미디어(2009)

김증한·김학동, 민법총칙, 제9판, 박영사(1995)

고상룡, 민법총칙, 전정판, 법문사(1999)

명순구(a), 실록 대한민국 민법 2, 법문사(2010)

민사법연구회, 민법안의견서, 일조각(1957)

백태승, 민법총칙, 제4판, 법문사(2009)

법무부 민법개정자료발간팀 편, 2004년 법무부 민법 개정안(총칙·물권
　　　편), 법무부(2012)

송덕수(a), 민법총칙, 제3판, 박영사(2015)

송덕수(b), 물권법, 제2판, 박영사(2014)

심희기, 한국법사연구 — 토지소유와 공동체, 영남대학교출판부(1992)

양창수 역, 2015년판 독일민법전, 박영사(2015)

양창수·김형석, 민법 Ⅲ, 제2판, 박영사(2015)

이영준(a), 민법총칙, 개정증보판, 박영사(2007)

이영준(b), 물권법, 전정신판, 박영사(2009)

이은영, 민법총칙, 제5판, 박영사(2009)

지원림, 민법강의, 제14판, 홍문사(2016)

편집대표 곽윤직, 민법주해[Ⅴ], 물권(2), 박영사(1999)

[논 문]

강태성, "이른바 총유에 관한 비판적 검토", 민사법연구 제15집 제1호
    (2007. 6)

김대정(a), "총유에 관한 민법규정의 개정방안", 중앙법학 제14집 제4호
    (2012. 12)

김대정(b), "법인법개정안 해설", 법인 · 시효 제도 개선을 위한 민법개정안
    공청회 자료집, 법무부(2010. 12)

김대정(c), "민법개정시안에서의 법인설립에 관한 입법주의의 전환", 법학
    논문집 제34집 제2호(2010), 중앙대학교 법학연구소

김상명, "종중의 실체에 따른 종중재산의 법률관계", 법과 정책 제19집 제
    1호(2013. 2), 제주대학교 법과정책연구소

김인섭, "권리능력없는 사단의 재산관계의 비교법적 고찰", 現代法學의 理
    論; 佑齋李鳴九博士 華甲紀念論文集, 3권, 佑齊 李鳴九博士 華甲紀
    念論文集 刊行委員會(1996)

김제완, "단체 법리의 재조명 : 종중재산의 법적 성격 — 대법원 2005. 7.
    21. 선고 2002다1178 전원합의체 판결 이후의 과제", 인권과 정의
    제35호(2006. 3)

김재형(a), "단체로서의 종중", 민법론 Ⅲ, 박영사(2007)

김재형(b), "2007년 민법 판례 동향", 민법론 Ⅵ, 박영사(2011)

김진현, "권리능력 없는 사단", 강원법학 제5권(1993. 8)

김태계, "종중재산에 관한 법리", 법학연구 제15집 제1호(2007. 6), 경상대
    학교 법학연구소

김학동, "총유물의 처분행위", 서울법학 제19권 제2호(2011. 11)

김황식, "물권법의 개정방향", 민사판례연구[Ⅶ], 박영사(1985)

남윤봉 · 최재정, "법인격 없는 사단과 총유", 법학논총 제23집 제1호(2006.
    6), 한양대학교 법학연구소

명순구(b), "공동소유제도의 개정방향 — 합유 · 총유의 재정비", 안암법학
    제34호(2011)

문준섭, "총회의 결의를 거치지 아니한 비법인사단의 채무보증행위의 효

력 — 대법원 2007. 4. 19. 선고 2004다60072, 60089 전원합의체 판결", 저스티스 제99호(2007. 8)

민유숙, "교인들이 집단적으로 교회를 탈퇴한 경우 법률관계(2006. 4. 20. 선고 2004다37775 전원합의체 판결 : 공2006상, 851)", 대법원판례해설 제60호, 법원도서관(2006)

박의근(a), "법인 아닌 사단의 제문제", 법학논총 제21집 제3호(2014), 조선대학교 법학연구원

박의근(b), "법인 아닌 사단에 대한 입법론", 재산법연구 제32권 제2호(2015. 8)

박일환, "교회가 분열된 경우의 재산귀속관계", 대법원판례해설 제12호, 법원도서관(1990)

박찬주, "법인 아닌 사단 및 재단에 관한 새로운 이해", 부산대학교 법학연구 제48권 제1호(2007. 8)

변동걸, "교회의 분열과 교회재산의 귀속", 민사재판의 제문제 7권, 한국사법행정학회(1990)

송오식, "법인 아닌 사단의 법적 지위와 규율", 동아법학 제58호(2013. 2)

송인권, "종중에 관한 판례이론의 문제점", 법조 제707호(2015. 8)

송호영(a), "민법상 법인아닌 단체에 관한 입법론 연구 — 민법개정위원회의 민법개정안 및 개정시안을 중심으로", 법학연구 제39호(2013. 9), 전북대학교 법학연구소

송호영(b), "교회의 교인들이 종전교단으로부터 집단적으로 탈퇴하여 별도의 교회를 설립한 경우의 법률관계 — 대법원 2006. 4. 20. 선고 2004다37775 전원합의체 판결", 민사법학 제35호(2007. 3)

송호영(c), "법인론과 관련한 독일 사법학계의 최근동향", 비교사법 제4권 제2호(1997. 12)

안성포, "사실상 대표자의 행위에 의한 비법인사단의 책임 — 대법원 2011. 4. 28. 선고 2008다15438 판결을 중심으로", 법학논총 제29집 제4호(2012. 12), 한양대학교 법학연구소

양창수, "공동소유 — 민법 제정과정에서의 논의와 그 후의 평가를 중심으

로”, 민법연구 제6권, 박영사(2001)

양경승, “제주의 토지제도 : 공동목장조합을 중심으로”, 판례연구 제2집
    (1999), 제주판례연구회

윤진수(a), “공동소유에 관한 민법 개정안”, 민사법학 제68호(2014. 9)

윤진수(b), “변화하는 사회와 종중에 관한 관습”, 민법논고 Ⅵ, 박영사
    (2015)

위계찬, “독일법상 권리능력 없는 사단”, 재산법연구 제33권 제1호(2016. 5)

이우석, “종중재산의 귀속과 분배에 관한 연구”, 재산법연구 제25권 제1호
    (2008. 6)

이진기, “종중재산의 법리에 관한 판례이론의 검토”, 가족법연구 제15권
    제2호(2001)

이찬우, “총유물의 보존행위(대상판결 : 대법원 2005. 9. 15. 선고 2004다
    44971 전원합의체 판결)”, 재판과 판례 제15집, 대구판례연구회
    (2007)

이호정, “우리 민법상 공동소유제도에 대한 약간의 의문 — 특히 합유와 총
    유를 중심으로”, 서울대학교 법학 24권 2·3호(1983)

임상혁(a), “법인이 아닌 사단의 당사자능력과 권리능력”, 민사법학 제
    39-1호(2007. 12)

임상혁(b), “법인이 아닌 사단의 민사법상 지위에 관한 고찰 — 총유 규정
    을 둘러싼 민법 개정 논의와 관련하여”, 서울대학교 법학 제54권 제
    3호(2013. 9)

전경운, “우리 민법상 총유에 관한 일고찰”, 토지법학 제26-1호(2010. 6)

정병호 “법인 아닌 사단의 재산관계 규율에 관한 입법론적 고찰”, 홍익법
    학 제14권 제1호(2013)

정종휴, “독일과 일본의 총유이론사”, 법사학연구 제14호(1993), 59면 이
    하; 양창수, “공동소유 — 민법 제정과정에서의 논의와 그 후의 평가
    를 중심으로”, 민법연구 제6권, 박영사(2001)

제철웅, “단체와 법인”, 민사법학 제36호(2007. 5)

최문기(a), “총유에 관한 규정의 입법론”, 사회과학연구 제28집 제4호

(2012. 12), 경성대학교 사회과학연구소

최문기(b), "비법인사단의 총유물의 관리·처분행위 및 보존행위에 관한 일고찰", 재산법연구 제28권 제3호(2011. 11)

한삼인, "공동목장조합의 법리 연구", 토지법학 24-2호(2008. 12), 한국토지법학회

2. 외국문헌

石田文次郎, 物權法論, 有斐閣(1932)

山田誠一, "団体, 共同所有, および, 共同債權関係", 民法講座 別卷 Ⅰ(編輯代表 星野英一), 有斐閣(1990)

星野英一, "いわゆる「權利能力 なき 社團」について", 民法論集 1, 有斐閣(1970)

阿久澤利明, "權利能力なき社団", 民法講座 1(編輯代表 星野英一), 有斐閣(1984)

Amos Tversky and Daniel Kahneman, "Judgment under Uncertainty: Heuristics and Biases", Science Vol. 185, No. 4157 (Sep. 27, 1974)

Helmut Coing, Die Treuhand kraft privaten Rechtsgeschäfts, C.H.Beck (1973)

Hein Kötz, Trust und Treuhand, Vandenhoeck & Ruprecht(1963)

Karl Larenz/Manfred Wolf, Allgemeiner Teil des Bürgerlichen Rechts, 9. Auflage, C.H.Beck(2004)

von Staudingers Kommentar zum Bürgerlichen Gesetzbuch: Buch 1: Allgemeiner Teil §§21-79(Allgemeiner Teil 2), 2005

Munchener Kommentar zum Bürgerlichen Gesetzbuch, Band 1 Allge-meiner Teil §§1-140·ProstG·AGG, 7. Aufl., München, 2015

Bamberger/Roth, Kommentar zum Bürgerlichen Gesetzbuch, Band 1, 2 Auflage, C.H.Beck (2007)

판례색인

사항색인

공저자 소개

남효순
서울대학교 법과대학 졸업
서울대학교 대학원 법학과 박사과정 수료
프랑스 낭시(Nancy) 제2대학교 법학박사
프랑스 낭시(Nancy) 제2대학교 객원교수 역임
한국민사법학회 회장 역임
현 서울대학교 법학전문대학원 교수

민법주해 [Ⅶ] 물권(4), [ⅩⅣ] 채권(7), [ⅩⅤ] 채권(8), 박영사(1996)
주석민법 채권각칙(2), 한국사법행정학회(2016)
인터넷과 법률 Ⅰ, Ⅱ, Ⅲ, 법문사(2002, 2005, 2010)
물권관계의 새로운 이해 — 물권 및 물권적 청구권의 개념에 대한 새로운 이해의
  단초2 —, 민사법학 제63-1호, 2013, 그 외 논문 다수

이동진
서울대학교 법과대학 졸업(2000)
서울대학교 법학박사(2011)
서울중앙지방법원 판사 등 역임
현 서울대학교 법학전문대학원 교수

주석민법 총칙(2)(제4판, 2010), 주해친족법 제1권(2015), 개인정보 보호의 법과 정
  책(개정판, 2016), 그 외 논문 다수

이계정
서울대학교 사회학과 졸업(1998)
서울대학교 법학박사(2016)
서울중앙지방법원 등 판사, 사법연수원 교수(2002-2013)
미국 U. C. Berkeley LL.M.
현 서울대학교 법학전문대학원 부교수

주석민법 물권(1)(제5판, 2019), 신탁의 기본법리에 관한 연구(2017), 그 외 논문 다수

공동소유에 관한 연구

초판발행	2020년 10월 30일
중판발행	2021년 10월 15일
지은이	남효순·이동진·이계정
펴낸이	안종만·안상준
편 집	김선민
기획/마케팅	조성호
표지디자인	박현정
제 작	우인도·고철민·조영환
펴낸곳	(주) **박영사**
	서울특별시 금천구 가산디지털2로 53, 210호(가산동, 한라시그마밸리)
	등록 1959. 3. 11. 제300-1959-1호(倫)
전 화	02)733-6771
f a x	02)736-4818
e-mail	pys@pybook.co.kr
homepage	www.pybook.co.kr
ISBN	979-11-303-3668-8　93360

정 가　22,000원